惠通桥之战

余戈 ◎ 著

天地出版社 | TIANDI PRESS

图书在版编目（CIP）数据

惠通桥之战 / 余戈著 . —成都：天地出版社，2024.5
ISBN 978-7-5455-8017-4

Ⅰ.①惠… Ⅱ.①余… Ⅲ.①抗日战争—史料—云南 Ⅳ.①K265.06

中国国家版本馆CIP数据核字(2023)第218959号

HUITONG QIAO ZHI ZHAN
惠通桥之战

出 品 人	陈小雨　杨　政
作　　者	余　戈
责任编辑	武　波
责任校对	马志侠
责任印制	王学锋
封面设计	水玉银文化

出版发行	天地出版社
	（成都市锦江区三色路238号　邮政编码：610023）
	（北京市方庄芳群园3区3号　邮政编码：100078）
网　　址	http://www.tiandiph.com
电子邮箱	tianditg@163.com
经　　销	新华文轩出版传媒股份有限公司

印　　刷	北京文昌阁彩色印刷有限责任公司
版　　次	2024年5月第1版
印　　次	2024年5月第1次印刷
开　　本	880mm×1230mm　1/32
印　　张	11　插页24
字　　数	259千字
定　　价	88.00元
书　　号	ISBN 978-7-5455-8017-4

版权所有◆违者必究

咨询电话：（028）86261282（总编室）
购书热线：（010）67693207（营销中心）

本版图书凡印刷、装订错误，可及时向我社营销中心调换

1938年，滇西民众在修筑滇缅公路

1942年5月，日军第56步兵团长坂口静夫少将（左三）在松山指挥向中方渡江部队攻击

1942年5月，日军第56师团长渡边正夫中将（左一）与第56步兵团长坂口静夫少将（左二）在刚刚占领的龙陵东门

1942年5月，日军在腊戌缴获中国军队遗弃的大量军用物资

1942年6月，日军占领松山后设置监视哨警戒惠通桥附近江面

1943年2月,日军占领下的腾冲城南门外龙云铜像

1944年，中国军队反攻日军期间滇缅公路运输情形

1944年，中国军队反攻日军期间中国军车将炮弹运送至惠通桥东桥头

1944年，美军第14航空队航拍尚在日军占领下的腾冲城

1944年，在中国军队反攻日军期间刚刚修复的惠通桥便桥

1944年，正在修复施工中的惠通桥

1944年7月，担负惠通桥警卫的中国远征军士兵

1944年7月，中国远征军部队经过刚修复的惠通桥便桥开往松山

1944年7月，中国远征军官兵从怒江东岸通过惠通桥便桥

1944年7月8日，中国远征军工兵和民夫通过惠通桥便桥运送修桥材料

1944年7月8日,中国远征军司令长官卫立煌与美军顾问视察松山前线后通过惠通桥便桥返回东岸

1944年8月，日军飞机前来轰炸已修复通车的惠通桥

1944年8月下旬，惠通桥的车行桥面已修复，驮马通行便桥尚未拆除

1944年9月，中国远征军军车从松山东麓公路接近惠通桥

1944年9月，修复通车并拆除便桥的惠通桥

1944年9月，中国远征军军车通过滇缅公路松山老虎嘴路段

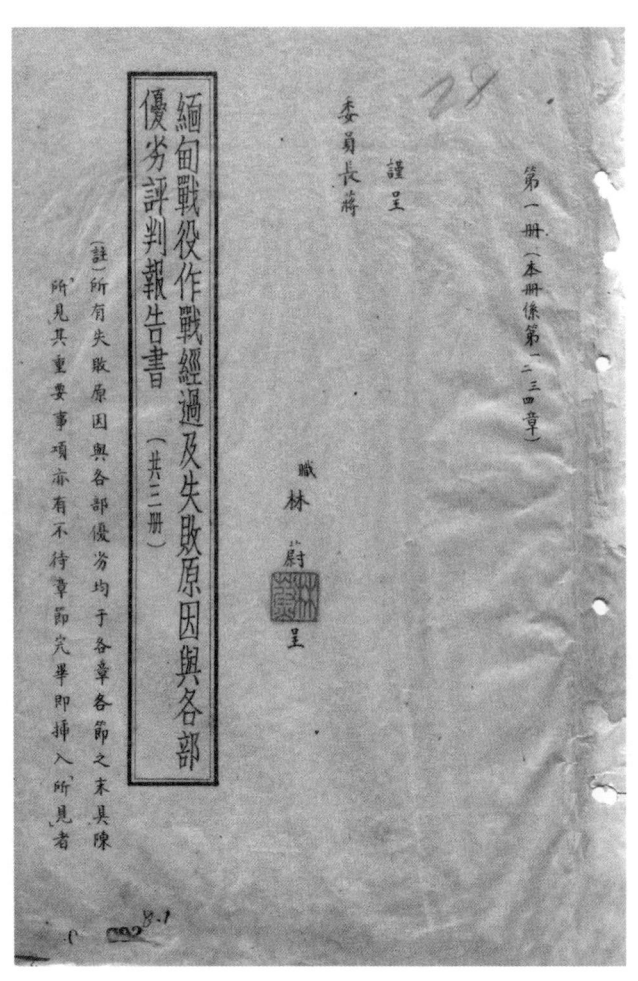

《缅甸战役作战经过及失败原因与各部优劣评判报告书》

目 录

前　言 001

第一章　滇缅路与惠通桥 001
　　惠通桥前史 //001
　　战火催生的新路桥 //004
　　血肉筑成的滇缅路 //008
　　四条国际援华路线 //015
　　滇缅公路：从关闭到重开 //018

第二章　惊失腊戍 029
　　远征军第66军奉命保卫腊戍 //029
　　日军第56师团分路进攻昔卜、腊戍 //040
　　腊戍的防卫战斗及失败 //058

第三章　一溃千里 067
　　日军命令向怒江一线追击 //067
　　渡边正夫独断兵分两路 //071
　　兴威北方高地战斗 //073
　　贵概北方高地战斗 //081

南坎、八莫战斗 //089

畹町战斗 //092

密支那战斗 //100

卡萨战斗 //102

遮放、芒市、龙陵间战斗 //108

第四章 保山大轰炸 119

"从一个机场被撵至另一个机场" //119

孤身迎敌的"飞虎" //124

"失去知觉"的空中杀戮 //128

保山瞬成人间炼狱 //133

陈纳德的反击 //139

龙奎垣烧抢保山 //143

"长沙大火"翻版 //147

第五章 惠通桥的"罗生门" 153

爆破惠通桥 //153

聚焦桥头 //164

日军的视角 //174

第36师西进阻敌 //185

从僵持到逆转 //195

来自空中的援军 //204

国民政府高层曾做最坏打算 //210

第六章 腾冲悲歌 217

"铁城"陷落 //217

预2师挺进腾冲 //226

　　　　归化寺的"第一枪"//231

　　　　围攻橄榄寨//235

　　　　栗柴坝大屠杀//238

　　　　蜚凤山伏击与下勐连打援//242

　　　　橄榄寨最后的惨战//251

第七章　从试探反攻到隔江对峙 259

　　　　反攻命令下达//259

　　　　三路进击：惠通桥、黄草坝、南天门//267

　　　　松井部队增援龙陵//278

　　　　鏖战松山//295

　　　　蒋介石："应避免硬战"//302

　　　　日军开始全线反击//307

　　　　远征军退守怒江防线//312

跋　"通往东京之路" 317

　　　　中印公路先后经历三次筹修//318

　　　　率先贯通的中印公路"北线"//320

　　　　滇缅大会师与中印公路"南线"通车//324

附录一　滇缅路撤退作战中国军队指挥系统表 329

附录二　侵占滇西作战日军指挥系统表 331

主要参考文献 333

前 言

战争叙事似乎都离不开一座桥。如美英盟军"市场-花园"行动中那座"遥远的桥"——莱茵河雷马根大桥，日军强迫英美战俘修筑的泰缅铁路"桂河大桥"，南斯拉夫游击队炸毁的塔拉河大峡谷之桥，越南战争中的杜梅大桥、清化大桥，更不用说中国人耳熟能详的泸定桥、卢沟桥、鸭绿江桥、清川江桥、长津湖水门桥……

道理说来也很简单，现代战争离不开交通线。道路中断，也许还有绕行的可能；失去一座桥，就可能遭遇军事术语中所说的"绝对障碍"。因此，对一座桥的争夺，往往决定着战争的胜败。

基于这一特点，战争题材的写作者会发现：原本在广阔战场上展开的"散文化"叙事，会因为关键战事忽然聚焦于一座桥，竟然有了舞台剧的色彩。桥，浓缩了战事进程，也为写作者提供了一个浑然天成的文本结构。

惠通桥，正是如此意义上的一座战争历史"舞台"。它具备了闻名世界的全部要素，欠缺的可能只是一个比较出色的叙事文本。我现在做了这样一个尝试，而这个心愿已经在心里埋藏了十多年。

2004年秋天，我第一次走近滇西抗日战场，并开始"滇西抗战三部曲"的写作时，就被惠通桥吸引住了。后来，我逐渐认识到，这是一场"围绕一条路（滇缅公路）而展开的战争"，而惠通桥作为这条路上的枢纽，也就成了战事胜败的关键点。整个滇缅战场自1942年至1945年四个年头全部的战事，多少都能与这座桥发生联系，只是或远或近、或直接或间接的关系而已。

第一次去滇西，我是坐着武警部队司机开的面包车，沿着滇缅公路的老路，从怒江东岸的大山头走近惠通桥的。我知道，悬挂在山腰间临江的那2公里，正是昔日被日军炮火封锁的所谓"钵卷路"，一旦行车不慎就将滚落到800米下的怒江。后来，有了杭（州）瑞（丽）高速新路，就再也不敢冒险走那条老路了，宁可先从保山赶到龙陵，再走回头路抵达怒江西岸的松山。但每次我都要从松山绕着"之"字形的公路，再下到惠通桥边去看一看，这个落差有1500米，下行过速时耳膜会有飞机着陆时的压力感。

虽然怒江及龙川江上有十数座各式桥梁，有的甚至是南方丝绸之路——"蜀身毒道"上的老桥，但唯有惠通桥最为牵动人心。因为1974年新建的红旗桥替代了惠通桥的通行功能，惠通桥一度被拆去了木板桥面，成为纯粹的历史景观，游人只能在怒江东岸或西岸的桥头驻足观看；后来，随着滇西抗战旅游热的兴起，怒江两岸的龙陵县和施甸县达成了共识，重新为惠通桥铺上了桐油浸泡过的栎木桥面，游人终于可以从桥上跨越怒江，走到对岸去体验新的观察视角。而当年驻滇西的美军照相部队，就曾从各种角度拍摄过这座桥梁。惠通桥，也许在中国历史上真的不是很出名，却是留下了最早、最多照片的桥梁。

罗兰·巴特在构建其"符号王国"时，曾谈到"凝视"的魔力。按符号学学者的诠释，"凝视将客体抽离出现实，将之推上具有符号学外观的语境,以及启发人静穆思索的层面……凝视成了一种努力逼近美学的行为"。现在回忆,我初次"凝视"惠通桥时,脑海里并没有储备多少关于它的历史背景——那都是后来一点点积累起来的;但是,"凝视"的冲动似乎并不依赖于信息的储备,它来自耳畔一个悄然却清晰的提醒——"看,惠通桥!"这是谁在召唤,我说不清楚。我想也许是远征军的英灵在冥冥之中给我以启迪和引领,否则很难解释我何以会如此执着而长久地凝视它——

从北京飞往遥远的滇西,通常要在昆明长水机场转乘支线飞机,然后在芒市机场或腾冲机场降落。这段不到一个小时的空中航程,接近于当年陈纳德的"飞虎队"从昆明巫家坝机场起飞,前往滇西空袭日军的空中体验。飞来飞去的次数多了,我便发现了一个规律:飞机总是会从松山附近的上空飞过,有时航线偏北,有时航线偏南;而在空中锁定惠通桥的方法,就是要先迅速捕捉到怒江那个特殊的"匚"字形拐弯,为此我要提前向乘务员做一点咨询,然后挪到舷窗准备好相机。居然,我一次次都拍到了理想的空中俯瞰照片。这是在惠通桥上空8000米处的凝视。后来,与中央电视台军事频道合作拍摄纪录片,我又曾目睹摄影师操纵无人机从惠通桥下穿过,无人机几乎是掠着怒江江面再拉升起来,所拍摄的镜头带来的视觉震撼,绝对是多数人未曾体验过的。此为惠通桥下10米的凝视。

上穷碧落下黄泉,两处茫茫皆可见。

福楼拜说:"要使一个事物变得有趣,只需长久地凝视它。"

弘一法师云:"世界是个回音谷,念念不忘必有回响。你大声喊唱,山谷雷鸣,音传千里,一叠一叠,一浪一浪,彼岸世界都收到了。凡事念念不忘，必有回响。因它在传递你心间的声音，绵绵不绝，遂相印于心。"

我自然期待着那个"彼岸世界"能收到，然后暗中助我将这"心间的声音"凝结为一份虔诚的供奉和祭奠；而我自己，只需在漫长的研究和写作过程中体味那份"有趣"，就足以心骛八极、神游万仞了。

尽管在诠释自己的心结时，我选择了一个美学的角度，但"写诗"却从来不是我的兴趣和所长。我所写的仍然是一部"微观战史"，较之此前聚焦于松山、腾冲、龙陵这些地名，惠通桥显然是更为微观的具象。

本书的叙事线索极为简单清晰：为了抗战先是修了一条路，路上最重要的是这座惠通桥，远征军跨过这座桥开赴缅甸打仗，第一次打败了，又循着原路开回来，并主动炸毁了这座桥，从而粉碎了日军可能"见机而作"一气打到昆明的野心，于是这座桥被赋予了历史/命运"转折点"的意义。但我对作论文讨论意义毫无兴趣，我还是喜欢讲故事，而这个故事的核心，只是1942年5月一个月内发生的战事，因此其中的每一个细节都获得了最高"像素"的呈现。其高潮部分则是惊心动魄的爆破惠通桥，但越是这样的时刻越难以清晰准确地还原，于是成了一段无限逼近于真相的历史"罗生门"。

本书的故事开始于修路、架桥，却落笔于炸桥、破路，难免令人有意犹未尽的沮丧感。于是，我在"正本"之外的跋文中，以两年后反攻/开路互动的线索，精要地叙述了滇缅公路的"升级版"——中印公路的诞生，而这条路最后成了"通往东京"的胜利先导。如此，是否能在修筑怒江惠通桥与东京湾"密苏里"号受降之间，连缀起一条隐约可见的红线？也许有点牵强，但历史巧合无处不在：1942年5月5日惠通桥被爆破后，在怒江西岸松山脚下被日军追赶及屠杀的难民中，确有一位幸存者几年后前往东京，站在远东国际军事法庭上指证日军当日的罪行——研究历史如果没有遭遇过这样的因果体验，其灵魂的触动真的会大打折扣。

怒江以西的滇西半壁山河，曾伴随着惠通桥的爆破而沦陷。我曾粗略地计算过这片沦陷国土的面积，约为2.34万平方公里，大小介于北京市（1.64万平方公里）与海南岛（3.38万平方公里）之间。虽然我只是在脑海中假设了一下，但也实在难以想象如果今天去滇西旅游，竟然没有了德宏州、泸水市、腾冲市和龙陵县的情景！

如今，它们都"硬硬地还在"——你尽可以去看瑞丽姐勒大金塔，游芒市勐巴娜西珍奇园，在龙陵的邦腊掌泡温泉，住腾冲的和顺古镇看火山湿地，或是自驾从泸水出发，沿着滇藏新公路巡游怒江，一气开到"人神共居"的丙中洛。

行笔至此，我似乎隐约抵达了多年来倾情于历史的心结所在：一个人的生命是如此短暂，而神游于历史能获得一种生命被延展加厚的幻觉，特别是当抚摸着惠通桥的桥柱和钢索时，那些历史的道具和现场仍然触手可及，你会忍不住向朋友们喃喃谵语：

"爆破的那一瞬间，我就在这里……然后，一直活到了现在！"

余 戈
2020年4月13日于北京磨洗堂

第一章　滇缅路与惠通桥

惠通桥前史

"怒江""惠通桥""腊勐""松山""高黎贡山",近年来渐成热词。在地图上搜寻这组有密切关联的地名,大致由北向南流的怒江可作为参照物:首先在"匸"字形的江流拐弯处锁定"惠通桥",其西侧4公里处为行政区所在的"腊勐镇",镇子西北侧紧傍的一座标有"松山战场遗址"的高地即为松山,主峰标高约为海拔2200米。从松山溯怒江西岸向北绵延而上,则是如鱼脊般逐渐抬升而起的高黎贡山脉,那里的平均海拔已在3000米以上。

松山主峰至怒江江面的垂直落差为1500多米,站在松山顶上看怒江,仿佛从空中俯瞰,怒江宛如深谷中的一条银练;而抬头眺望怒江东岸的山峦,则感觉如在眼前,直线距离不过七八千米,似乎在此岸喊一声,彼岸即可听到,但两者之间的实际行程却在70公里以上。自保山方向逶迤而来的滇缅公路,经东岸的山头绕"之"字形盘旋而下,至怒江峡谷谷底跨过惠通桥后又盘旋而上21.5公里,通过腊勐老车站,自东、北、西三面环绕松山山腰16.6公里,而后在西南方向的滚龙坡转向龙陵,再西经芒市、遮放、畹町即可进入缅甸。

据《永昌府志》记载，此地自古为永昌（今保山）通往芒部（今芒市）入缅甸的古驿道老渡口。西行者从东岸山上，沿陡峭多弯的山路下到谷底，在中寨、金塘子、大龙寨（硝塘）三处江流较缓处以竹筏摆渡过怒江，再攀缘而上至西岸山头，往往要走一整天，且一日里要经历谷底炎夏、山腰凉秋、山顶寒冬三种不同气候。行人、马帮一向视这里为畏途，不到万不得已，绝不进入这"高山夹箐，地险路窄，人马不能并行"之地。清道光十六年（1836年），潞江土司线如纶曾倡议在老渡口建铁链悬桥，以利商旅，后因遇乱中止。同治、光绪年间（1862—1908年），由地方热心公益人士捐款，建成能通行驮马的土制铁链悬桥，取名"腊勐桥"。但因桥台设置过低，常遭水患。

1928年，时任龙陵县长的杨立声（字醒苍）召集绅耆讨论，欲将中式铁链改成西式钢缆，并延请英国工程师伍布兰·苏卡生帮助设计，未果而中辍。1931年，邱天培（字石麟）接任龙陵县长，得到省第一殖边督办李曰垓的支持，组成18人的建筑委员会，继续筹划建桥事宜。经多次函请，缅甸华侨公会会长梁金山（保山蒲缥人）给予了大力支持。1933年冬，梁金山通过缅甸南渡（Namtu）银矿[①]的英国人代聘印度工程师赖月笙率工程人员莅临现场指导。工程所用的水泥、钢缆、铁件等物，皆由梁金山在缅甸购办，用驮

---

① 南渡（Namtu）银矿，又称鲍德温（Bawdwin）银矿，为缅甸最大的产银矿区。华侨以采矿为生者2万余人。明永历帝（桂王朱由榔）遗臣宫里雁随帝逃缅，带领朱由榔残部落籍南渡，经营老银矿数十年。清初永昌（保山）守杨重谷将宫里雁诱杀，矿区商民尽散。清道光（1821—1850年）时，又有侨商前往开发。1885年缅甸亡国，矿权为英国所有。第一次世界大战前，英国组建缅甸矿业公司，分设矿区、分解厂、熔铸厂，招聘滇侨首领梁金山为矿工总指挥，矿工达5万余人，其中梁金山从滇西招募去2万余人。

马及人力运抵工地。1934年春，11岁的保山少年刘志声随父亲去龙陵的镇安街，途中正赶上惠通桥在紧张施工，后来他曾写道："只见两岸耸立着4座钢架，钢架顶部工人手中的铁锤敲得铿锵作响，响彻山谷。两岸的空地上堆满了各种建筑材料，钢索还没有拉起，人员往来仍是坐竹筏渡江。我从漂动的竹筏上仰望半空中作业的工人，不免望而生畏。我无法想象大桥建成后到底是什么样子！"[1]

经印度工程师赖月笙规划，此次新建是在原铁链桥位置上进行的，将原砌桥台增高20米以避洪峰。两岸桥台前沿相距80米。桥塔为钢桁架，高7.85米，以4根28.75毫米钢绳为主索，锚固于两岸岩壁之内。吊杆为20毫米圆钢，两根一副，全桥共54副；横梁用高200毫米的槽钢组合，纵梁之桥面皆用木材，桥面净宽4.35米，每次可通行7匹负重骡马（重约2吨）。1935年1月14日，西式钢缆吊桥终于改建通行，前后耗资8万银圆，其中梁金山个人捐助约占三分之二。

此桥为怒江历史上第一座钢缆吊桥，"桥成之日，官民合会，鼓舞讴歌，声闻天下"[2]。梁金山闻讯后回国亲自"踩桥"，并谢绝了县长邱天培欲将此桥命名为"金山桥"的提议，谦称襄赞修桥是为施惠两岸民众，并期望借此连通中缅两国，乃建议命名为"惠通桥"[3]。恰在此时，邱天培接到次女出生的喜讯，遂欣然为女

---

[1] 刘志声：《目睹惠通桥始建与沧桑》，保山市政协教科文卫体委员会编，保山市文史资料之滇西抗战专辑《溅血岁月》，云南民族出版社2004年版，第318页。
[2] 据时任龙陵县政府秘书林竹品撰《重修惠通桥碑记》，1935年1月21日。此碑原立于惠通桥东岸，现在龙陵县东卡广场抗日战争纪念馆旁。
[3] 张树才、李根柱（整理）：《战火中的惠通桥》，中共施甸县委宣传部编，《滇西抗战第一枪——纪念滇西抗战胜利60周年文史集》，云南民族出版社2005年版，第32页。

儿起名"钟惠"。26年后邱钟惠成为我国第一位获得女子世界冠军的乒坛女将。

战火催生的新路桥

1937年7月7日，全国抗战爆发。

8月7日，云南省主席龙云在出席南京国防会议时提议抢修滇缅公路，打通大西南的出海通道，为中国辟出一道"后门"。国民政府以此议属未雨绸缪，事关中国抗战未来前途，于11月2日批准，并由行政院给云南省拨款200万元，限期修竣通车。为此，龙云责令公路总局督办禄国藩与副手、会办杨文清全权负责，全省征调公路沿线民夫20余万人，于当月开工兴筑。

此前，云南省已于1935年12月前修成昆明至下关段简易公路，时称"滇西省道"。此时，该段即成为滇缅公路东段（昆明至下关，411.6公里）。而新开工的工程，主要是一个月前才最终勘定路线[①]的滇缅公路西段（下关至畹町，547.8公里）。为此，在保山设置

---

① 滇缅交通线在测修之前，历来有"腾永线"和"顺镇线"之争，前者为从下关经漾濞、永平、功果、保山、腾冲出境入缅甸八莫，后者为自祥云经弥渡、蒙化（今巍山）、顺宁（今凤庆）、镇康出境接缅甸滚弄。两种说法莫衷一是，各有理由，致使滇缅公路西段的修建提议一直被束之高阁。1937年10月，国民政府派交通部次长王芃生到云南，议定：滇缅公路西段由下关经保山、龙陵、芒市、瑞丽边境出缅。后经实地勘察，云南省公路总局决定，从畹町越界河出境入缅。至1938年2月2日，测量队长吕廷湘率队完成龙（陵）潞（西）、潞（西）畹（町）两段测量，保证了施工进度。李希尧：《滇缅公路保山段的修筑》；马向东：《滇缅公路龙陵段历史概述》，云南文史资料选辑第52辑《血肉筑成抗战路》，云南人民出版社1998年版，第66页、第75页。

总工程处，将西段全线划分为下关—漾濞、漾濞—永平、永平—保山、保山—龙陵、龙陵—潞西、潞西—畹町6个地段，成立下（关）漾（濞）、漾（濞）永（平）、永（平）保（山）、保（山）龙（陵）、龙（陵）潞（西）、潞（西）畹（町）6个工程分处，主持测量、设计和施工事宜。当时，惠通桥所跨怒江峡谷东西两岸，均为龙陵县所辖。东起与保山县交界之龙洞，西迄与潞西（潞西设治局，治所在勐戛）交界之新桥，路段穿过县境102.8公里；其中怒江峡谷与南天门（龙陵、芒市交界处）两段，堪称施工中的"难中之难"。

据说，因龙陵县开工较为迟缓，时任龙陵县县长王锡光（字国华）收到省政府送来的一个匣子，内附鸡毛信一封，手铐一副，命令为："分配该县之土石方工程，务在期限内完成。到期不完成者，该县长自戴手铐，来昆听候处分。"①王锡光后来撰述："日寇凌侵，抗战军兴。主席龙云发展后方交通，饬令滇西下关以西各县赶筑滇缅公路……如果延期通车，贻误军运，以军法从事。龙陵县每日出义务工役达10000之多，而时期促迫，虽全体民众动员亦难如期蒇事。光乃呈请政府，奉准将禄（丰）舍（资）②段例由邻县补助；腾冲县分修43.8公里，每日出工4000名；镇康县分修25公里，每日出工2500名；余（40.9公里）归龙陵自修。各段动工，县长均亲自督率，一切要政皆暂缓办。光离衙署，在潞江

---

① 李济洲：《潞江土司署修筑滇缅公路龙陵段点滴》，云南文史资料选辑第52辑《血肉筑成抗战路》，第108页。据分析，此事很可能是军阀出身的公路总局督办禄国藩所为。

② 原禄丰县舍资镇，2006年1月与一平浪镇合并，合称一平浪镇。

东岸，星夜风尘指导者四月。"①在此期间，王锡光为督工可谓手段用尽，如曾对潞江土司线光天（兼任龙陵县第八区区长）出示鸡毛信和手铐，云："潞江若不能按时完成任务，全县也就完成不了。省政府叫我戴手铐去昆明，我是不去了。你是世袭土官，我是流官，我只好来拉着你，两人去跳怒江算了！"另有一次，王锡光对一个顽劣疏忽的区长掏出手枪，命令其跪地伏法，幸亏身边随行人员拦住，这位区长才免于一死，王锡光却因急火攻心而致左目失明②。

在整个工程之中，建桥无疑又是"重中之重"。为让惠通桥与赶修中的新公路配套，需将此前的钢缆吊桥改建为10级荷载公路桥。改建工程由国民政府交通部总管理处技正徐以枋负责设计，段长陈德培和副工程师郭增望担任施工技术指导。其方案是：原桥台不变；用混凝土将两岸钢架桥塔填实包裹，加固为钢骨水泥结构；两边主索由4根增为8根，吊杆及横梁均增密加固。据载，桥梁改建施工时，铁工是聘请来的印度人，木工来自广东，而石工多为曾修筑滇越铁路的云南人，更多的则是搬运木料（栎木）的本地民夫。经过10个月施工，于1938年初冬通车。改建后的惠通桥，桥面净宽4米，跨径84米，可载重10吨货车，有加劲木桁构的悬索桥，成为怒江上唯一可通行汽车的咽喉要津。竣工之后，工人们在桥塔的混凝土柱上刻凿了一副对联，"努力后方运输，增

---

① 王锡光：《滇缅公路歌并引》，云南文史资料选辑第52辑《血肉筑成抗战路》，第95页。
② 董元昆：《滇缅路上的龙陵人》，云南文史资料选辑第52辑《血肉筑成抗战路》，第120页。

强抗战力量"。历史上的"惠通"之桥，此后即发挥着"救亡图存"的砥柱作用。

据徐以枋回忆，惠通桥改建施工期间，有两个故事曾给他留下深刻的印象。

其一，旧桥面尚未改建完成时，时任军事委员会西南进出口物资运输总经理处（简称西南运输处）主任宋子良（宋子文胞弟），从缅甸押运几辆满载军火的卡车驶来，非要过桥不可。徐以枋等人经核算旧桥各受力部件最大载荷能力，同意卸下军火空车过桥。当卡车慢慢驶过时，桥面呈蛇形起伏，最大下落竟达五六米，但仍然安然无恙。这次大胆尝试，使大家对旧桥改建信心倍增。

其二，桥面板铺就后，时任美国驻华大使纳尔逊·詹森（Nelson T. Johnson）奉美国总统罗斯福命令，取道滇缅公路回国，以便实地调查滇缅公路的修建情况。詹森到达惠通桥后顺利驶过，下车询问了工程情况，并拍摄照片。詹森回国后向罗斯福报告说，这条公路工程艰巨浩大。澜沧江上的功果桥和怒江上的惠通桥，是两座悬索桥，都没有机械施工，全凭人力在短期内修成。他对中国人民的伟大力量，表示十分钦佩。[1]

1938年9月，国民政府军事委员会西南运输处由广州迁至昆明，该处主要负责办理将从欧美进口的军用物资由仰光经滇缅公路运往昆明，以及将国内出口物资运往仰光事宜[2]。10月，广州和

---

[1] 徐以枋：《我参加滇缅公路修建工程的经过》，云南文史资料选辑第52辑《血肉筑成抗战路》，第16–17页。
[2] 马向东：《滇缅公路龙畹段历史概述》，云南文史资料选辑第52辑《血肉筑成抗战路》，第79页。

武汉相继沦陷；一个月后，国民政府宣布滇缅公路全线正式通车，由云南省公路总局移交交通部新成立的滇缅公路运输管理局（局长谭伯英）。消息传出，国内外有识之士无不感叹滇缅公路立项、抢筑之及时。

血肉筑成的滇缅路

1939年春，著名战地记者萧乾来到开通不久的滇缅公路采访，不久在《大公报》发表了报告文学名篇《血肉筑成的滇缅路》，一时众口传诵——

> 筑桥自然先得开路。怒江对岸鹰嘴形的惠通崖也不是好惹的家伙。那是高黎贡山的胯骨。一百二十个昼夜，动员了数万工人才沿那段悬崖炸出一条路，那真是活生生一幅人与自然的搏斗图，而对手是那么顽强坚硬。一个修路的工头在向我描述由对岸望到悬崖上的工人时说："那真像是用面浆硬粘在上面一样，一阵风就会吹下江去。"说起失足落江时，他形容说："就像只鸟儿那么嗖地飞了下去。"随之怒江自然起了个漩涡，那便是一切了。但这还是"美丽"点的死呢。惨莫惨于炸石的悲剧了。一声爆响，也许打断一条腿，也许四肢五脏都掷到了半空……
>
> 沿途我访问了不下二十位"监工"，且都是当日开天辟地的先驱者。追述起他们伙伴的惨剧，时常是忍不住淌下泪来。干活太疲倦，因昏晕而掼下江的；误踏到炮眼上，（被）崩成

碎末的。路面高出山脚那么多,许多人已死掉,监工还不知道,及至找另外的尸首时才发现。像去年四月二十五日,腊猛(腊勐)梅子箐发放工资时,因道狭人多,竟有路工被挤下江去。等第二天又有人跌下去时,才在岩石缝隙发现早先掉下去的。

残暴无情莫过于黑色炸药,它眼里没有壁立千仞的岩石,更何况万物之灵可不经一锤的人!像赵阿拴明明把炮眼打好,燃着。他背起火药箱,随了五个伙伴说说笑笑地往远处走了。火捻的延烧本足够他们走出半里地的,谁料他背着的火药箱装得太满了,那粉末像雪山蛇迹般尾随在他们背后。訇的一声,岩石炸裂了,他们惬意地笑了。就在这时候,火却迅速地沿了那蛇迹追踪过来,而且直触着了他背着的火药箱。在笑声中,赵阿拴同他的伙伴们被炸到空中,然后落下江心去了。

更不容埋没的是金塘子那对好夫妇。男的打炮眼,一天挣四毛,女的三毛,工作是替他背火药箱。规定每天打六个炮眼,刚好日落西山,双双回家。

有时候我们怪马戏班子太不为观众的神经设想,而滇缅路上打炮眼的工作情形如果为心灵脆弱的人看到,也会马上昏厥的!想在一片峭岩绝壁上硬凿出九米宽的坦道,那不是唾手可成的。打炮眼的人是用一根皮带由腰间系住,一端绑在崖脚的树干上,然后,人如桥上的竹篮那么垂挂下来。挂到路线上,便开始用锤斧凿眼。仰头,重岩叠嶂,上面是乔木丛草,下面江水沸锅那么滚滔着,翻着乳白色的浪花。人便这样烤鸭般悬在峭壁上。待一锤锤把炮眼打好,这才往里塞炸药。这并不是最新式的爆炸物,因而在安全上是毫无保障的。为了防止它突然爆炸,须再覆上一层沙土,这才好燃。人要像猿猴般即刻矫健地攀到崖上。慢了一步,人便与岩石同休了。

那一天,这汉子手下也许特别勤快。打完六个炮眼,回头看看,日头距峰尖还老高的。金黄色的阳光晒在大龙竹和粗长的茅草上,山岚发淡褐色,景色异常温柔;而江面这时浮起一层薄雾,一切都在鼓励他工作下去。

"该歇手了吧!"背着火药箱的妇人在高处催着他。她本是个强壮女人,但最近时常觉得疲倦,一箱火药的重量可也不轻呢!

他啐了口唾沫,沉吟一阵。来,再打一个吧!

这"规定"外的一个炮眼表征什么呢?没有报偿,没有额外酬劳,甚而没人知道。这是一个纯朴的滇西农民,基于对祖国的赤诚而捧出的一份贡献。

但一个人的体力和神经的持久性毕竟有限,而自然规律原本无情,赤诚也不能改变物理因果。这一回,他凿完了眼,塞完了药,却忘记敷上沙土。

訇的一声,没等这个好人爬远,爆炸了,人碎了。而更不幸的,火星触着女人的药箱。女人也(被)炸得倒在崖边了。

江水还浩荡滚流着,太阳这时是已没山了,峰尖烘起一片红光,艳于玫瑰,而淡于火。

妇人被担到十公里外工程分段的茅屋里,她居然还有点微息。血如江水般由她的胸脯胁缝间淌着,头发为血浸过,已凝成稍粘的饼子。

过好一阵，而且就在这妇人和世界永别的前一刹那，她用搭在胸脯上的手指了指腹部，嘎声地说：

"救救——救救这小的……"

随后，一个痉挛，这孕妇仅剩一缝的黑眼珠也翻过去了。[①]

如前所述，当时龙陵境内路段施工，除本县民工外，另有腾冲、镇康两县支援。其中，怒江西岸木瓜垭口至怒江惠通桥这段最为险峻的路段，大部分摊给了腾冲县[②]，施工路段指挥长是腾冲县政府建设科科长江如溁。萧乾文中所提及的鹰嘴崖（今老虎嘴）、梅子箐、金塘子等地名及感人事例，全部在该路段，牺牲民夫多为腾冲人。萧乾曾写道："如果有人要为滇缅公路筑一座万人冢，不必迟疑，它应该建在惠通桥畔。"公路竣工之后的1939年5月，素有文化传统的腾冲人果然在松山立碑纪念。碑立了两方，一方是"腾冲县修筑滇缅公路纪念碑"，一方是"腾冲县修筑滇缅公路死亡民夫纪念碑"，位置均在大垭口东南的一个小高地上。在1958年的"大跃进"运动中，这两方纪念碑均遭破坏而不见踪影。不过，它们曾被当年占领松山的日军拍成照片，留下了影像。

1942年12月30日，即滇西沦陷8个月之后，日本朝日新闻

[①] 萧乾：《血肉筑成的滇缅路》，云南文史资料选辑第52辑《血肉筑成抗战路》，第40—44页。

[②] 其中大垭口至松山下约3.2公里一段，由潞江土司署（龙陵县第八区）承担。李济洲：《潞江土司署修筑滇缅公路龙陵段点滴》，云南文史资料选辑第52辑《血肉筑成抗战路》，第109页。另据《腾冲县志》（中华书局，1995年3月第一版，第28页）载，腾冲所修路段为惠通桥至黑水河，全长49.16公里。但有可能将龙陵第八区（潞江土司署）分摊路段亦计入其中。

社特派记者野村正男来到松山，采访打到中国大后方最远地带的"拉孟（腊勐）守备队"。31日清晨，他在阵地上溜达时，对公路边的这两方纪念碑产生了兴趣，于是让同伴拍了照片，把自己也摄入了镜头。

野村正男还抄录了"腾冲县修筑滇缅公路纪念碑"的碑文，并且在后来所写的文章中全文引用。这名野村正男，后来在东京审判中担任朝日新闻采访组组长，写了不少报道，还见到了中国派去的曾著有《印缅随军记》的记者张仁仲。

因为野村正男的拍摄和抄录，我们今天知道曾有这两方纪念碑，或许可以借助这些资料恢复它们。

因这两方碑，日军将碑所在的小高地命名为"纪念碑阵地"，当时此处修筑了战壕堡垒，由联队通信中队常驻。而阵地东侧的坡下，就是日军腊勐慰安所。在这地方，日军曾埋了一辆缴获自中国军队的苏式T-26坦克作为固定的钢铁堡垒。1944年中国军队反攻时，将这块阵地命名为"辛高地"。攻克此阵地的，是远征军第103师第308团。

前几年，松山村民在翻地时挖出了"腾冲县修筑滇缅公路死亡民夫纪念碑"顶部的一个残件，术语称为"宝鼎"，造型是一个三角形的石框，中心是国民党的青天白日徽。最初人们不知道那是什么东西，用日本人拍的老照片一对照，得到了确认。不过，也有人说可能是已经消失的远征军第8军"国殇墓园"纪念碑的残件，因为当时纪念碑宝鼎普遍采用这个造型，而1947年12月第8军所立的"国殇墓园"纪念碑也曾在此处。

从野村正男所拍照片看，"腾冲县修筑滇缅公路死亡民夫纪念碑"的正面还刻有不少民夫的名字,但这个资料已经永远消失了。间接保存下来的,是"腾冲县修筑滇缅公路纪念碑"的碑文。战后,日军老兵太田毅(野炮第56联队第1大队第1中队观测手、军曹)在其作《腊勐——玉碎战场的证言》、品野实(第113联队第1大队步兵炮小队补充兵)在其作《异国的鬼》中都分别引用了碑文,在后者的中译本《中日拉孟决战揭秘——异国的鬼》中,碑文由该书译者、云南省政府外事办公室的伍金贵先生翻译了过来。书中这样写道:

公路弯弯曲曲穿过本道阵地(即滚龙坡)中部,顺斜坡下去不远是个很宽的平台。在公路右侧有一座中国滇缅公路建设纪念碑。纪念碑记载了修筑公路的情况和牺牲人员的姓名,碑文如下……

遗憾的是,因为碑文是半文半白的雅言,又经过不知文化深浅的日本记者野村正男倒了一次手,译文质量不是很高。因笔者和云南历史学者戈叔亚先生曾受龙陵县政府委托做松山抗战历史资源普查,对于这个重要文物,当然要尽可能恢复得好一点儿。于是,我曾在微博上贴出日文,征求精通日文的志愿者帮助翻译,最终确定了一份比较好的译文,内容如下:

民国二十六年秋,侵华战争爆发,日军侵入我国国境,各口岸及要道相继沦陷,滇缅公路之修筑已至不可一日轻忽之地。中央政府授意,云南省政府下令沿线各县修路,我县亦奉命于群山深泽之间蜿蜒开路。民国二十七年二月设立办事处动工，二十八年四月竣工。其间，披荆斩棘，掘土削石，县内各区乡负担资粮二百万元，动员民夫五万，其中因瘴疠病亡即二千余之数。今年以来又为公路修补强化动员万人。值此民族抗战危急之际，纵匹夫亦应有其责。居后方为国家奉汗马之劳，与前线将士流血牺牲同具大义，必尽全力而竟其责。为免牺牲民夫湮没无名，将另立招魂碑以记之。

民国二十八年五月

戈叔亚先生在松山普查时，曾了解到昔日腾冲民工在这里修路的一些情况。据普查工作队成员赵秀龙提供的信息，其舅父李元生当年曾在此修路。李元生是腾冲和顺乡人，1938年被差遣来到这里做民夫，同来的腾冲民夫有5万人。和顺是云南有名的侨乡，乡民大部分都到缅甸、泰国做生意，做生意是好手，但是干体力活不及别人。无奈和顺人只好贿赂路段负责人，分到了大垭口到小立色寨子这一段没有石头、比较好修的路段，大约有一公里长。当时，和顺的民夫住在小立色寨子。

据赵秀龙回忆，他的舅父告诉他：那时民夫风餐露宿，逢集时无法都去腊勐街赶集，就在施工点附近找了一块平地做临时性集市，此地叫作"喂鸡水"。民夫把从家乡带来的干菜和松山老百姓交换。后来日军占领松山，也在这里建立了一个临时性集市，就叫作"难民街"或者"日本街"。

除了大垭口村出土的这个"宝鼎"，当地还找到了刻有几个人名的巴掌大的石碑残片。依据照片，可以确认是转译碑文中所说"招魂碑"的正文。残片上隐约可以辨认出"陈逢春""郭崇云"两个名字,他们应该就是筑路中死去的民夫[①]。

四条国际援华路线

滇缅公路通车,使得中国拥有了四条可获取外国军事援助的路线。此时国民政府已迁都重庆,虽然偏安西南大后方一隅,但是仍可借此恢复战力,坚持抗战。

这四条国际援华路线分别为:

一、以中国香港为据点,由华中、华南沿海各地通向中国内陆的路线,即所谓香港路线或走私路线。日本海军中国方面舰队难以完全封锁香港(或走私)路线,无数帆船仍活跃于华中、华南沿海,向内陆渗透并运输物资,其运输量相当可观。日军虽随时实施封锁作战,企图予以压制,但不能直接掌控香港。

二、经中国甘肃、新疆与苏联连接的路线,即所谓西北路线。该路线距离遥远,且只是穿越辽阔荒野的汽车路,因而运输量较小。但因日军对该路线缺乏封锁压制的手段,西北路线就成为一条相对安全的路线。

三、连接越南海防(Hai Phong)和中国云南昆明的路线,即

[①] 据统计,修筑滇缅公路工程量共计土方为2000万立方米,石方近200万立方米,永久式桥梁206座,半永久式桥梁271座,孔径总长2700多米,石涵洞2196个,水涵洞1114个,铺碎石100多万立方米。筑路期间,因工程事故和滇西流行的恶性疟疾使3000多名民工、技术人员献出了生命。参见时广东、冀伯祥:《中国远征军史》,重庆出版社2001年版,第20页。

所谓法属越南（时称"安南"）路线。该路线有两条：一条是以海防为起点，沿滇越铁路及与其并行的滇越公路分别到达昆明的路线；另一条是以海防和先安（Tien Yen）为起点，穿过南宁通往中国内陆，这是运输量最大的路线。

四、连接缅甸仰光（Rangon）、腊戍(Lashio)和中国昆明的路线，即所谓缅甸路线。该路线以仰光为起点，经曼德勒（Mandalay）至腊戍为铁路、公路并行；再向北即为滇缅公路，由畹町进入中国境内，经遮放、芒市、龙陵、保山、下关通往昆明。其中，滇缅公路自铁道终点的腊戍起，翻越云南省西部险峻的高黎贡山余脉到达昆明，为绵延1232公里的汽车补给路线。

1938年11月8日，自乌克兰敖德萨港（Odessa Port）开出的英国轮船"斯坦荷尔"号，装载苏联援华的6000多吨武器弹药驶进了仰光港。自此，连接仰光和昆明的缅甸援华路线开始运行。

当时，滇缅公路上的物资运输，主体力量是军事委员会西南运输处下辖的18个运输大队，有汽车3000多辆。此外，全国的27个汽车兵团，有14个也曾被临时调来参加抢运。该项任务为专线运输，即将物资沿滇缅公路运至昆明，交给国防部兵工署所属仓库接收，任务即告终结。为此，运输大队采取了分段运输的办法，自缅甸腊戍运入的物资，入境后多在畹町、遮放和芒市存卸；少数急用的兵工器材，则直接运到保山后再转运内陆。在这一时期，运入的物资主要是汽油，占运入物资总量的1/3；其他则是武器弹药、美制汽车、医疗用品等。运出的物资主要是国外紧缺的钨、锡等矿产品和桐油、猪鬃等农副产品。

1939年，著名爱国华侨陈嘉庚先生号召南洋各地侨胞回国支援抗战。当年夏天，陈嘉庚任主席的南洋华侨筹赈祖国难民总会（简称"南侨总会"）向祖国捐献福特牌汽车100辆，动员组织了3030名华侨青年，分9批先后回国参加滇缅公路运输工作，时称"南侨机工"。南侨总会经与西南运输处交涉，将南侨机工编为华侨先锋运输大队，参照军队汽车兵团模式管理运营。1940年春，第一大队成立，派驻芒市；次年3月又成立第二大队，派驻遮放，专任滇缅公路最艰苦路段的抢运工作。但是，因车辆不足，1939年的11个月，经滇缅公路运入的武器装备及其他物资共27980吨，平均每月仅运入2000多吨[①]。

但在日军方面看来，这仍然是无法忽视的存在：虽然滇缅公路沿线地形复杂，云南西部横亘着横断山脉，特别是高黎贡山脉海拔在3000米以上，其间有怒江、澜沧江等大河阻隔，山谷间架起的大小桥梁多达370座，但该路线的运输量仍然保持了较高水准。对于当时中国四条外援路线每月的补给量，日本大本营参谋本部曾作如下估计：

表1 中国国际外援路线及运量情况（单位：吨/月）

路　线　名	欧洲大战爆发前	1940年6月
中国西北路线	200	500
中国香港路线	—	6000
越南路线	12500	15000
缅甸路线	2000	10000

---

① 马向东：《滇缅公路龙畹段历史概述》，云南文史资料选辑第52辑《血肉筑成抗战路》，第79页。

按上述估计，以1940年6月的运输量作比较，越南路线占总数的1/2，缅甸路线占总数的1/3。特别是欧洲大战爆发后，缅甸路线运量增加至原来的5倍。

对此，日本政府及大本营为了彻底解决所谓"中国事变"，欲倾注一切力量切断越南、缅甸、中国香港等各条路线。[①]

滇缅公路：从关闭到重开

1940年6月，欧洲战场上法国向德国投降。日本趁机直接并通过德国施压于法国贝当（H.P.Petan）领导的维希政府，迫使其与日本签订协定，关闭援华越南路线[②]。接着，日本外务次官谷正之又受命照会英国驻日大使克莱琪（Robert Craigie），要求英国停止经过缅甸及中国香港运输援华物资。面对日本的淫威，新任英国首相丘吉尔并未迅速改变前任首相张伯伦（A.N.Chamberlain）的绥靖政策。7月12日，英国大使克莱琪向日本外务大臣有田八郎（米内内阁）作出了关闭缅甸路线三个月的答复，并于17日发表了如下声明：

　　一、早自1939年1月以后，已禁止由香港向内地运输武器弹药，现在并无由该地运输出任何日本政府所重视的军用物资，将来也不输出。

[①] 日本防卫厅防卫研修所战史室编著，中华民国史资料丛稿译稿《缅甸作战》（上），天津市政协编译委员会译，中华书局1978年版，第1—2页。
[②] 顾维钧：《顾维钧回忆录》第4册，中华书局2013年版，第336—337页。

二、英国政府自本年7月18日起三个月期间，禁止通过缅甸输送武器、弹药、汽油、卡车以及铁路器材。

三、驻香港及仰光的日本领事馆官员为使本项禁运有效所采取之措施，可与英国官方保持密切联系。①

丘吉尔后来曾在英国众议院坦承："当我们最没有办法的时候，我们甚至低下头来，把滇缅公路封锁了几个月。"他的解释是，当英国单枪匹马地与德国、意大利在不列颠、大西洋和中东打仗时，不能不顾自身力量而在远东招惹日本②。对于英国的这一怯懦、不义之举，美国国务卿赫尔（Cordell Hull）于7月16日发表声明反对关闭缅甸路线，但此时美国因欧洲形势黯淡，尚未下定决心在亚洲直接援助英法压制日本。

为了监视关闭缅甸路线，日本派出6名陆海军军官进驻仰光总领事馆，在当地对英方进行监督。日本方面怀疑，虽然英方承诺自7月18日至10月17日对华禁运三个月，但因5月至10月为缅甸雨季，滇缅公路本来就是运输淡季，故而英方的这一声明可能是在故作姿态。

1940年9月23日，日军又悍然以武力进驻法属越南北部，将该地强占为日本的军事基地。此前，日本还在暗中拉拢泰国当局，以满足其对越南、缅甸的领土要求为诱饵，于6月12日与泰

---

① 中华民国史资料丛稿译稿《缅甸作战》（上），第3页。
② 〔英〕温斯顿·丘吉尔：《第二次世界大战回忆录》第四卷《命运的关键》上部第一分册，吴万沈等译，南方出版社2003年版，第97-98页。

国洽商签订了《日泰友好条约》[①]，虽然条约尚处于待交换批准书阶段，但此举显然是为进一步切断缅甸援华路线作铺垫。美国将这一事态看作日本南侵的第一步，于9月26日宣布禁止向日本出口废铁。27日，日本即与德国、意大利正式缔结为"轴心国"集团。在此形势下，英国被迫与美国保持步调一致。10月8日，英国大使克莱琪向日本外务大臣松冈洋右（近卫内阁）提出了口头通告：

> 为限制一定的物资运往中国，暂时封闭缅甸路线而订的7月17日协定，英国政府是根据在其有效期间，为远东带来正当而均衡的和平应特殊努力的精神而作出的贡献。
>
> 本协定曾规定：在三个月期满时，英国政府可根据上述期间存在的情况，自行对此协定作出继续或废止的决定。
>
> 因而本协定的目的，就英国政府而言，完全是为达到和平解决，以真挚的努力，尽可能提供的期间。

[①] 《日泰友好条约》，全称为《日本和泰国关于继续友好关系及相互尊重彼此领土完整的条约》，是日本与泰国于1940年6月12日签署的一项双边条约，由日本外务大臣有田八郎和泰国驻日本公使菲耶·斯利·塞那在东京签署。条约为期5年。全文共5条。其要点为：日泰之间相互尊重彼此领土完整；重申确认相互之间既存的"持久和平与永恒的友谊"；缔约一方受到第三国攻击时，另一方将不支援或协助攻击国攻击对方。同年12月13日，日泰两国在曼谷交换了批准书，条约遂正式生效。1941年12月21日，双方又进一步缔结了《日泰同盟条约》，即《十年同盟条约》。条约规定：泰国军队尽快停止抵抗，以让日本军队和平通过泰国领土。该条约中还包括一项秘密议定书。议定书规定：日本保证泰国收回19世纪被英、法夺走的领土；泰国则承诺在战争中帮助日本共同对付英、美军队。1942年1月25日，泰国据此对英、美宣战。

但上述目的，并未实现。

日本政府反而获得了为对中国发动新的进攻及向越南运送军队的方便（笔者注：指日军进驻法属越南北部）。

而且日本政府已与轴心国签订了政治、军事和经济的协定。

根据以上形势，英国政府关于10月17日本协定失效的问题，不能再作更动，深为遗憾。①

由此，援华缅甸路线得以重新开放。中共《新华日报》及时评论说，"这就标志着丘吉尔远东绥靖政策的结束"②。

日军方面恼羞成怒，命令其进驻越南河内的海军第15航空队及陆军航空部队（第5、第3飞行集团，1942年4月15日后飞行集团改称飞行师团），自1940年10月18日至1941年2月27日，先后22次出动飞机共400余架次，长驱挺进云南西部，轰炸澜沧江功果桥及怒江惠通桥，企图封锁滇缅公路。虽然每次轰炸都致使钢索和桥台部分受损，但两桥并未被炸断。迭经修复后两桥保持通畅，唯负载力有所下降，每次只能通行7.5吨汽车1辆。

---

① 中华民国史资料丛稿译稿《缅甸作战》（上），第3—4页。
② 《新华日报》，1940年10月19日。

表2 日军轰炸功果桥、惠通桥情况[1]

时间	出动飞机	轰炸目标	备注
1940年10月18日	27架	飞龙桥	因未找到功果桥而误炸，详见后文
10月20日11:40	27架	功果桥之青云桥	炸死、炸伤守桥士兵、工人十余人；炸断功果桥主索2根，炸倾青云桥（其他详见后文）
10月25日12:45	36架	功果桥	投弹100余枚（损失详见后文）
10月28日12:02	36架	惠通桥	投弹200余枚（损失详见后文）
10月29日11:35	27架	惠通桥	投弹100余枚（损失详见后文）
12月12日13:20	9架	功果桥	炸死工人1人；炸断主索1根
12月14日12:20	9架	功果桥之昌淦桥*	昌淦桥被炸毁坠江
12月15日12:20	9架	功果桥	桥体多处中弹
12月16日12:30	9架	功果桥	投弹60余枚（损失不详）
12月23日12:50	12架	功果桥	盘旋两轮后遁去
1941年1月3日13:10	9架	功果桥	因化学兵释放烟幕未发现目标，改炸保山县城（损失详见第四章）

---

[1] 此表综合以下资料制作：黄镇球呈军令部《滇缅路防空视察报告书》，中国第二历史档案馆编：《滇缅抗战档案》（上），中国文史出版社2019年版，第6-8页；张树才、李根柱（整理）：《战火中的惠通桥》，《滇西抗战第一枪——纪念滇西抗战胜利60周年文史集》，第32页；陈祖樑：《血雾迷茫——滇缅抗日及日军罪行揭秘》，云南美术出版社2004年版，第28页；1940年10月30日龙陵县致省民政厅代电，云南省档案馆44-4-435-156；1941年3月1日云龙县致省民政厅呈，云南省档案馆11-7-170-105等。另据日文维基百科词条"第十五航空队"：1940年10月5日，日本海军第15航空队进驻河内。10月18日轰炸功果桥、10月28日轰炸惠通桥均为该部所为，此后又多次执行该项任务。

第一章 滇缅路与惠通桥 | 023

续表

时　间	出动飞机	轰炸目标	备　注
1月4日12:45	9架	功果桥	损失无记载
1月5日12:45	9架	功果桥	桥身多处中弹，桥面倾斜约30厘米
1月16日14:30	9架	功果桥	损失无记载
1月19日	—	功果桥	损失无记载
1月23日13:00	9架	功果桥	致东半部桥面坠江
2月7日	27架	功果桥	妨碍抢修
2月9日13:45	27架	惠通桥	投弹50余枚，炸毁上游主钢索1根
2月12日	27架	功果桥	妨碍抢修
2月21日14:20	27架	惠通桥	投弹50余枚，炸毁东岸上游抗风索及桥面，主索震动，两岸路基被毁多处
2月22日13:02	27架	惠通桥	投弹60余枚，炸毁主索3根，吊杆钢索8根，桥身下沉约1米
2月27日15:00	25架	惠通桥	炸毁上下游主钢索各1根，吊杆钢索4根，桥面被毁40英尺（1英尺约为30.48厘米），路基被毁多处

由上表可见，日军轰炸两桥有一个时间窗口："日本飞机总是在正午和下午1点之间飞来投弹。从他们在越南的航空基地飞到大桥上空，需要几个小时。由于两岸悬崖陡峭，阳光直射峡谷也

---

* 昌淦桥又称功果新桥，在青云桥基础上新建，是长达122米的新式钢塔吊桥。此桥被炸后，该桥设计师、交通部技术厅桥梁设计处处长钱昌淦从昆明乘飞机前往监督修复，于10月29日不幸遭日军空袭殉职。为了纪念他，功果新桥修复后被命名为"昌淦桥"。

就在中午的一个多钟头，飞机只有这个机会可以精确地瞄准目标；其余时间内，大桥都隐藏在迷蒙和阴影之中。"

为了及时抢修桥梁，"轰炸期间，不管有什么样的危险和损失，我们一直保持着一支强大的200多人的桥梁抢修力量"，且"在三座桥梁不远的地方都准备了许多套桥梁各个部位的部件。这些备件都储存在日本人不易发现的峡谷裂缝中"。[①]传说中的"青岛下水道德国油纸包"已被证明子虚乌有，但功果桥、惠通桥的传奇确凿无误。

1940年10月19日，即日军首次轰炸功果桥次日，滇缅公路运输管理局通知驻龙陵第六工程段组织了"惠通桥抢修队"，委派工程师黄京群为队长[②]。抢修队进驻惠通桥后，即担负起针对日军轰炸的即时性抢修任务，确保惠通桥为"炸不断的交通枢纽"。为防备不测，抢修队还在桥下游架设了低水位浮桥以备急用。11月11日，国民政府防空总监黄镇球曾呈军令部《滇缅路防空视察报告书》，报告10月18日至29日间日军5次轰炸功果桥、惠通桥，及我善后抢修、恢复通车详情如下：

一、功果桥

甲、历次被炸情形

1. 10月18日，敌机27架首次空袭滇缅路，唯敌机误认澜沧江人行桥（飞龙桥）为功果桥，投弹百余枚。该处澜沧江

[①] 谭伯英：《修筑滇缅公路纪实》，戈叔亚译，云南人民出版社2016年版，第110—112页。
[②] 张树才、李根柱（整理）：《战火中的惠通桥》，《滇西抗战第一枪——纪念滇西抗战胜利60周年文史集》，第32页。

人行桥并无高射机枪（炮）掩护。

2. 10月20日11时40分，敌机27架沿澜沧江由南向北飞行，在功果桥高空投弹。当经高射炮猛烈射击，终以射高不及，未能予敌重创。东岸中十余弹，落崖石上。西岸桥头街市碉楼全毁，两弹落山上高射机枪阵地附近，毁士兵宿舍一座，伤阵地士兵一名；至桥面则稍为破片损坏。

3. 10月25日12时45分，敌机36架分批轮流高空投弹百余枚，历一小时半。虽经高射炮火猛烈射击，亦终以射高不足，卒被炸中。桥面命中两弹，东端桥墩稍崩裂，桥索8根被炸断3根，人员、物资虽损失甚微，而车辆交通则不能通过矣。

乙、功果桥之抢修抢运办法

当功果桥炸坏之翌日，职即前往视察，曾与该路容总工程师（滇缅公路总工程师容祖浩）共同履勘，后又与谭局长（交通部滇缅公路运输管理局局长谭伯英）商讨，结果如下：

1. 用钢索将装桶汽油浮水拖驳，于11月3日可开始。

2. 用钢索悬吊货物过江，可于11月10日开始（此项钢索可吊5吨重货物）。

3. 浮桥可于11月15日以前通车。

4. 被炸毁之钢索吊桥，约于11月15日以前修复，能通过空车。

5. 新桥据桥梁设计处云：约需到12月间始能通车，唯该桥目标显明，恐仍有被敌炸毁之虞。

6. 用机器钢索吊钩，能将5吨重车吊过，正积极筹办中。此办法可将一切设备随时移动搬离，不怕敌人空袭。

唯职回到昆明时，接到刘营长电报，谓该桥已可通空车云。

二、惠通桥

甲、历次被炸情形

1. 10月28日12时02分，敌机36架分批在高空投弹200余枚，桥面中一小型炸弹，被穿一洞；桥东岸锚钉附近中一弹，桥索被破片炸断两根；余弹均落江中及两岸。桥梁损坏部分，当夜修复，交通无阻。

2. 10月29日11时35分，敌机27架分批投弹5次，共百余枚。桥面靠东岸三分之一处中一弹，毁桥面十余公尺。桥索18根连前共毁11根。东岸桥头中数弹，桥墩龟裂。附近山上及江边均有弹穴，崖石崩落路上。前西南运输处车站殆全毁，余弹落江中，交通绝断。①

乙、惠通桥抢修抢运办法

职视察惠通桥炸坏情形后，回到下关，与谭局长商讨，结果如下：

1. 用钢索将装桶汽油浮水拖驳，于11月6日可开始。

2. 用钢索悬吊货物过江，约11月10日可开始（此项钢索可吊5吨货）。

3. 在原桥上流筑浮桥，因两岸便道工程需时，约2个月始能完成。

4. 用机器钢索吊钩，能将5吨重车吊过江面，现在积极筹办中。此办法可将一切吊运设备随时搬移疏散，不怕空袭。

---

① 10月28、29日两次轰炸，1940年10月30日龙陵县政府向省民政厅亦有代电呈报详情，云南省档案馆44-4-435-156。

5. 现正向滇缅铁路局借用马达船驳渡，正积极筹办中。

6. 被炸之桥仍设法修复之。

唯第5项办法中所需渡夫40名，该地无人胜任，经电委座（蒋介石）饬交通部调集，务于3周内到滇，以便应用。

查惠通桥目标极其暴露，难免不再度被炸。职意第5项之轮渡办法较为可靠，因该处怒江水流速度不急，两岸沿江山坡倾斜亦缓，修建码头、往返渡船均甚便利。若白昼将渡船疏散，根本不怕敌机空袭。夜间利用灯光往返渡运，计每日一渡船，自15时起至翌晨9时止计18小时，往返驳渡一次约需15分钟，则18小时可往返驳渡约72次，往返过车约144辆，（以每车两吨半计算）可渡运约360吨。以上计算仅以一个码头而言，如多设一处码头及渡船，当可往返渡运六七百吨。据公路局调查，每日滇缅路由畹町入口货物约为240吨，出口货物约170吨。如按此数估计，再以多数渡船渡运，运输效率绝不致减少。

又职（11月）3日回到昆，接保山刘营长电报，谓炸坏之惠通桥已于东（1日）晚可通车。查此桥之能如是迅速修复，实以该路局平素已充分准备修理材料，加以人工努力，已请委座有以嘉奖鼓励之。①

后来，国民政府交通部滇缅公路运输管理局局长谭伯英写道："修复一座桥最短的时间是一个钟头；最长的是5天10小时又50分钟。在这段时间，我们几乎建造了一座全新的桥梁，包括基础在

---

① 黄镇球呈军令部《滇缅路防空视察报告书（1940年11月11日）》，《滇缅抗战档案》（上），第6-8页。

内。一次,当怒江大桥(即惠通桥)遭到毁灭性空袭后,东京电台宣布它已被彻底摧毁,无法修复了,接着非常高兴地宣称滇缅公路至少要关闭三个月。在重庆的交通部也被广播弄得焦虑不安,急电要求不惜一切代价修复大桥,保证交通畅通。但是在电报收到时,车队已经再一次越过了怒江。这座怒江大桥,几乎是在完全被破坏之后,仅仅用了35小时35分钟就再次通车。"[1]

据中方统计,在越南路线被切断以前,80%以上的国外援华物资都靠滇越铁路运入。1939年9月至1940年6月,由滇缅公路运入的援华军用物资仅占总运量的31%,因此这一时期无疑是越南路线占主导地位。而滇越铁路中断后,滇缅公路虽也几经磨难,但最终成为中国当时唯一的国际陆路交通命脉,国际援华物资几乎全部经该路线运入国内[2]。

1941年11月,国民政府中央派军委会后勤部部长俞飞鹏来滇西加强改善滇缅公路运输管理,将此前的西南运输处改为中缅运输总局,由军委会运输统制局(俞飞鹏兼任中将副主任)直辖,整改后气象一新,运输效率得到提升。据日本方面的估算,至1941年末太平洋战争爆发前后,滇缅公路每月运量已达15000吨[3]。

---

[1] 谭伯英:《修筑滇缅公路纪实》,第112页。
[2] 马向东:《滇缅公路龙畹段历史概述》,云南文史资料选辑第52辑《血肉筑成抗战路》,第80页。
[3] 中华民国史资料丛稿译稿《缅甸作战》(上),第4页。另,截至1942年滇缅公路被切断,共输入战时急需物资40.2万吨,其中油类15万吨,枪械弹药约7万吨,其余为五金、交通器材、医药、机床、发动机等维持国计民生和战时经济的重要物资。同时,通过滇缅公路输出物资约10万吨。参见时广东、冀伯祥:《中国远征军史》,第22页。

第二章　惊失腊戌

远征军第 66 军奉命保卫腊戌

（1942年3月26日—4月25日）

1941年12月8日，日本海军偷袭美国珍珠港，太平洋战争爆发。随后，日本陆军大举侵入东南亚各国，很快兵锋指向缅甸，并觊觎中国云南。23日，中、美、英、荷等国代表在重庆举行联合军事会议，中英两国签署了《中英共同防御滇缅路协定》[①]，正式确定军事同盟。应英国政府请求，中国以第5军、第6军、第66军3个军10万余人组成中国远征军第一路，于1942年2月陆续入缅；蒋介石任命罗卓英为远征军司令长官（初期发表为卫立煌，后未到任），以美国派来担任同盟国中国战区参谋长的约瑟夫·史迪威（Joseph W. Stilwell）中将为总指挥[②]，并派军令部次长林蔚中将率军事委员会参

---

① 同日，日军飞机轰炸仰光，美国援华志愿航空队与英国空军协同作战，击落日机25架。
② 1941年12月31日，罗斯福致电蒋介石，提议组织同盟国中国战区，由蒋介石担任中国战区统帅。蒋介石同意后，于1942年1月4日致电在美国的宋子文，请罗斯福选派一位美军高级将领担任中国战区参谋长。1月23日美国选派史迪威中将担任中国战区参谋长、中缅印战区美军司令等职。3月3日，蒋介石在腊戌会见赴华途中的史迪威，决定由史迪威指挥入缅作战的中国军队。3月11日，史迪威由重庆飞赴缅甸履职。

谋团入缅参与帷幄，指挥中国军队与英军联手抗击日军。

孰料，缅甸战局急转直下。因此前英方一再延迟中国军队入缅时间，错失了在缅甸南部防御的最佳战机，加之英军在西路伊洛瓦底江沿线作战不力、中国军队高层指挥系统混乱等因素，致使中英联军始终未能掌握战场主动权，计划中的同古（Toungoo，即今东吁）—卑谬（Prome）、平满纳（Pyinmana，又译彬马那）会战相继流产，曼德勒会战也即将胎死腹中。其间，第200师（师长戴安澜）、新编第38师（师长孙立人）虽曾在同古、仁安羌（Yenangyaung）等地予日军以有力打击，但在日军的凌厉攻势下，联军最终未能站稳脚跟。特别是对经掸邦（Shan State）高原迂回包抄的东路日军第56师团，中国军队因对敌情掌握不足而"漏算"，从而全线崩溃。

至4月25日夜，日军第56师团前锋已相继攻占和榜（Hopong）、棠吉（Taunggyi，即今东枝）、雷列姆（Loilem）、开西满爽（Kehsimansam）。此时，担负东路阻敌任务的第6军各部已被击溃四散，向东渡过萨尔温江（Salween River，中国境内称怒江）退向景栋（Kyaing Tong）地区。沿滇缅公路最后开进战场的为第66军新28师及新29师，将保卫中国远征军在缅甸境内的"后路"重镇——腊戍。

腊戍为缅甸北部掸邦首府，位于中缅边境中国国门畹町南方（两地公路里程为186公里），是缅甸境内铁路东北方的终点，也是滇缅公路的起点。自1938年11月滇缅公路正式通车起，在仰光港登陆的国际援华物资均经缅甸中部仰光—曼德勒—腊戍铁路干线运输至腊戍卸载，而后由中方西南运输处（后为中缅运输总局）

经滇缅公路长驱1146公里运往昆明。

因此，滇缅公路和惠通桥的故事，应该从腊戌讲起。

在此，谨对中国远征军第66军进入缅甸的情况予以回溯。

1942年3月26日，蒋介石电令：第66军全部（除新29师）集中于曼德勒、达西（Thazi）间地区[①]。奉令后，该军所辖新38师、新28师即于滇西待机地陆续赴缅。4月8日，新38师率先开进曼德勒担任卫戍任务，并作为中路预备队改由第5军统制。新28师则分为四个梯队开进，其主力于4月18日甫抵腊戌，即奉罗卓英从瓢背（Pyawbwe，即今标贝）前指发来电令，"该师在腊戌不停而直开曼德勒"。至4月21日，新28师主力到达曼德勒接替新38师防务；新38师各团则已陆续调往西路增援英军，并于20日在仁安羌为英军解围（即"仁安羌大捷"）；但史迪威、罗卓英为英方通报的错误敌情所误导，仍令第200师继续西开前往乔克巴当（Kyaukpadaung，即今皎勃东）。

当日，鉴于东路危局已现端倪［4月20日垒固（Loikaw）陷落］，坐镇眉苗（Maymyo，眉谬）的参谋团长林蔚派员向罗卓英建议：

1.可否立刻停止第200师之运输并改运棠吉？

2.可否令新28师只留一团守曼德勒，而令师长刘伯龙率该师主力或一团，由火车运回昔卜（Hsipaw，又译西保），并连同第66军将到腊戌之军直属队（工兵营、战车防御炮营、特务营等），归一人指挥，再由汽车向雷列姆方向运送，以期与新22师夹击北进

[①] 林蔚：《缅甸战役作战经过及失败原因与各部优劣评判报告书》，未刊档案。

之敌，并对防御空虚的腊戍根据地构成掩护？

此时，罗卓英已意识到东路形势不容忽视，经与史迪威商议，其处理是：令副司令长官兼第5军军长杜聿明率第200师及军直属特种兵半部，由原车自乔克巴当①东开，并指挥第6军（军长甘丽初），准备出击由垒固北进之敌；但不同意新28师主力留置腊戍及将第66军各部车运往雷列姆增援阻敌②。

4月22日，蒋介石下达手令，又令新29师先开两团入缅增援。但开进到达尚需时日。此时，林蔚鉴于东路形势危急，断然对腊戍防务作"权宜处置"：

1. 径令新28师之后尾第82团，由腊戍至曼德勒道上中途折回腊戍。

2. 权令甫到腊戍的第66军参谋长张勋亭，指挥新28师第82团、新38师原留腊戍守备飞机场之一营（第114团第1营），及第66军陆续到达腊戍之直属队，担任腊戍、昔卜防务，取就近警戒，暂不向雷列姆方面增援。待新29师部队到达，再归还建制。③

17时，英方联络官哈蒲生（C.D.Hobson）上校向我驻腊戍高级联络参谋冯衍询问，可否将腊戍至曼德勒之铁路运输暂停四日，以便担任密支那（Myitkyina）方面之运输。参谋团即令冯衍转告哈蒲生，不得停止腊戍至曼德勒间车运；并电长官罗卓英防止英方将车辆调向密支那方面，以免我军将来机动困难④。

---

① 原文为东敦枝（Taungdwingyi），应不正确。此时，第200师已抵达乔克巴当。
② 林蔚：《缅甸战役作战经过及失败原因与各部优劣评判报告书》，未刊档案。
③ 林蔚：《缅甸战役作战经过及失败原因与各部优劣评判报告书》，未刊档案。
④ 林蔚：《缅甸战役作战经过及失败原因与各部优劣评判报告书》，未刊档案。

当日，第66军军长张轸率该军直属队亦开到腊戍。

4月23日，鉴于东路第6军在雷列姆溃败，蒋介石电令：腊戍至雷列姆公路应即着手破坏。参谋团即派新28师在腊戍之第82团两个营，于次日乘汽车分两路推进至莱卡（Laihka）以北地区，一面掩护第6军军长甘丽初率残部撤退，一面实施破路。同时，通知我政府驻腊戍各机关速向国内疏散，并通知军事委员会后勤部部长兼中缅运输总局局长俞飞鹏，准备破坏腊戍来不及抢运之物资①。

4月24日，联军空军派飞机侦察东路敌情，行动及所获敌情如下：

1. 本晨我空军侦察和榜，11时又以轰炸机2架飞和榜、雷列姆一带侦察、轰炸，发现雷列姆在燃烧中，并发现日军卡车100余辆停于雷列姆北方公路上。

2. 本晨6时50分，英空军在和榜、孟榜（Mongpawn）间发现日军卡车200辆向西驶中，又在和榜发现日军约200名及卡车百辆。

3. 16时，英空军发现雷列姆与莱卡间有日军千余人；同时美援华志愿航空队侦察报告，雷列姆之日军已北进至莱卡。②

鉴此，当日蒋介石电令参谋团："腊戍应有紧急处置。万一腊

---

① 林蔚：《腊戍至惠通桥战斗经过及功过评判报告书》，未刊档案。
② 林蔚：《缅甸战役作战经过及失败原因与各部优劣评判报告书》，未刊档案。

戍不守,则第5军、第66军应以密支那、八莫(Bhamo)为后方,第6军应以景栋为后方。"①即以两军背倚中缅国境,立足于缅北与日军形成对峙局面。蒋介石并令军令部部长徐永昌转告史迪威、罗卓英,应把握的两点原则是"避免决战、不离缅甸"②。

15时30分,罗卓英电令在曼德勒的新28师师长刘伯龙:

一、敌一部经和榜、雷列姆有向腊戍、昔卜窜扰模样。

二、着新28师刘师长即率在曼德勒部队(暂留一营,待友军接防)乘火车北开,主力在昔卜下车,一部在沟克台克(Gokteik,谷特)下车,迅速占领南孟(Namon)、南伦(Namlan,南兰)两点,相机出击,掩护腊戍要地。

三、刘师长在腊戍部队,已由林次长(林蔚)令其南进迎击敌人。刘师长到达昔卜后,应从速掌握为要。

奉命后,刘伯龙于19时30分下达命令:

一、本师除留吴修来营(第84团第3营)防守曼德勒待友军接防外,主力乘车北开,在昔卜下车;一部在沟克台克下车,迅速占领南孟、南伦两点,相机出击,掩护腊戍要地。

二、吴修来营即时与第83团接防,除以少数部队守备实皆(Sagaing)、派来克(Paleik)两铁桥(即伊洛瓦底江阿瓦

---

① 林蔚:《缅甸战役作战经过及失败原因与各部优劣评判报告书》,未刊档案。
② 徐永昌:《徐永昌日记》第六册(1941年1月至1942年12月),台湾"中央研究院"近代史研究所1991年版,第378页。

大桥及密丁格河桥）外，主力守备曼德勒山及王城，待友军接防，尔后追随师主力行动。

三、师应于本日（24日）开始出发，兹规定其行动如左（下）：

1. 第84团（欠第3营吴修来部及守铁桥之两个步兵连）于本日（24日）21时前集中妙行（Myohaung，谬杭）车站，乘第一次列车，即开昔卜待命。

2. 第83团与第84团吴修来营交防后，于明日（25日）上午8时在妙行车站集中，乘第二次列车，即开昔卜待命。

3. 师司令部及直属各部，由参谋处王忽凝主任指挥，于明日（25日）16时前集中妙行车站，乘第三次列车，开昔卜待命。又师先遣人员随余乘汽车于明（25日）晨7时出发，向昔卜前进。

4. 守备实皆、派来克铁桥之两个步兵连，归第1营副营长罗再启指挥，在沟克台克下车，警备该方面为要。

5. 规定第一次列车开车时刻为本日（24日）22时半，尔后各次列车开驰时间，按顺序及情况与英方车站司令商定行之。

四、各部队集中及火车开行时，对空中及地上警戒务须严密为要。

五、余率先遣人员于明（25日）晨7时许，乘汽车开驰昔卜。①

---

① 《第六军新编第二十八师缅甸战役战斗详报》，《滇缅抗战档案》（上），第265—266页。

同时，在腊戍之该师第82团已由参谋团直接统制。团长梁少雄奉第66军参谋长张勋亭命令后，即令第1营开美星子（Manseng，腊戍南约128.7公里），第3营开孟崖（Mongyai，腊戍南约96.5公里处），均于4月24日下午分乘汽车由腊戍出发，于午夜到达后即占领阵地、构筑工事。团部及第2营则进驻雷诺（Loilawm，腊戍西南约13公里处）。团长梁少雄并连夜赴第1、第3营视察阵地及对公路、桥梁之破坏①。

4月25日，杜聿明率第200师及第5军直属特种兵半部勉强攻占棠吉，尚未肃清残敌，忽奉长官部电令："第5军及直属部队回师西开，经密铁拉（Meiktila）向皎施（Kyaukse）集结；以第200师向雷列姆方向之敌攻击。"24日林蔚曾电示杜聿明，在攻克棠吉之后，率部继向雷列姆北进之敌攻击，以解腊戍之危②；但史迪威、罗卓英此时仍欲控制主力于中路，准备实施曼德勒会战。因长官部与参谋团意见相左，杜聿明感到为难，遂向林蔚报告。林蔚无奈复电，让杜聿明按长官部命令行动。杜聿明遂向戴安澜交代任务，连夜率军直属部队返回中路。③

当日，英空军及美援华志愿航空队再度侦察报告："有敌卡车50辆，由雷列姆沿公路向北前进；另约100辆，则由腊戍南方100余英里④的孔海坪（Konghaiping）向开西满爽前进。"⑤当日，

---

① 《第六军新编第二十八师缅甸战役战斗详报》，《滇缅抗战档案》上，第272页。
② 《第五军缅甸战役战斗详报》，《滇缅抗战档案》上，第114页。
③ 胡璞玉主编，《抗日战史》第二十六章《滇缅路之作战》，台湾地区军事主管部门史政编译局1968年版，第66页。
④ 1英里约为1.6公里。
⑤ 《抗日战史》第二十六章《滇缅路之作战》，第66页。

林蔚并接第6军军长甘丽初电称,其身边"仅余卫士十五人,欲战无兵";又接第11集团军总司令宋希濂24日电称,马维骥师(新29师)奉委座电话星夜入缅,该师一团于24日午由下关西运,其余继续西运。

林蔚判断,此时欲保卫腊戍,唯有继续等候援兵,同时加紧破路以迟滞日军前进,因日军凭借汽车机动,可日进数十公里。恰值第66军辎重兵团已随军长张轸同到腊戍,林蔚即令以辎重兵团两营,配备工作器具及炸药,并附以滇缅铁路督办公署督办曾养甫[①]所部技术工人若干名,由参谋团高参、工兵总指挥马崇六指挥,向腊戍以南紧急输送参加破路工作。[②]

4月26日,新29师师长马维骥率该师先头一营开到腊戍。

第66军军长张轸原已在曼德勒,但当日忽然前来腊戍面见林蔚,称在曼德勒无事可做。此时,张轸的处境极为尴尬:其所辖的新38师已调配第5军,罗卓英又直接指挥新28师的行动,而新29师仅开到腊戍一营,他因之成为闲员一枚,心情极为愤懑[③]。见

[①] 抗战爆发后,为取得国际援助,除修筑滇缅公路外,国民政府主持修筑东起昆明、西经安宁、一平浪、禄丰、广通、楚雄、姚安、祥云、弥渡、南涧、云县、耿马等县,直达中缅边界术达的滇缅铁路。1938年12月起,开始分段修筑。东段由昆明至祥云县的清华洞,长410公里;西段由清华洞抵术达,长470公里。全线为米轨,以便于同缅甸的铁路接轨,拟连通缅甸腊戍站。1942年5月因缅甸沦陷,滇西失守,滇缅铁路被迫停工,国民政府同时破坏西段已修好的路基、涵洞等基础工程,此后再未重修。曾养甫(1898—1969)时任军事委员会西南运输处主任,并出任滇缅铁路督办公署督办,后任军事委员会工程委员会主任、交通部长。

[②] 林蔚:《腊戍至惠通桥战斗经过及功过评判报告书》,未刊档案。

[③] 张轸:《入缅抗战二十天》,《远征印缅抗战——原国民党将领抗日战争亲历记》,中国文史出版社2010年版,第287页。

之，林蔚即决定由参谋团担起腊戍防卫之责，并请张轸指挥腊戍方面作战，经电呈蒋介石后当即得到批准①。罗卓英本来是让张轸指挥新28师在曼德勒的部队，听说他不辞而别前往腊戍，在电话中大发脾气，指责张轸不听命令、擅离职守。林蔚则为张轸打气说："不要紧，你在腊戍指挥作战，一切由我负责。"②由此可见林蔚及参谋团实际地位之一斑。

林蔚赋予张轸的任务为："指挥腊戍、昔卜及腊戍南方现有各部暨马维骥新29师之后续部队，以保障曼德勒方面我主力军之左侧背及畹町方面我国境线之安全为目的，首应迟滞敌人于腊戍南方较远之地。纵不得已，亦须固守昔卜、腊戍。待新29师全部到达，即与第200师及第6军协力击破突进之敌（此时第200师在棠吉准备东进，第6军亦奉令由景栋第93师抽调两团向雷列姆开进中）；万一昔卜、腊戍均不守，则应以一部沿昔卜—曼德勒道，以主力沿滇缅公路分别逐次抵抗，以换取我主力军行动自由，为国内部队巩固滇西赢得充裕时间。"③

基于上述指示，张轸于晨6时在腊戍新军部对其所属各部下达作战命令：

一、敌约一联队，附有装甲车及炮兵，经和榜、雷列姆有深入扰我腊戍、昔卜之企图，现向我前进中。

---

① 林蔚：《腊戍至惠通桥战斗经过及功过评判报告书》，未刊档案。
② 张轸：《入缅抗战二十天》，《远征印缅抗战——原国民党将领抗日战争亲历记》，第287–288页。
③ 林蔚：《腊戍至惠通桥战斗经过及功过评判报告书》，未刊档案。

二、军以决战防御之目的，分于腊戍、昔卜两地占领阵地，拒止敌人，以待后续部队到达后，转移攻势。

三、新编第28师（欠第83团及第84团之六个连）附战车防御炮一连，固守昔卜，布防于美星子及孟崖、曼旁（Manpan）之线，与军部确取联络。

四、特务营附搜索营之一连及战车防御炮营（欠一连），受参谋长（张勋亭）之指挥，在腊戍南郊布防。

五、工兵营派爆破班五组，受工兵指挥部申指挥官指挥，分别爆破前方各桥梁，但点火时应听刘师长（刘伯龙）之命令。

六、搜索营（欠一连）、工兵营（欠五组爆破班）在腊戍铁桥以北地区从速构筑工事待命。

七、通信营以军部为基点，构成通信网，并以无线电与各师取得联络。

八、辎重兵团派士兵400名，由崔、官二营长率领，赴腊戍前方破坏通敌之要道，候命撤退；其余择地开设弹药粮秣交付所，以行补给。

九、野战第一医院在腊戍开设，第二医院在贵概（Kutkai，古凯）开设，收容伤病官兵。①

当日，新28师第84团主力已由曼德勒开至昔卜，但忽闻第83团，第84团第3营及第1营第3连、第2营第5连于25日被罗卓英

---

① 《第六十六军缅境及滇西战役战斗详报》，《滇缅抗战档案》（上），第220页。

抑留曼德勒。忽然逢此变故，师长刘伯龙因后续兵力不济，且全师三个团在曼德勒、昔卜、腊戍一线分散部署，焦急万分。无奈，仍于18时征集到汽车七八辆，分批将第84团向南孟附近输送（昔卜距南孟约24公里，汽车往返一次需两小时半至三小时），同时依地图向第84团团长薛建仁指示阵地概略位置，令该团到达后迅即布防。22时，该师直属部队通信连、工兵连、特务连、卫生队、输送连亦由曼德勒开到昔卜，刘伯龙即令各部连夜徒步向南孟附近开进[①]。

但对新28师主力之行动，林蔚在其报告中冷淡地指出，"（刘伯龙）所领受的任务，系以眉苗、曼德勒为后方，以掩护曼德勒之左侧背，而非参加腊戍防卫战"[②]。虽然罗卓英在给刘伯龙的电令中，宣称新28师是以"掩护腊戍要地"为目的，但半途中突然抑留了一半兵力，难怪令林蔚不满。罗卓英如此作为，显然仍着眼于能实施曼德勒会战，要在中路控制后备兵力；而林蔚敢于行"权宜处置"调兵布防腊戍，首先是落实蒋介石"腊戍应有紧急处置"的指示，其次也是对实施曼德勒会战不抱幻想。

日军第56师团分路进攻昔卜、腊戍

（1942年4月26日—4月28日）

4月23日下午，日军第56师团攻占雷列姆后，师团长渡边正

[①]《第六军新编第二十八师缅甸战役战斗详报》，《滇缅抗战档案》（上），第267页。
[②] 林蔚：《腊戍至惠通桥战斗经过及功过评判报告书》，未刊档案。

夫命令：平井先遣队（搜索第56联队）经旺蒙（Wanmong）向更远的开西满爽追击，以切断中国军队的退路；同时以一部破坏昆欣（Kunhing）附近萨尔温江渡河设施，切断向景栋方面的通路。师团主力方面，令松井部队（第113联队）乘车经莱卡向昔卜突进，松本部队（第148联队）以徒步后续前进。

4月25日晨5时30分，在南滂河支流上的曼卡特（Mankat）桥布防之第82团第1营第3连一排奉命南下，向莱卡方面搜索敌情，并设法联系接应撤退中的第6军军长甘丽初[①]。

上午9时，在第82团第3营掩护下，英军眉苗丛林游击学校工兵指挥官亲自点火，爆破了南胡孔（Namhukong）桥；旋即原车返抵南朋（Nampawng），于15时40分又将南朋桥破坏[②]。林蔚后来评论称，"在匆遽中将所有通于腊戍之桥梁由前而后逐次爆炸，虽因地形及缅奸为敌带路暨敌人修桥能力强大等关系，敌军队仍可通过，但因此亦迟滞相当时间"。[③]

17时，南下搜索之第82团第1营第3连一排，在曼卡特桥西南约32公里之开西满爽附近，遭遇日军（平井部队）坦克、装甲汽车共十余辆。该排即埋伏于公路两旁，以步枪集中火力射击，并以集束手榴弹投掷。日军一辆坦克受损，其余各车敌兵六七十名纷纷下车散开，以机枪向中国军队乱射，并以坦克炮轰击。双方

---

① 《第六军新编第二十八师缅甸战役战斗详报》，《滇缅抗战档案》（上），第273页。
② 《第六军新编第二十八师缅甸战役战斗详报》，《滇缅抗战档案》（上），第275页。两桥分别在南马河上游两支流上，南朋桥在北，南胡孔桥在南，其间距离约8公里。原文记述两桥位置颠倒，若先爆破南朋桥，当爆破南胡孔桥后，工兵车辆即无法沿路退回腊戍。
③ 林蔚：《腊戍至惠通桥战斗经过及功过评判报告书》，未刊档案。

战斗约一小时，因日军火力猛烈，该排即沿公路两侧逐次抵抗退过曼卡特大桥，日军随即跟踪而来。

23时50分许，第82团第1营营长刘乃鼎下达防御命令，区分第一线与预备队，各授予任务，进入阵地严密戒备，同时并商参谋团派来之李工程师爆破曼卡特大桥①。

4月26日晨6时许，日军一辆装甲车已驶至桥上，李工程师即对大桥实施爆破。此后，日军即于美星子与第82团第1营隔河对战。6时45分，日军由正面强渡，猛扑第1营阵地，该营奋勇抵抗，激战遂起。9时，日机十余架前来助战。迄13时40分，日军向该营右翼包围，正面攻击益猛。该营以预备队第3连逆袭，并以重机枪集中火力向该敌射击，重创日军，但日军后续援兵不断增加。战至18时许，该营计阵亡第1连连长王汉清，排长陈华轩、袁本恒，第2连排长曾烈，第3连排长李德成等5员；重伤机1连连长刘树森1员，旋亦阵亡；士兵死伤300余名；毙敌300余名。该营因伤亡惨重，所剩残部不足200人，而日军一部已渡过北岸向第1连方面突击，阵地数处被突破，乃乘夜向西北方向突围转进②。

第82团第3营掩护英军工兵指挥官爆破桥梁后，上午在南朋附近构筑工事。14时，奉团长梁少雄由南胡孔送达之命令："奉参谋团26日命令，'第3营应推进至赛柯（Hsaihkao）、孟崖等处彻底破坏公路'，等因。着该营即于本日全部前进，以一部至赛柯、主力至孟崖破坏公路，仰速率队前来南胡孔，乘车前往为要。"该营营

---

① 《第六军新编第二十八师缅甸战役战斗详报》，《滇缅抗战档案》（上），第273页。
② 《第六军新编第二十八师缅甸战役战斗详报》，《滇缅抗战档案》（上），第273–274页。

长徐寿奉命后，即将各连集合，徒步向南胡孔前进，于17时到达。因车辆不敷（仅汽车12辆），徐寿请示梁少雄后，决以第9连徒步前进，第7、第8连及机3连、营部连夜由南胡孔乘车，分向赛柯、孟崖前进。午后起大雨倾盆，迄晚未止，车辆多数抛锚，官兵饥寒交迫。该营即在孟崖宿营，并派第8连向南警戒①。

当日，东翼日军主力等待工兵修复曼卡特大桥，同时平井部队（搜索第56联队）转为二线部队，而由松本部队（第148联队）接替向腊戍方面突击任务，且不待桥梁修竣即徒步开进。②

另一方面，西翼之松井联队（第113联队）于25日中午进至孔海坪，此处为通向昔卜、腊戍道路的分岔点③。26日，继续北进至曼里（Manli）村落北侧，与第84团前哨部队隔着已被我爆破的南开河（Namhka）曼里桥交火。日军第113联队长松井秀治回忆道：

（26日）正午我们登上坡顶，继续向前走的时候，听到前方远处响起了枪声。我感觉这是又遭到中国军队抵抗了。又继续向前走的时候，遇到了独立工兵联队往回开的三辆汽车，得知前方高地下方有一条河流（南开河），桥梁已被破坏了，中国军队正在对岸高地上。日军车队在近距离遭到了突然射击，有一些士兵受伤。第8中队（中队长石田德二郎中尉）正

---

① 《第六军新编第二十八师缅甸战役战斗详报》，《滇缅抗战档案》（上），第275页。原文该处也将南朋、南胡孔地名颠倒。
② 中华民国史资料丛稿译稿《缅甸作战》（上），第109页。
③ 道路分叉点为庞凯渡（Pangkyehtu）。孔海坪位于其南方约2公里。

在河南岸高地上侦察,第3大队长(冲久吉中佐)也作好了攻击准备。

这三辆车是为了渡河而返回来的。我借用了其中一辆,带着本部的几个人一起去了大队长所在的地方侦察。道路延伸到高地下面后向左转弯,直达岸边。桥梁被爆破掉了。桥梁和拐弯点之间有些用木头和竹子做的障碍物。障碍物离桥梁约50米。对岸的高地被树木覆盖着,看不见中国军队。河两岸的斜面都很陡峭。道路左侧是低矮的丛林,看起来可以穿过去。道路右前方有很多小山丘。从枪声来判断,这宽阔的正面一定隐藏着中国军队。

侦察之后发现可以徒涉过河,于是我命令部队发动攻击,让第3大队把重点放在大路西侧,让一部分兵力进攻中国军队的左翼;第1大队迂回过树林从中国军队右后方发动攻击,切断其退路。河对岸的道路向西北方转弯。我们决定先尽可能多用汽车来运送步兵。

没过多久,运来了一门联队炮。我命令部队在坡顶的东北侧设置阵地,然后把联队炮移动到大路的左侧。又有一门联队炮到了。我让他们就地准备。前卫部队在桥梁的下游,中国军队左翼正面发现了一处浅滩,在大路左侧高地的左侧又发现一处。中国军队在上游的突出部可以侧防这两处浅滩,所以大队长派第7中队的一个小队从下游攻击中国军队左翼,让第8中队从大路西侧,第9中队从浅滩发动攻击;让第7中队的两个小队外加一个机关枪小队,从我方向中国军队突出部的侧防阵地猛烈射击,以掩护部队渡河。大队炮及机关枪部队射击正面的中国军队，以进行掩护。联队炮射击桥梁对岸及第8中队正面的中国军队阵地。

不一会儿，第1大队长（绀野恣少佐）也到了。我向他说明战场情况和地形之后，命令他作为左侧第一线，从树林左侧攻击中国军队右后方。

该大队抽出了一个中队保护军旗。当时只有第1中队的两个小队、一个机关枪小队及大队本部到达了，其他的都还没到。但是时不待人，我让他们直接发起攻击，然后再逐次增强兵力。

部队于14时（日本时间，当地时间12时）开始前进，第7中队右翼的一小队当面之中国军队较弱，进攻开始后基本未做抵抗便逃走了，于是日军徒涉渡河从中国军队左后方发动了攻击。大队主力方面的抵抗相当激烈，但是由于日军炮火较猛，再加上日军是从上游发动的攻击，所以这里的中国军队放弃了抵抗，开始撤退。第9中队直接突击夺下了中国军队的阵地。我们也立刻从桥梁的上游徒涉渡过了河，然后扫荡了附近的树林。第7中队的右翼的一小队扫荡完之后报告说未发现中国军队。只有第1大队方面不时传来枪声。

眼前的河宽约20米，我命令独立工兵队架设了一座可供汽车通过的临时桥。徒步部队于傍晚时分前进。这时候第1大队全体到齐了。我让第3大队的乘车中队先行。在此次战斗中，第8中队森山小队长及清水准尉二人腹部受了重伤，虽然接受了卫生队救治，但是次日还是死了。此二人属于乘车中队，他们下车排除了障碍物之后前进到河岸附近对桥梁进行侦察，此时遭到对岸中国军队轻机枪的集中射击。当时还有另外两名士兵受伤。这是中国军队在撤退途中惯用的手段。后来也有人因此而丧命。

此地位于一个叫曼里的村落的北侧。战斗结束之后下了骤雨，幸运的是河面水位没有涨多少。中国军队所在的高地被森林覆盖着，他们巧妙地进行了伪装，在上面构筑了散兵壕。中国军队把战死的同伴埋葬在了七八个地方，丢弃了装具和器具。不了解中国军队的兵力有多少，但显然装备有机关枪。从步枪的声音判断，大概有200人。他们受到的损失不详。中国军队埋葬的死者有七八个，后来在前进的途中又遇到了五六具尸体。如果第1大队早点到达的话，或许可以给他们造成更大的打击。[①]

4月27日凌晨4时，刘伯龙率参谋长傅亚夫等幕僚由昔卜赴南孟，于拂晓前到达，即视察第84团阵地并面授机宜。7时20分，拟再前往美星子视察第82团第1营阵地。8时30分，甫行抵南孟、南伦之间，遇数十名滇缅铁路工人（云南籍）从东面小道仓皇奔来。据告，美星子附近曼卡特桥第82团第1营正面，25日下午即与日军交战，中国军队伤亡甚多。刘伯龙判断，该营兵力单薄，万一情况不利，日军转向南孟进攻第84团的可能性极大。刘伯龙乃驰返南孟，令第84团派兵一排，向美星子方面搜索前进，与第

---

① 〔日〕松井秀治：《缅甸从军——波乱回顾》，日军第113联队战友会"兴龙会"，昭和三十二年（1957年）10月印行，程国兴译，第45—46页。

82团第1营联络；同时令第84团（并配属师工兵一排）加紧构筑工事，严阵以待①。

据新28师战斗详报，当日晨5时许，第82团第1营残部130余人由美星子突围到达曼旁，重新占领阵地。9时10分，日军二三百人尾踪而至，战斗复起。该营竭力抵抗，日军未得逞。入暮后，第82团第1营因死伤过重，残余官兵仅六七十人，于18时40分又向南伦转进②。在此期间，第84团奉命派出之搜索排，于11时与日军机械化部队在孟可（Monghko）发生遭遇战，伤亡士兵6名，但未能与第82团第1营取得联络③。在日本公刊战史中，未记录平井搜索联队或松本第148联队沿小路向西北追击第82团第1营的情况，因为该方向应由松井第113联队负责，此点存疑备考。

当日正午时分，松井联队以第1大队担任前卫，已进抵通向昔卜与腊戍的岔路口南方约12公里处之南孟。15时30分，第84团正面已发现日军（松井部队）坦克车、装甲汽车共30余辆，其后卡车纵列甚多，装载步炮混合兵种千余人向我攻击，敌炮亦猛击中国军队阵地，当即发生激烈战斗。同时，日机9架在南孟第84团阵地上空频频侦察扫射，中国军队伤亡士兵23名④。至19时许，战斗中止。19时10分，刘伯龙发现日军车辆、部队麇集阵地前千余米处公路附近，即令第84团以迫击炮集中轰击，命中五六辆，瞬间起火；同时以步兵一连由右翼方面施行夜袭，以行扰乱。双方

---

① 《第六军新编第二十八师缅甸战役战斗详报》，《滇缅抗战档案》（上），第268页。
② 《第六军新编第二十八师缅甸战役战斗详报》，《滇缅抗战档案》（上），第274页。
③ 《第六军新编第二十八师缅甸战役战斗详报》，《滇缅抗战档案》（上），第268页。
④ 《第六军新编第二十八师缅甸战役战斗详报》，《滇缅抗战档案》（上），第268页。

枪炮声剧作,至23时45分始告沉寂。

在此期间,原本乘汽车进击的松井部队(第113联队基干),于南伦将配属之独立汽车第61大队调回莱卡,以便将徒步行军的松本部队向腊戍运输;此后即以现有配备及本队之汽车往返运送及徒步强行军,继续向昔卜进击①。

东翼方面,27日晨5时,第82团第3营第7连正拟乘车赴赛柯,日机7架飞临孟崖上空反复侦察,飞行高度仅五六百米。营长徐寿心知情况紧迫,乃率各连长侦察地形,即下达防御命令:以第7连占领孟崖右前方高地(高约100米),第8连(欠一排)占领公路左侧小高地(高约60米),机3连在第7、第8两连接续部控制公路,当即占领阵地,构筑工事;第8连之步兵一排为营预备队(第9连徒步行军,此时尚未到达孟崖)。命令下达后,各连各就阵地位置构筑工事。

据日本公刊战史记载,27日,第56师团主力待曼卡特桥抢修好后,即复改乘汽车向腊戍追击②。晨8时许,第82团第3营第7连左翼发现日军松本部队(第148联队基干)以坦克、装甲汽车为前导,连同卡车数百辆,到达阵地前方千余米处。第3营营长徐寿命机3连开始射击,千余名日军纷纷下车应战。约半小时,敌炮猛烈射击,步兵在坦克掩护下跃进,开始攻击。未几,机3连连长朱荣采及该连排长冯祖威两员负伤阵亡,士兵死伤百余名。双方激战甚烈。至14时,日军不断增加,该营仍沉着应战,击毙敌人百余

---

① 中华民国史资料丛稿译稿《缅甸作战》(上),第111页。
② 中华民国史资料丛稿译稿《缅甸作战》(上),第109页。

名。15时20分，第8连连长张茂盛及该连排长王祥均先后壮烈牺牲，该连士兵死伤过半，营长徐寿亦于15时40分负伤阵亡。16时许，日军200余人由公路附近向机3连阵地突进，该连第2排排长涂博成及第3排排长袁世杰同时阵亡。18时许，第7连右侧方面高地亦被敌百余名占领，该连遭受侧击。副营长萧璞以第8连担任预备队之一排逆袭第7连右侧方之敌，未获效果。战至18时40分，日军攻击益猛，第7连右翼被敌包围，不得已逐次转移阵地于孟崖北约1.6公里处，继续抵抗。日军跟踪追击，19时30分自三面包围攻击，该营又阵亡第7连排长钟开强、第8连排长蒋吉丰两员，士兵死伤续增；而第9连仍未赶到，无法挽回颓势。20时20分，副营长萧璞率残部百余人离开干路突围，于22时转至孟崖东北八九公里之孟巴（Mongpat）附近高地，适派员寻及第9连赶到，乃重新占领阵地。是夜，松本部队未行攻击，该营彻夜警戒[①]。

在此期间，日军第56师团坂口支队在第18师团追击队占领瓢背以后，于25日19时（日本时间，当地时间17时）从该地出发向东北方前进，经掸邦高原向棠吉疾进。途中，相继穿过新22师第65团第1营及第200师等部防区，于27日18时（日本时间，当地时间16时）左右进入棠吉，该地仍由第113联队第2大队（入部大队）守备着。坂口支队与该大队联系之后，继续向腊戍方向追赶师团主力[②]。

4月28日凌晨1时许，刘伯龙接到林蔚转来的蒋介石电令："刘伯龙部主力何时可到腊戍，核心与外围工事程度如何？速复。令

[①]《第六军新编第二十八师缅甸战役战斗详报》，《滇缅抗战档案》（上），第275—276页。
[②] 中华民国史资料丛稿译稿《缅甸作战》（上），第109—110页。

守军死守待援，决予特赏。"奉电后，刘伯龙方获知蒋介石将保卫腊戍视为远征军生死之关键，这也是林蔚一直用心着力之所在，与此前罗卓英的着眼点迥然不同。遂考虑，若与日军在南孟胶着，万一孟崖方面日军得手，或南孟正面日军以一部向我左翼迂回，则不但南孟、腊戍间之联络线有被日军截断之虞，且保卫腊戍任务亦难期达成。于是，刘伯龙决定率部向腊戍附近转进。但南孟距腊戍六七十公里，徒步行军约需两日，估算部队转进所需之时间及日军查知我军撤退后之行动，有必要指示中间转进目标，以便实施逐次抵抗。遂于凌晨1时40分在纳康（Nakang）向各部队下达命令如下：

一、师遵命保卫腊戍，为尔后战斗有利计，决即乘夜向腊戍附近转进。

二、师直属队按卫生队、输送连、通信连、特务连、工兵连（欠一排）之顺序，并由工兵连何连长剑声指挥，即由现地向腊戍转进。

三、第84团（欠在曼德勒之第3营、第1营第3连、第2营第5连，配属工兵一排）除残留少数兵力于原阵地施行佯动欺骗敌人外，其余主力在师工兵连后向雷诺转进。如受敌之尾追，应即在施恩（Se-eng）附近南马（Namma）河北岸布防抵抗，保卫腊戍外围。

四、余现赴昔卜指挥破坏该处大铁桥，尔后驰往腊戍。

命令下达后，刘伯龙即驰赴昔卜，而留师参谋长傅亚夫在昔卜东约12.8公里处的道路岔口指挥部队行动。凌晨4时，部队全部脱离阵地，沿昔卜—腊戍公路前进。晨5时30分至6时10分，刘伯龙先后下令爆破昔卜东南大桥及其以东4.8公里处铁桥，即在第84团步兵先头向腊戍转进。

日军松井部队前卫（第1大队）27日夜间因地形不明未发动攻击，28日拂晓后始发觉南孟正面新28师已撤退，即以有力之一部东向第84团尾追，其余主力西向昔卜进击。但因南图（Namtu）河及其支流上的桥梁均被炸毁，而南图河面宽约300米，无法徒涉而暂时受阻。

在此期间，第82团第1营残部六七十人于晨6时10分转移至南伦东南约3.2公里处高地，发现日军（松井部队）汽车二十余辆向北行进，即向之袭击。日军仓促间下车迎战，被毙伤八九十名。至11时30分，因敌众我寡，该营亦伤亡士兵21名。同时，27日在曼旁遭遇之敌又追击而来，该营被迫向东北方向转移，于当晚宿南伦东北约21公里处之生凯（Sehkan）。

28日上午9时，刘伯龙行抵施恩铁索桥北岸，见第82团第4连在该处警戒，即面示该连连长张仲舟：待第84团到达后，即将防务交该团接替，全连转移至施恩、雷诺间之郎芒（Nawngmawn），对东南方警戒由他毛（Tamawn）通雷诺之小道。此时，副师长胡国泽来到该处，告以新29师尚未接替第82团第2、第3两营防务，军长张轸召师长赴腊戍开会。刘伯龙即留胡国泽于该地，处理第84团在施恩附近布防事宜，于13时偕参谋长傅亚夫赴雷诺，视察第82团第2营阵地。

14时30分，第82团第4连向第84团移交防务，径直返回雷诺。

14时40分，第84团（欠第3营、第1营第3连、第2营第5连）全部通过施恩铁索桥，即在该桥河北岸占领阵地；并另派一部在他毛附近警戒左翼通雷诺小道，于15时许将铁索桥破坏。15时许，军参谋长张勋亭至雷诺，又面告刘伯龙，张轸召其即赴腊戍军部开军事会议。刘伯龙当即前往。此时，师司令部僚属一部及师直属各连队亦到达雷诺。

15时40分许，日军坦克已到达施恩铁索桥南岸，其后续步、炮兵千余人下车后，于16时30分许即向第84团进攻，同时他毛方面亦发生战斗。17时25分，日军在炮火掩护下强渡南马河，被第84团击退，双方隔河对战。至18时30分，日军一部二三百人向他毛强渡进攻。该团以预备队一连驰往增援阻止，但日军正面攻击益加猛烈，入暮后局势稍稳，唯战斗彻夜未止①。新28师战斗详报这一记述应属夸大其词，经对比日方记述，该路日军为松井部队第3大队，原本拟在南图河上游附近寻找地点渡河绕回昔卜，而非有意追击第84团至腊戍②。

东翼方面，4月28日晨6时10分，日军（松本部队）四五百人追至孟巴第82团第3营阵地前，复行攻击，该营奋勇抵抗。8时许，阵地被日军突破，死伤营部军医卢全生、书记刘子贞2员，及士兵四五十人。混战未久，该营副营长萧璞见势不支，率残部八九十

---

① 《第六军新编第二十八师缅甸战役战斗详报》，《滇缅抗战档案》（上），第268-270页。
② "第3大队主力在河上游发现了可以涉水渡河的地方，于是发电报请求在那里渡河。我同意了。""第3大队昨（28日）夜徒涉渡河到达了河中的小岛上，继续渡河的时候发现水很深，所以在岛上困了一夜，第二天早上又回到了原来的位置。"〔日〕松井秀治：《缅甸从军——波乱回顾》，第49-51页。

人向东北方向撤退，日军未予穷追[1]。此后，该营亦因无法与师联络，而独自觅路辗转归国。

当日上午10时（日本时间，当地时间8时）许至下午，松本部队及配属部队分别推进到达曼平（Manpyen）附近，准备攻击腊戍。同时，第56师团主力向南朋疾进，并开始抢修桥梁。至14时30分（日本时间，当地时间12时30分），南北两座桥梁修复[2]。

此时，此前担任破坏路桥任务的第66军辎重兵团及工兵营之一部，已陷入日军身后[3]。所幸，当日新29师又续开到一营，第66军直属队亦陆续到齐，至此腊戍守军已有新28师三个营、新29师两个营、新38师一个营，及第66军直属特务营、搜索营、工兵营、通信营、战车防御炮营等。参谋团长林蔚乃令以上各部统由军长张轸指挥，刘伯龙、马维骥两师长具体部署[4]。

同时，林蔚在腊戍北侧中缅运输总局仓库驻地开始部署参谋团后撤事宜。当日（28日），蒋介石曾向参谋团下达电令指示："如可能应抽调瓦城（曼德勒）有力部队增援腊戍，先击破其袭腊一侧背，则以后皆易为力，如此瓦城不守亦可，盖此时保腊戍为第一，而瓦城之得失无甚关系也。"但因此时参谋团已在后撤中且电台已经拆卸，并未收到该电（次日收到），也就无法向史迪威、罗卓英转达[5]；即便及时收到转达了，显然也已无法挽回局势。

---

[1] 《第六军新编第二十八师缅甸战役战斗详报》，《滇缅抗战档案》（上），第276页。
[2] 中华民国史资料丛稿译稿《缅甸作战》（上），第109页。
[3] 《抗日战史》第二十六章《滇缅路之作战》，第81页。
[4] 林蔚：《腊戍至惠通桥战斗经过及功过评判报告书》，未刊档案。
[5] 林蔚：《腊戍至惠通桥战斗经过及功过评判报告书》，未刊档案。

16时许，张轸在腊戌召集刘伯龙、马维骥开会，工兵总指挥马崇六亦在座。新28师战斗详报记录："会议时，军长面令职部（刘伯龙新28师）担任正面，马师（马维骥新29师）担任侧面，且不详示区域及地点，亦未计算各师兵力之多寡，对敌情亦未加判断，纷论多时，不得要领。职当即请示两师之确定任务与布防区域，即刻行动，不能再讲理论。马总指挥崇六亦称可指定守卫腊戌核心部队及外围机动部队，职颇同意。因马师一团已进入腊戌市区，职师第82团（第1、第3营及第2营第6连）已布防雷诺附近，第84团（欠留曼德勒之第3营及第1营第3连、第2营第5连）尚在距腊戌20余英里之施恩铁索桥桥东岸布防故也。会议久而未决。"①

日本公刊战史记载：

考虑到腊戌不仅是中国军退路上之要冲，且一直作为援华物资运输线上的中继基地，集存着大批军需品，第15军和第56师团均判断，在该地将会遇到相当的顽抗。从地形来看，腊戌以南10公里为外廓山地线阵地，腊戌市区为直接防御阵地；防卫腊戌的中国军部队以新28师为主体（或加入部分新29师部队）。

但据进一步搜索，感觉腊戌附近似乎并无中国军强大兵力，防御空虚。因此，4月28日15时（日本时间，当地时间13时）许，师团长渡边正夫派遣松本部队（第148联队）的一个大队（第2大队，大队长丸冈茂雄），去靠近滇缅公路

---

① 《第六军新编第二十八师缅甸战役战斗详报》，《滇缅抗战档案》（上），第279页。

上腊戌西南方大约10公里的外廓山地鞍部进行侦察。同时，另派松本部队一部，逐步向滇缅公路以东约5公里的曼素（Mansu）①附近高地要点前进，以切断中国军之退路②。

17时10分，雷诺第82团（欠第1、第3营及第2营第6连）阵地左翼，已发现日军搜索兵出没，该团即予以戒备。17时40分，日军（松本部队）步、炮七八百人，战车20余辆开始攻击。第82团团长梁少雄在第一线指挥，并令士兵用迫击炮猛烈还击，又命团附翁秀山率团直属输送连、卫生队之步枪兵15名掩护阵地左侧。双方激战至19时30分，毙敌六七十名，我方亦死伤30余名。19时50分，日军一部三四百人向该团左翼包围，该团阵地左侧一高地被敌占领。同时日军炮火益猛，该团仍极力抵抗，战至20时，因敌众我寡，伤亡惨重，而左翼又被包围，势不可支。不得已，该团残部于20时30分退至阵地后约1.6公里处之预备阵地，日军即中止攻击。

18时50分，张轸、刘伯龙、马维骥等在腊戌闻报，第84团在施恩、第82团在雷诺已分别与日军交战，即行散会。刘伯龙、马维骥即分赴防地指挥部队，19时10分行抵腊戌市区，腊戌东端忽然发现敌情，即前述之松本部队一部，正奉命向接近滇缅公路以东大约5公里的高地要点前进，以切断中国军之退路。此时，恰值新29师第86团正进入市区（另一营正向雷诺前进）。该团两营即与军工兵营协力，将该敌击退。同时，军部特务营亦扑灭敌便衣

---

① 曼素村位于滇缅公路边。
② 中华民国史资料丛稿译稿《缅甸作战》（上），第110页。

队数十人①。

新29师第86团团长何树屏，系刘伯龙此前任军事委员会别动总队代理总队长②时的旧部，二人有私谊。刘伯龙即面令何树屏从速布防。而后，刘伯龙与参谋长傅亚夫遄返雷诺指挥第82团，并派员赴施恩联络第84团，令该团乘夜向腊戌攻击前进。孰料，中途被新29师及缅奸乱枪所阻，屡往不获。20时20分，新28师副师长胡国泽率师直属队间道至腊戌，刘伯龙令其集中待命。21时许，何树屏第86团已完全进入腊戌市区。刘伯龙即与马维骥商定，新腊戌由新29师负责；新28师第82团第2营残部及师直属队占领老腊戌，互为犄角，并掩护新29师左侧背。至22时许，第82团第2营已在老腊戌大铁桥附近高地占领阵地，严密戒备；新28师直属队在老腊戌大铁桥以北约1.6公里处公路附近警戒其左翼。刘伯龙即赴老腊戌军部，向张轸请示作战机宜。

23时30分，马维骥也来到军部，表示不愿负责守卫腊戌，并请将所部归刘伯龙指挥。刘伯龙当即表示，愿意负责指挥保卫腊戌之战斗，但因第一线兵力单薄［新29师仅一团，新28师第82团仅步兵两连（战后残破约一连兵力），机炮各一连］，乃请军长张轸配属军特务、工兵、搜索各营作为第二线兵力，以便达成任务，但张轸却不同意。刘伯龙"见事不可为，悲痛万分，当申称职部

---

① 《第六十六军缅境及滇西战役战斗详报》，《滇缅抗战档案》（上），第221页。
② 1933年，蒋介石为扩军反共，在庐山成立中央军校特训班，由复兴社（蓝衣社）创始人康泽任主任。此后以该特训班为基础，组建武装特务组织——军事委员会南昌行营别动总队，康泽兼任总队长。刘伯龙为康泽嫡系，曾任复兴社中央干事会干事，后任别动总队参谋长、代理总队长。全国抗战时期，别动总队改编为新28师、新29师，刘伯龙任新28师师长。

现仅有步兵约一连、机炮各一连，军长如何决定，当即遵命"；同时指定副师长胡国泽代为参加会议，愤而退席。刘伯龙事后称，"退席原因，一则以责任重大，本身部队事前均奉命分割，无兵可战，心甚焦虑；二则以自身已无实力，言不中听；三则以自19日以来，昼夜奔驰，精神疲乏，不能支持，只有负罪听命而已"。午夜24时，副师长胡国泽向刘伯龙报告会议结果：一、腊戍守备由何树屏团长负责；二、军部及新28师残部（除老腊戍铁桥由第82团留步兵一连外）即退往兴威（Hsenwi）布防①。

对于第66军在腊戍之凌乱设防、仓促应战，日本公刊战史仅一笔带过："丸冈大队边击溃小股中国军队边前进，于4月28日半夜进入指定到达的鞍部，但前面仅发现约300名中国士兵。"②

此外，当晚21时30分（日本时间，当地时间19时30分），"松井部队突袭第82团守备部队（应为第84团留置之少数兵力），占领了昔卜"③。第113联队长松井秀治回忆道：

这天是4月28日。今天必须要占领昔卜，否则无法交代（4月29日为日本裕仁天皇生日"天长节"）。但是，桥梁已经被爆破，我们也找不到可以涉水渡河的地方。河很宽，所以我命令部队寻找渡船。好不容易在傍晚时候才找到了两艘小船。我之前已经命令独立工兵部队制造筏子了。中国军队停留过的三岔

---

① 《第六军新编第二十八师缅甸战役战斗详报》，《滇缅抗战档案》（上），第279–280页。
② 中华民国史资料丛稿译稿《缅甸作战》（上），第110页。
③ 中华民国史资料丛稿译稿《缅甸作战》（上），第111页。

路附近有一个建材所，但是没有找到具有足够浮力的木材。没办法，只能靠找到的那两艘小船，一点点地把部队载到对岸。

我命令第7中队作为先头渡河扫荡车站，接着让第1大队渡河扫荡昔卜的街道。本部随着第1大队渡河。我们到达车站的时候，天已经全黑了。我把本部设在了车站前的一间房子里。第2中队作为军旗中队，驻扎在本部的位置。晚23时（日本时间，当地时间21时），我发电报告了占领昔卜的消息。①

腊戌的防卫战斗及失败

（1942年4月29日）

如前所述，林蔚鉴于东路危急，而对腊戌防务作"权宜处置"，于4月22日将新28师后尾第82团留置腊戌，并呈请蒋介石批准，对此后防卫腊戌进行部署。美军战史称："第28师位于曼德勒地区，4月22日受命占据腊戌以南公路的两侧位置。此时铁路系统已经混乱，第28师的调动命令变更加剧了混乱。因此，在六天后的4月28日至29日夜里，第28师的三个团从眉苗至腊戌正南方处排成一列。"实际上，若不是林蔚及时行权宜处置，使"调动命令变更"，腊戌防御兵力或更为薄弱，恐4月28日即告陷落。

对于此后的腊戌防卫战斗，美军战史称："中国入缅的9个师

---

① 〔日〕松井秀治：《缅甸从军——波乱回顾》，第49页。

中，只有几个师参与了以腊戌失守而告终的缅甸战役。但这个情况并没有报告给史迪威和罗卓英，他们因此没有进行干预，而原本可以完成腊戌防御战的集结。未能调动部队的一个原因是，在腊戌，史迪威无法从中国当局获得《租借法案》中援助的卡车用于运送军队。他请求从850辆卡车中调拨150辆，结果中方只给了22辆。"①实际上，此时征调原本担负物资后送任务的中缅运输总局汽车属于"拆东墙补西墙"；真正造成部署失当的是史迪威、罗卓英的"调动命令变更"，而非运输条件。史迪威、罗卓英的问题是，非但未能未雨绸缪，对腊戌防卫早做预案，甚至有坐视腊戌危局演进而不顾之嫌。

自4月中旬起，林蔚即一直指出东路形势极危，且关乎远征军此后撤退之安危（杜聿明于4月20日后亦认同此点），但史迪威、罗卓英均未认清和重视这一形势。如史迪威、罗卓英令杜聿明率第5军主力增援东路，尚未攻占棠吉，即又迭电命令杜聿明率军直属部队急返中路，以为仅凭留置棠吉的第200师继续东进包抄日军后路，即可令东路转危为安。但此后的实际情况是，日军第56师团主力集中400辆汽车运兵一路狂飙追击第6军，并未将远在身后的第200师当回事；而第200师非但不敢攻击留驻和榜的日军一个中队（第113联队第4中队），对从眼前经过、追赶师团归建的第

---

① 〔美〕查尔斯·F. 罗曼努斯，莱利·桑德兰：第二次世界大战中的美国陆军－中缅印（CBI）战区史第一卷《史迪威的中国使命》，蒋经飞译，华盛顿哥伦比亚特区，美国陆军军史中心，1987年版，第134页。关于请调车辆事，见4月18日放弃平满纳会战后罗卓英致林蔚专函："时机急迫，请兄速向樵峰先生（俞飞鹏）交涉大批车辆，以50辆送棠吉归甘军长（甘丽初）区处；以150辆送曼德勒、达西、瓢背归弟区处，并望派干员陆续押送使用为祷。"

56步兵团（坂口支队）也未能拦截。客观原因是，在同古、棠吉两场硬仗之后，第200师战力已大为衰减。

此时在防卫腊戍问题上，4月22日林蔚以参谋团名义行"权宜处置"，将第82团留置腊戍；4月24日夜又电示杜聿明"应督率所部于攻克棠吉后，继向雷列姆北进之敌攻击，断敌后路，以解腊戍之危"（未能执行），都是欲图对史迪威、罗卓英的决策进行修正。在收到蒋介石4月24日"对腊戍应有紧急处置"的电示后，罗卓英最初的决定是令新28师全部从曼德勒开昔卜，但次日史迪威即要求罗卓英将该师撤回曼德勒，罗卓英只得改令抑留了第83团，第84团第3营及第1营第3连、第2营第5连，使得到达昔卜的刘伯龙仅有第84团的两个营。

结合以上梳理，再读史迪威记事扼要的日记，就能一目了然：

4月27日："把罗臭骂了一顿，他去催促杜行动"——罗卓英曾拟同意杜聿明率第5军主力去救援腊戍（也是林蔚意见），史迪威严令其催促杜率部返回中路。

4月28日："（新）28师的指挥官拒不服从杜的命令……林蔚也在发号施令"——刘伯龙不愿意返回中路由杜聿明节制；史迪威对林蔚行"权宜处置"调兵布防腊戍不满。

4月29日："给蒋介石打电报，关于（新）28师刘将军不服从命令的事"——因为4月28日刘伯龙再奉林蔚转达蒋介石的命令，率第84团及师直属部队由昔卜继续东开腊戍。

4月29日："上帝，只要我们能使这10万名中国人到印度去，我们肯定将干出一番事业来"——当日蒋介石批准了史迪威关于调派中国士兵赴印度整训的计划①，这应该是史迪威要将更多部队抑留在中路的心理动机，因为开至腊戍的部队即会沿滇缅公路退回滇西，而不能随其西进印度。

日军方面，第56师团长渡边正夫接到腊戍守军抵抗微弱的情报，便命主力指向沿滇缅公路地区，于4月29日拂晓开始攻击②。实际上，由于中日双方所采用的计时基准不同，我方记录28日夜23时日军攻击行动即已开始。至29日晨，日军炮兵、战车、装甲车及飞机均已参战③。

当日拂晓，新29师第86团及战车防御炮教导总队直属第1营第5连携战车防御炮3门，与日军在腊戍桥附近隔河对峙。晨7时30分，在腊戍桥附近发现日军战车7辆，掩护其步兵前进。待日军战车进至距我400米时，该连即命各炮手还击，当即击毁敌战车4辆，击伤2辆。但该连第二门炮不幸被敌炮击毁，驻退机与车轮损毁，炮长朱可心以下均负伤。第三、四两炮亦受微伤，死伤士兵数名。但该连仍继续战斗，当即将被毁之第二门炮撤至后方

---

① 〔美〕史迪威：《史迪威日记》，黄加林等译，世界知识出版社1992年版，第86-87页。另，4月16日威廉·R.格鲁伯准将得到史迪威的命令，要他从缅甸前往重庆提交史迪威关于在印度组织并训练中国部队的建议，这个计划于4月27日交给蒋介石（4月29日得到蒋介石批准）。计划内容为，调派大约10万中国士兵去印度，用《租借法案》物资予以装备，并训练他们组成优秀军团，改进的中国陆军可以此产生。美国陆军CBI战区史第一卷《史迪威的中国使命》，第135-136页。
② 中华民国史资料丛稿译稿《缅甸作战》（上），第110页。
③ 林蔚：《腊戍至惠通桥战斗经过及功过评判报告书》，未刊档案。

修理①。

　　10时（日本时间，当地时间8时）左右，腊戍守军第一线部队因右翼营被日军包围，开始陆续后退。事先待机的松本部队的汽车追击队（以战车第14联队和一个步兵大队为基干），立即转为向守军中心突破追击，平井部队则随后跟进。前者突进到腊戍市区北部的桥梁处，后者突进到腊戍火车站，于4月29日中午完全占领了市街②。在此过程中，"我守军奋力阻击，激战至12时30分，第66军新29师之两营、军工兵营之一部及新38师原留守腊戍飞机场之一营，均已伤亡殆尽"③。

　　军长张轸亲率军直属特务营、搜索营及战车防御炮第1营第5连扼守老腊戍北端南耀（Namyao）河桥梁，掩护第一线部队撤退。日军松本部队以一部继续向我攻击，张轸下令破坏桥梁，率各师残部及军直属队向兴威撤退④。同时，日军平井部队一部占领了通向鲍德温矿山的腊戍车站西南方约4公里的鞍形地区，切断了该方面远征军的退路。据林蔚报告，"新腊戍先陷，老腊戍亦随之失陷，其全部失陷之时间约为下午1时也"⑤。

　　19时，日军坦克车、装甲车各数辆，协同其机械化步兵百余人，又逼近兴威以南路标32英里（以腊戍火车站为路标零英里）

---

①　《战车防御炮教导总队直属第一营缅甸战役战斗详报》，《滇缅抗战档案》（上），第302页。
②　中华民国史资料丛稿译稿《缅甸作战》（上），第110页。
③　《第六十六军缅境及滇西战役战斗详报》，《滇缅抗战档案》（上），第221-222页。
④　《第六十六军缅境及滇西战役战斗详报》，《滇缅抗战档案》（上），第222页。
⑤　林蔚：《腊戍至惠通桥战斗经过及功过评判报告书》，未刊档案。

铁桥附近，并对第82团第4连阵地射击，试图前进，被我击退[1]。23时，第66军工兵将大铁桥破坏，战车防御炮第1营营长綦书坪[2]即率第5连转进至中缅运输总局车场附近待命；营本部及第3连已撤至路标48英里之贵概附近[3]。

日本公刊战史称："在腊戌缴获的援华物资数量极为庞大，隐匿在附近丛林中的燃料也为数不少。"美军战史的记录为："柏特诺（H. L. Boatner，史迪威司令部成员）及其英军同人尽可能销毁物资，但日军还是获得了44000吨军械物资……"[4]

在此期间，由棠吉向腊戌追赶的日军第56步兵团（坂口支队），于4月29日2时（日本时间，当地时间0时）通过孟贡（Mongkung），30日下午进入腊戌，自开战以来相隔五个月，终于回归第56师团长渡边正夫指挥[5]。

昔卜方面，日军松井部队一部（第3大队），于29日拂晓后复向第84团施恩阵地攻击。该团乃以一部与敌保持接触，主力沿铁道线向腊戌前进。至17时许到达朗爽（Nawngsaung）附近，方得知腊戌已失，不得已绕道向兴威转进。此后，该团因电台损坏无

---

[1] 《第六十六军缅境及滇西战役战斗详报》，《滇缅抗战档案》（上），第222页。
[2] 战车防御炮教导总队直属第1营战斗详报中未提及营长姓名。据查，入缅前战车防御炮教导总队驻四川璧山，总队长为张权中将，第1营营长为綦书坪（1908—1987）上校。1949年，时任第96军参谋长的綦书坪在福建永泰参加起义。后任中国人民解放军第三高级步校、华东军干校、南京步校战术教员。
[3] 《战车防御炮教导总队直属第一营缅甸战役战斗详报》，《滇缅抗战档案》（上），第302页。
[4] 美国陆军CBI战区史第一卷《史迪威的中国使命》，第135页。
[5] 中华民国史资料丛稿译稿《缅甸作战》（上），第111页。

法与师部联络，即独自向东北方向觅路辗转归国①。

当日，第82团第1营残部自生凯继续北进，17时抵达上溪（Hsawngke）宿营。30日5时，由上溪通过公路沿小道北进，在他毛附近渡过南马河，沿途发现第84团阵亡士兵尸首四五十具并掩埋，当晚宿康尼（Kongnio）。5月1日，抵达腊戍南约4.8公里之南沙（Namsam），与日军腊戍外围警戒部队发生遭遇战，至此该营人员仅剩30余名。此后，该营绕道腊戍以东北进，沿滇缅公路东侧地区觅路辗转归国②。

另外，松井部队以第1大队继续向西窜抵曼德勒以东，30日夜曾与担任曼德勒侧翼掩护之新22师第66团第3营发生战斗③。此后，松井部队奉命向腊戍返转，于5月1日自昔卜出发，2日、3日两天内陆续在腊戍集结④。

关于昔卜、腊戍间战斗，刘伯龙在新28师战斗详报中有如下反思：

> 第82团第1营派遣于美星子附近（距腊戍80余英里），第3营派遣于孟崖附近（距腊戍60余英里），团部直属队及第2营在雷诺（距腊戍8英里），兵力分散，指挥联络均属困难，各部队陷于独立战斗。唯我国军步兵营之编制装备俱极简陋，既无平射与曲射随伴步兵炮，又无电台，以之独当一

---

① 《第六军新编第二十八师缅甸战役战斗详报》，《滇缅抗战档案》（上），第271页。
② 《第六军新编第二十八师缅甸战役战斗详报》，《滇缅抗战档案》（上），第274页。
③ 《抗日战史》第二十六章《滇缅路之作战》，第87页。
④ 中华民国史资料丛稿译稿《缅甸作战》（上），第111页。

面，实难达成任务，并予强敌以各个击破之机会，此当引以为戒。

腊戌、昔卜两地为战略要点，腊戌并为我物质集积转运之场所，其重要性尤为显著。事先未控置强大兵力，事后又仓促应战，且无制空权及炮兵之协助，加以负指挥责任者战志不坚，因之将帅失和，辱国丧师，罪无可赦。①

而林蔚在战后总结报告中，则对该师予以宽容理解：

我防卫腊戌之战，刘部队（以新28师刘伯龙为实际指挥官，故称）实共有步兵六营及特务一营、搜索一营、工兵一营、战车防御炮一营，实力亦不为弱；但战斗经过非常迅速，且损失非常之大。除军直属部队外，刘（刘伯龙）、马（马维骥）两部仅共收容约两营，孙师彭营（新38师第114团第1营，营长彭立克）收容约一连，余均非常紊乱，不能不认为配备不周，指挥不良。然张军长（第66军军长张轸）仓促受命，刘、马两师长又仅各率一部分兵力，由两个不同方向赶到腊戌，地形不熟，情况不明，立足未稳即被敌人猛攻，而且敌向腊戌挺进之速度实有出人意料者，故其迅遭失败，亦不无可原也。②

---

① 《第六军新编第二十八师缅甸战役战斗详报》，《滇缅抗战档案》（上），第280—281页。
② 林蔚：《腊戌至惠通桥战斗经过及功过评判报告书》，未刊档案。

第三章　一溃千里

日军命令向怒江一线追击

（1942年4月29日—4月30日）

截至4月底，在日军第15军看来，中国军队骨干第5军各师在同古至瓢背附近节节败退，在曼德勒南方地区已看不到其生力军；自垒固向腊戌疾进的日军第56师团，正以迅猛之势进击；在仁安羌附近，遭受日军第33师团沉重打击的英缅军，虽因中国新38师解围而免于全军覆没，但由于连续的损失，恢复战力极为困难。

基于对全面战局的上述判断，日军第15军司令官饭田祥二郎于4月29日在瓢背下达追击命令：

一、军决定一举向怒江之线急追，并求所在之中国军队予以捕歼之。

二、第56师团应以沿滇缅公路地区为主，向怒江一线急追。

三、第18师团应以沿滇缅公路为主，首先向腊戌急追。

四、第55师团应捕歼曼德勒平原之中英联军。

五、第33师团应以一部切断八莫及卡萨（Katha，即杰沙）附近中国军队之退路，同时以主力迅速向蒙育瓦（Monywa）及瑞保（Shwebo）方面前进，捕歼所在之中英联军。

六、军飞行队应继续执行原任务，同时搜索腊戍附近战斗后之中国军队行动。

七、军战斗司令所随追击之进展，沿滇缅公路逐次推进。①

日军第15军之所以选定追击目标远至中国境内怒江一线，系根据以下理由：

一、3月7日日方南方军的命令指出，"当追击之际，应强行伸向远至缅中国境，并一扫缅甸之中国军队"，即追击目标为"缅中国境"。滇缅公路上的缅中国境在畹町一带。但对向纵深快速撤退的中国军队，能否限定在畹町附近的国境线以南将其捕捉，第15军没有把握。

二、3月底，为作战联络而来到仰光的日本大本营作战课长服部卓四郎大佐，曾暗示第15军参谋：有情报说，在遮放（畹町东北约40公里）集聚了大量援华物资。为了不使中方利用这批军需品，希望就一举追至怒江一线的方案加以研究。

三、第15军研究服部大佐的提示后认为，从地形、交通情况来看，与其将追击停止在缅中国境，不如一举进入怒江一线，对捕歼中国军队更为有利。且军的后勤推进力，也足以支撑这一行动。

四、4月30日，日军南方军总参谋长塚田攻转来大本营的电报：

---

① 中华民国史资料丛稿译稿《缅甸作战》（上），第116页。

"对第15军果敢的作战指导至表庆贺。大本营希望不失时机,更加扩大第15军的战果,确立积极向重庆进攻的姿态,以更有利于尔后之施策,除力争在缅境内消灭中国军队之外,亦能以有力之兵团越过缅中国境,向龙陵、腾冲附近的怒江一线追击。"

可知,日本大本营亦有意推进至怒江一线,将加强对华压迫的急进方针再向前推进一步。因此,第15军研究的新的追击目标完全符合大本营的意图,并期待其成功。[1]

在中英联军方面,自4月25日在皎施会议上决定向曼德勒以北撤退,英缅军总司令亚历山大即对缅甸作战的前景不抱希望。英军战史称:"战事的可能发展进程现在甚为清晰,足以决定英缅军的未来作用。腊戍的失守只是时间问题。八莫的陷落也不可避免。由于联军不可能调兵分守,密支那交通线将随之被切断。曼德勒以南中国军队的情况及其甚为薄弱之兵力,也排除了长期坚守伊洛瓦底河谷的可能性。在此情况之下,亚历山大决定其主要目标是防御印度,将尽可能多的英缅军撤往印度重整;而维持与中国的联系以及保持重返缅甸之门户,则成为次要目标。"[2]

4月29日,亚历山大、史迪威和罗卓英在瑞保举行撤退前的最后一次会议。亚历山大决定,目下中英联军应防守卡列瓦(Kalewa)—卡萨—八莫—兴威一线。如果守不住,他将令英军大部队撤往印度;而中国远征军第5军新22师与新38师则沿曼德

---

[1] 中华民国史资料丛稿译稿《缅甸作战》(上),第116–118页。
[2] 〔英〕S. 伍德伯恩·卡比, C.T. 艾缔思, J.F. 梅克勒约翰, M.R. 罗伯茨, G.T. 沃兹, N.L. 德索尔:《英国对日战史》第二卷《印度最危险的时刻》,蒋经飞译,英国皇家公文书局1958年版,第181页。

勒——密支那铁路阻滞日军,第96师则直接开往密支那。如有必要,亚历山大也会将其司令部迁往密支那,开始安排必要的后勤补给。而此时史迪威的意图是,下一步要坚守缅北。他在30日的日记中写道:"我们拥向密支那。"史迪威本人打算亲自前往"飞虎队"基地雷允[①]指挥战斗,以确保缅北部分对华交通线仍能畅通[②]。

亚历山大和史迪威都没有料到,仅仅6天之后,日军就追到了怒江一线。从腊戌至惠通桥,滇缅公路里程为376公里,日军追击仅用了5天,平均每日推进75公里。自腊戌开始经国门畹町至惠通桥,沿途且败且战的远征军各路残部,毫无疑问是一溃千里!难怪作家章东磐曾发出如此感叹:

> 在从芒市到惠通桥的二百多公里(实际为189公里)山路上,攻入中国的日军竟未遇一兵一卒抵抗(不确,详后)……这样的二百多公里,在1944年的反攻中,中国动用了美式或半美式装备的十六万军队,在强大空军的支援下,以阵亡三万人的代价历时七个月重新夺回。多少亲历者都在讲那样的地形如进攻者的绞肉机般凶险,可他们真的忘记了吗,就是这段路,当初日军用了多久从边境打到江边呢?每一次说起来都让人想替他们放声大哭:"两天,只是两天!"[③]

[①] 雷允,位于云南瑞丽西南35公里的弄岛镇,与缅甸南坎隔瑞丽江相望。1939年7月起为中央雷允飞机制造厂所在地,此时为美国援华志愿航空队临时机场。
[②] 美国陆军CBI战区史第一卷《史迪威的中国使命》,第137页。
[③] 章东磐:《父亲的战场:中国远征军滇西抗战田野调查笔记》,第161–162页。

渡边正夫独断兵分两路

（1942年4月30日）

日军第56师团在攻克腊戍之前，于4月26日夜接到第15军命令："攻克腊戍后，应继续以主力沿滇缅公路向怒江一线追击。"

当时，师团长渡边正夫获悉的情报为：从腊戍以北到怒江之间，有以新28师及新29师为主的中国军；其中，新28师主力曾一度被日军击溃。因此，渡边正夫估计今后前进到怒江将不会有较大规模的抵抗，似无须以师团主力实施追击；相反，在曼德勒方面尚有强大之联军主力。据此，渡边正夫认为，此际以师团主力强行向八莫、密支那方面追击捕捉联军主力，才是不失战机的策略。

于是，第56师团向第15军提出了上述意见。但渡边正夫唯恐失去战机，未等待第15军的答复，即独断决定以有力之一部沿滇缅公路，而以师团主力经八莫向密支那分头追击，于4月30日开始北进。

对于渡边正夫提出的意见，第15军司令官饭田祥二郎后来有如下回忆：

第56师团在追击途中，虽接到应向怒江追击的军命令，却认为先向密支那方面追击更为有利，曾电请军司令官批准。

军虽然也承认切断联军主力经八莫、密支那方面向云南之退路的价值，但为此将延缓向怒江的追击。另外，万一被该方面之联军所阻，形势将主客颠倒。故在无此顾虑范围内，暂由师团长率领主力推向密支那亦无妨，乃同意对此积极性之意见给予认可。

第56师团长之此一意见具申，可能处在该师团经由长途之前进战斗，已十分疲劳之情况下提出；但有意担任军所赋予任务以上之重任，此并非一般所能想象，当时使我十分感动。

日军第15军在研究了第56师团的意见之后，于5月3日作出如下回复：

1. 判断第28师及第29师主力，大概在南坎（Namkham）与怒江之间地区；另有约两师之兵力，似由大理方面向怒江前进中。

2. 对第56师团向怒江一线挺进给中国军队以强压之首要目的，无异议。

3. 对自曼德勒方面向北退却之中国军队，军决定以第55师团及第33师团向密支那、塔曼提（Tamanthi）一线追击，以期与师团之切断退路相配合，以捕歼之。

4. 关于兵力之部署及运用，师团司令部之行动等，均希考虑上述形势，由师团长相机决定。

然而，日军第56师团长渡边正夫在接到第15军命令之前，已经部署以平井部队（搜索第56联队）沿腊戍—兴威—木姐—南坎—

八莫—密支那道路，向密支那方向追击；另以步兵第148联队主力为基干之部队（松本部队），沿滇缅公路地区向怒江疾追。①

师团长渡边正夫不遵从军命令而"先斩后奏"，欲图以第56师团主力向八莫、密支那堵截联军主力立大功，但后来联军主力却绕开了密支那向西北进入野人山；而怒江方面因远征军第11集团军发起反攻成为主战场，又迫使其将缅境内日军东调怒江增援。可知，渡边正夫此时的独断是错误的，而饭田祥二郎对渡边正夫的态度却十分暧昧。

兴威北方高地战斗

（1942年4月30日—5月1日）

4月28日下午，当得悉新28师师长刘伯龙司令部被袭，同时得悉已有日军侵入新腊戌市内后（18时30分新腊戌市内军长张轸司令部之电话已不通），参谋团长林蔚即判定腊戌不能久守，遂通知军事委员会后勤部部长兼中缅运输总局局长俞飞鹏立即焚毁各仓库。他同时考虑，如听任新29师后续部队再向腊戌输送，则徒供牺牲，且恐于到达以前腊戌即已失陷；遂于28日半夜派员持令向后寻觅新29师之第二梯队，命其在到达贵概、兴威间高地时，立即下车占领该处险要山地，收容退却部队，并阻止日军北进。参谋团亦于当晚向贵概移动，其不必要之人员则令续向九谷（Kyu-

---

① 中华民国史资料丛稿译稿《缅甸作战》（上），第133—134页。

hkok）移动。此外，他还令工兵总指挥马崇六准备爆破兴威铁桥。

至4月29日晚，军长张轸已退至贵概，告知林蔚：刘伯龙、马维骥两师长及残余部队均已退至兴威，兴威铁桥业已炸毁。同时，林蔚得悉新29师第二梯队已通过九谷，当日可抵兴威北方高地，遂嘱张轸迅赴该高地布防，并令第5军装甲兵团拨战车防御炮一连归张轸指挥（该装甲兵团系腊戍未陷时于4月25日奉杜聿明令原路撤回，但其战车多需修理，故不能使用）①。

4月30日晨6时，第66军军长张轸即在兴威下达作战命令：

一、新编第29师（欠两营）应固守兴威一带高地（阵地如现地指示），并相机歼灭进攻之敌。

二、新编第28师率余部（含新编第38师之一营余部）固守路标42英里高地，并相机策应第一线阵地之战。

三、战车防御炮营第5连，应在路标38英里附近占领阵地，归新编第28师刘师长（刘伯龙）指挥。

四、军直属部队在贵概整理待命。

各部队奉命后，即分别进行部署②。

当日中午，为谋求作战指导，林蔚偕参谋处长萧毅肃及工兵总指挥马崇六亲赴阵地视察，见刘、马两师于同一斜面上重叠配备：马师（新29师）在前，有一团余之兵力，所占地形并不良好；

① 林蔚：《腊戍至惠通桥战斗经过及功过评判报告书》，未刊档案。
② 《抗日战史》第二十六章《滇缅路之作战》，第83—84页。

刘师（新28师）在后，地形非常坚固，但仅有步兵三连，机枪、迫击炮各两连，又均残缺不全，实际不过200余人。林蔚认为，"此种配备实不能不认为轻重倒置，但因时机紧迫，已经无法调整。此外，第66军直属部队如特务营、搜索营、工兵营等，均随军部置于贵概，虽控有车辆，但仍嫌稍远"①。

林蔚说话含蓄，其实此时的情况是：马维骥毫无斗志，刘伯龙有斗志而无兵，张轸却不愿将军直属部队交给刘伯龙消耗。对此，新28师战斗详报叙述得极为清晰：

  上午11时顷，次长林（林蔚）偕萧处长毅肃、马总指挥崇六、张军长（张轸）及职（刘伯龙）同至马师长（马维骥）阵地视察。次长林并指示作战机宜，严厉督责防守。旋闻前方枪炮声，次长林令职与马师长维骥同赴前方视察情况，查明枪炮声乃马师部队试射枪炮。职约马师长同返（路标）34英里处中缅局加油站，向次长林复命。马以请职代答为辞，职当以前方并未发现敌情置复；同时张军长以马师长不肯听命，向次长林报告，次长林准以军法从事为答。

  迄正午顷，次长林视察职部阵地，谓地形尚好，惜兵力太少。职当请命拨军部直属营归职指挥，在兴威加强防务。次长林当下手令，惟萧处长毅肃在旁谓，此手令以在贵概交军部为妥。13时，次长林返贵概。职巡视所部阵地，督导工事构筑及防御配备，明知军部决不肯增加兵力，但希望甚切。15

---

① 林蔚：《腊戌至惠通桥战斗经过及功过评判报告书》，未刊档案。

时30分，适新38师彭克立营（约步兵两连，原系在腊戍守护机场者）由腊戍撤至兴威。经职收容，并令在（路标）34英里处中缅局加油站附近道路隘口占领阵地，联系第82团之左翼，并填补职部与马师（新29师）间之空隙。此时虽知军部增兵无望，得此心实良慰。①

日军方面，第56师团再次以平井部队［平井卯辅大佐指挥的搜索第56联队，独立速射炮兵一个中队，野炮兵一个小队，野战重炮兵一个大队（缺两个中队），工兵一个小队，卫生队之一部］担任先遣队，于4月30日上午9时（日本时间，当地时间7时）从腊戍出发转入追击，一面搜寻隐蔽在路侧丛林中的大量汽油桶，一面在宽广的柏油路上快速前进。17时30分（日本时间，当地时间15时30分），日军（平井部队）战车、装甲车已出现于兴威铁桥彼岸，与我岸警戒部队接触，并向新29师阵地左翼炮击。

刘伯龙闻炮声后，以电话询马维骥，并告以彼左翼后中缅运输总局加油站附近之牛车路实可顾虑，该处实有控置预备队之必要，但马维骥仅唯唯而已。刘伯龙又以同样意见通过电话向军长张轸建议，请其以命令或电话转饬新29师注意遵行。20时30分，刘伯龙又电话请张轸到新29师阵地视察，张轸以夜间不能视察阵地为辞，在贵概军部不肯前来。刘伯龙认为，"并非不明夜间不能视察阵地，因正午马师长不愿同返复命于次长林，当即确定渠之

---

① 《第六十六军新编第二十八师缅甸战役战斗详报》，《滇缅抗战档案》（上），第282–283页。

战意不坚,实希望军长能亲至马师方面指挥督战。言在意外,军长实非不能会知其意也"。21时40分,刘伯龙再次接到坏消息:新38师第114团第1营营长彭克立报称,张轸以手令调其营赴贵概。新28师战斗详报记述:"职(刘伯龙)心中悲愤交迫,徒以上命难违,准其撤去。22时10分,以电话报告张军长,询彭营何故撤调贵概,军长以新38师部队职不能指挥为答。职当言,我为师长在第一线指挥,当此国家危若累卵之际,收容部队在第一线布防作战,无论任何部队均可指挥,即委员长亦不能以我为错。军长此时尚闹意气,置军国大事于不顾。腊戌失后,委员长'连坐法'实施,裁判恐不只职一人,请军长注意。同时,因敌炮火又向马师(新29师)左翼猛烈轰击,电话中止。"时为22时30分。[1]

此前,参谋团曾闻报,日军攻占腊戌同时,已分兵一路至南渡;而由南渡到南坎约三日行程,有牛车路可通,足以绕至兴威、贵概后方。29日晚新29师第三梯队(第87团,团长陈海泉)适到九谷,林蔚遂令以一营输送至南坎,向南渡警戒,以两营输送至兴威北方阵地,增强该方面防御力量。此时,参谋团尚希望在兴威北方高地阵地能防御较长时间。不料,30日夜战斗甫经开始,至5月1日凌晨2时,新29师指挥所即被袭击,师长马维骥本人当即陷于敌境,情况不明,有传言已阵亡。此时,新29师第三梯队主力刚到阵地,却失去指挥,遂与第一线部队同时陷于混乱状态[2]。据日军部队史料,"5月1日拂晓,在兴威北侧高地,(平井部队)准

---

[1] 《第六十六军新编第二十八师缅甸战役战斗详报》,《滇缅抗战档案》(上),第283页。

[2] 林蔚:《腊戌至惠通桥战斗经过及功过评判报告书》,未刊档案。

备攻击欲趁大雾逃走的新编第29师第87团主力。中国军队逆袭，展开了激烈的白刃战，工兵也用铁铲交锋，激斗了一个小时。这场战斗中，浦桥少尉、北川中卫、本永工兵军曹、世户悼伍长及其他两名士兵战死，受伤十余人。战果是缴获车49辆、速射炮3门、迫击炮2门、轻机枪3挺，及步枪数十支"①。

5月1日晨6时30分，日军（平井部队）续以步兵约2000人并附战车、炮兵，向第二线阵地之新28师攻击。此时，张轸来到新28师指挥所，将新29师后撤及新28师当时的情况电话报告林蔚后，即以前往收容新29师部队为由，又遄返贵概。但此时张轸已同意将新38师彭克立营交刘伯龙指挥，刘伯龙即令该部速往第82团阵地左翼布防。

晨7时许，日军集中炮火向新28师阵地猛击，同时又以坦克20余辆沿公路突击，其后尚有汽车纵列鱼贯疾驰而来。刘伯龙令第82团迫击炮连集中火力向日军轰击，其卡车多辆登时焚烧。日军步兵纷纷下车散开，双方激战开始。8时20分，日军轻、重炮兵猛烈轰击数百发，其坦克向该师阵地猛攻，日机十余架亦往复低飞轰炸及扫射。同时，日军步兵亦频频跃进。新28师官兵奋勇应战，一时枪炮声剧作。当日军步兵向第82团机2连阵地攻击时，该连以机枪扫射，目击敌兵伤亡实重，但敌兵源源增加，虽众寡悬殊，赖官兵用命，且地形尚好，敌不得逞。另，8时40分，战车防御炮第1营第5连发现日军战车11辆沿公路前进（此时，装甲兵

---

① 日本北九州乡土部队史料保存会编：《兵旅之赋——北部九州乡土部队70年的足迹》第二卷《昭和篇》，昭和五十三年（1978年）7月印行，第311页。

团战车防御炮连已损失殆尽），待日军战车进至有效距离时，该连即令各炮射击，击毁敌战车4辆，击伤3辆[①]。

11时许，刘伯龙以电话向张轸报告当面战况，并请求其以军直属特务营或搜索营增援，终获许可。但11时30分再以电话报告时，军部电话已不通，至是知增援无望，仍督饬所部固守勿退。12时45分，新38师彭克立营因受敌压迫发生动摇，左翼感受威胁。刘伯龙令第82团副团长徐芳营制止，遂稍稳定。苦战至13时50分，第82团机2连机枪两挺被敌炮击毁，排长两员同时阵亡，士兵伤亡尤多，敌亦伤亡百余人。14时30分，日军攻击益猛，并包围新28师左翼，企图截断通贵概之公路。不得已，刘伯龙以特务连之一排驰赴增援反攻。该排排长罗万铭及该排士兵20余名均受伤阵亡。情势益紧，日军愈接近。师部上尉参谋郑尔赓传送命令至第82团团长梁少雄位置，不幸中途亦中弹殒命。士兵死伤续增，刘伯龙仍饬所属死守，不得后退。15时许，阵地正面虽尚能支持，唯左翼受日军包围，敌已进占左侧后高地，公路已被截断。此时又无预备队可以增援，正面阵地亦被敌突破，刘伯龙即以仅存之卫士排冲锋突围，其随从副官李光宗当即阵亡，卫士伤亡十余名。刘伯龙冲出后，沿途收容残部四五十人，仍与日军保持接触[②]。此时，唯有战车防御炮第5连独立支持战斗，同时复奉令死守原阵地。该连不得已，改用手榴弹及步枪、机枪等与敌进行殊死战，一面命

[①] 《战车防御炮教导总队直属第一营缅甸战役战斗详报》，《滇缅抗战档案》（上），第303页。
[②] 《第六十六军新编第二十八师缅甸战役战斗详报》，《滇缅抗战档案》（上），第284-285页。

第二炮排排长王相林率领第四炮转进掩护。该连之战车防御炮两门尚未撤退，而后方道路已被我工兵破坏。旋日军步、骑兵乘势冲来，该连长一面以步枪、机枪、手榴弹等坚强拒敌，一面命将车辆焚毁，迅速分解战车防御炮并搬运，由山路转进。唯以敌倍于我，遭敌包围，排长彭启泰及一、三两炮均失踪，连长佟寿康仅率步枪、机枪兵数名突围，退至第二炮排附近继续拒敌，旋转进至贵概附近[①]。

17时30分，刘伯龙率残部亦转战至贵概附近，以为军部在此定有收容（掩护）部队，孰料已将桥梁炸断后撤离。同时，日军追击停止。日暮时分，刘伯龙至路标58英里处，适遇军长张轸在此收容新29师第85团（团长李寅星）之一个营布防，命刘伯龙将残部交出，充作军预备队，并扬言在此"定打三天"[②]。

战后，林蔚在总结报告中点评说：

> 此（兴威）一战，既失可以阻敌快速部队之险峻山地，又失唯一可用之大部兵力，于是掩护中路主力军左侧背及掩护畹町国境线之两个目的，此后均难达成矣。就当时兵力言，我马师（新29师）新到部队共有五营（马师先头团之另一营是否在此不得而知，以始终未据报，故不列入），刘、马两师由腊戍退下部队又约两营，外加军直属队及孙师彭营（新38师

---

① 《战车防御炮教导总队直属第一营缅甸战役战斗详报》，《滇缅抗战档案》（上），第303页。

② 《第六十六军新编第二十八师缅甸战役战斗详报》，《滇缅抗战档案》（上），第285页。

第114团第1营）残余部队，总计亦去三团不远。无论敌人兵力如何强大，然夜间攻击，依敌人渡过兴威河及到达阵地前之距离时间计算，当为敌先头之一部，总不至甫经接触，我主力即遭溃败。此固为配备不良，然其主要原因则为马师长指挥所之被袭。关于此点，事后刘、马两师长与张军长之间互相责难，莫衷一是，苟非决定彻查令其提出证据，则功罪颇难判明也。①

贵概北方高地战斗

（1942年5月1日—5月2日）

如前所述，林蔚于4月30日视察兴威北方阵地后，又转赴九谷，途经贵概北方路标58英里处，发现该处山地颇为险峻，为阻敌快速部队之良好阵地，与兴威北方高地有同等价值。5月1日上午，得悉兴威方面战况不利，遂嘱军长张轸于不得已时可收容残部占领贵概北方高地，务使工兵彻底破坏险峻处公路阻敌车队突进②。

9时，战车防御炮第1营营长綦书坪奉军长张轸面谕："着第3连在贵概南北占领阵地，掩护军部转进。"綦书坪即令第3连连附范孟贤率领第一炮排为第一线，在贵概以南占领阵地，阻敌装甲

---

① 林蔚：《腊戍至惠通桥战斗经过及功过评判报告书》，未刊档案。战后，第11集团军总司令宋希濂主持战役检讨，向军事委员会建议将第66军军长张轸、新28师师长刘伯龙革职，将新编第29师师长马维骥革职查办。取消第66军及新29师番号；仅保留新28师番号，纳入第71军建制。该建议得到蒋介石批准。

② 林蔚：《腊戍至惠通桥战斗经过及功过评判报告书》，未刊档案。

部队；复令连长谢宁治率第二炮排为第二线，在贵概北端英军营房附近占领阵地。綦书坪在第二炮排附近亲自指挥该连。旋军长张轸派来通信兵3名，携话机1架，利用公路附近电线与军长取得联络。此时，新28、新29两师少数官兵已由前线沿公路退回，新28师师长刘伯龙率士兵数名由右翼山路最后通过贵概。刘伯龙云："前方已无我军，饬加注意。"即由连长谢宁治以机踏车将刘伯龙送回后方。此时前方及翼侧均无友军，仅营长綦书坪率领战车防御炮第3连官兵数十名单独拒敌。营长曾将此情用电话报告军长张轸，请求派兵掩护。唯因部队转进紊乱之时，军长张轸实无兵可派，仅嘱沉着应战，遵令各炮排各派机枪、步枪兵自行担任翼侧警戒。

13时30分，战车防御炮第3连第一炮排阵地前方发现日军战车3辆，待其进至有效距离，连附范孟贤指挥各炮射击，击中其先头2辆，立即燃烧焚毁，其后尾1辆逸去。该排于14时10分撤回贵概后，营长綦书坪即令将贵概南端桥梁破坏，并令连长谢宁治指挥第二炮排在原阵地阻止敌人；他本人则率领第一炮排向路标51英里高地附近占领阵地，掩护第二炮排。15时20分，第二炮排阵地前方发现日军战车3辆驶来，连长谢宁治待其进至已被破坏的桥梁附近时，始令各炮射击，当即将敌战车全数击毁，无一逃回。旋日军骑兵由我左翼企图包围该排，连长谢宁治在第一炮排掩护之下，率领第二炮排安全撤回。綦书坪复令谢宁治率领第二炮排在路标53英里附近占领阵地，掩护第一炮排；自己率领第一炮排仍在路标51英里高地阻止敌人。16时50分，日军骑兵复向我左翼迂回，而贵概南端高地亦发现日军步、炮兵向我射击，中国军队当即以手榴弹及轻机枪还击该敌。与敌相持至18时，闻左右方及后方均有枪声，綦书坪始率第一炮排向后转进。旋奉军长张轸手令，掩护工兵破坏路标53英里附近石桥。唯因该桥构造坚固，工兵因所携炸药不足而返。綦书坪指挥该连交换掩护，转进至路标55英里附近时，军部副官处萧主任送来军长张轸手令："着该营即在（路标）51英里处择其隘路口占领阵地，阻止敌人，并与搜索营切取联络。"綦书坪以搜索营早已后撤，且天将薄暮，路标51英里高地似有被日军占领可能，当即令连长谢宁治率领该连就地占领阵地，他自己亲至路标58英里高地向军长张轸请示。奉张轸面谕："全部撤至（路标）58英里附近占领阵地，与新29师第85团李团长（李寅星）所率之一营死守该高地。"綦书坪率领谢、佟两连长侦察地形后，当即令第3连第一炮排为第一线，第二炮排及第5连剩余之一门炮为第二线，统归谢宁治指挥。①

18时30分，参谋团接到军长张轸电话，告之已收容残部退至该高地布防，公路亦已加以阻断。我兵力除军直属队外，新28师收容约200人，新29师收容约一营（第85团第3营）。此时师长马维骥仍未退回，生死不明②。张轸并告，攻击兴威北方高地之日军

---

① 《战车防御炮教导总队直属第一营缅甸战役战斗详报》，《滇缅抗战档案》（上），第303-304页。
② 关于马维骥此后下落，第66军军长张轸曾于5月24日电告蒋介石："新二十九师马师长维骥率领官兵二百余名由保山以东绕道，已于梗日（23日）回大理。对该师如何处理，恳电示遵。"蒋介石批复："马维骥希照前电（5月23日曾致电林蔚令押送马维骥赴渝，第452页）押解来渝候审，该师官兵即妥为收容可也。"王正华编注：《蒋中正"总统"档案：事略稿本》（49），台湾"国史馆"2011年版，第459-460页。

兵力一联队以上，各种车辆140余辆，其后续共有若干尚不明了。林蔚考虑，此时我后方无兵，国境空虚，日军快速部队恐将由滇缅路长驱入滇；又知除贵概北方高地外，由该处向北至畹町无险可守；而路标105英里处且有一条支路直通八莫，并可勉强通往密支那，日军可借以截断我中路主力军之总后方。于是，他认定贵概北方高地为掩护以上两路之最后关键，势在必守。但此际兵力与目的不相当，不得已而思其次。恰值新29师工兵营（此系该师最后运输入缅部队）到达九谷，遂令工兵总指挥马崇六就原车率赴前方参加破路，并嘱其前方能抵抗一日即作业一日，能抵抗若干日即作业若干日，绝不停止。因欲借此获得成效，使日军修复困难，如能阻止日军车队无法畅行，则我可有从容部署之时间。①

19时30分，战车防御炮第1营各炮进入阵地后，营长綦书坪率连长谢宁治前往军部请示机宜。军长张轸表示决心死守该高地，唯对敌装甲部队颇有顾虑。綦书坪立即表示，愿负全责阻止敌战车前进，但请求派强有力部队以掩护我战车防御炮安全。张轸允饬新29师第85团团长李寅星担任掩护，并云："战车防御炮倘有损失，由军长负责。"綦书坪当即责令谢宁治负责阻止敌战车活动，并令谢宁治转知第5连连长佟寿康，率领剩余官兵及战车防御炮1门撤至军部附近，为预备队。②

20时30分，军长张轸电话报告参谋团称：马维骥已回归到达前方；我阵地已配备妥善，自信可阻敌三日；若能将南坎之一营

---

① 林蔚：《腊戍至惠通桥战斗经过及功过评判报告书》，未刊档案。
② 《战车防御炮教导总队直属第一营缅甸战役战斗详报》，《滇缅抗战档案》（上），第304页。

调来，则更有把握，并请速补粮弹。参谋团除请由后勤部部长俞飞鹏立予拨车补给粮弹外，因南渡日军尚无向南坎前进之情报，遂派刘芳矩参谋率车往接南坎的新29师第87团之一营。[①]

21时许，战车防御炮第3连连长谢宁治回到阵地时，将营长綦书坪前项命令转知第5连，但连长佟寿康以未见营长手写命令，未敢移动。适日军装甲部队又进至我阵地前，战斗复开始。此时虽夜黑无光，但根据敌车灯光判断，有战车、装甲汽车、卡车百数十辆，其战车在先头掩护前进。谢、佟两连长即令各炮向敌先头战车射击，击中2辆，燃烧起火，其余则熄灯而退。夜战一小时，枪炮声始停止[②]。22时30分，军长张轸向参谋团电话报称，日军搜索部队以战车、装甲车80余辆已接近我阵地，与新29师第85团一营交战。此后，日军数次夜袭，经我沉着应战，"计击毁日军战车18辆，我亦被毁战车防御炮2门及汽车2辆"[③]。半夜后，张轸转移至路标61英里处。

5月2日拂晓，日军（平井部队）复向我贵概附近阵地两翼包围。晨6时，日军炮兵掩护其装甲部队与步兵，向我阵地施行攻击。据日方部队史料，"十厘米山地加农炮、重炮大队（欠第2中队）、野炮一小队、独立速射炮中队全部放列，在攻击位置准备就绪。轰的一声巨响，重炮在晨雾中打响了一发，双方的炮声开始回响。重炮直接瞄准射击，以难得的准确性，将中国军队300名

[①] 林蔚:《腊戍至惠通桥战斗经过及功过评判报告书》，未刊档案。
[②] 《战车防御炮教导总队直属第一营缅甸战役战斗详报》，《滇缅抗战档案》（上），第304–305页。
[③] 《抗日战史》第二十六章《滇缅路之作战》，第85页。

官兵一击即中……"①此时，战车防御炮第3连连长谢宁治指挥各炮向日军战车猛烈射击，先后击毁敌战车、装甲车8辆。但因高地南北两方公路均甚曲折，日军战车利用死角逐次向我迫近，谢宁治以战车防御炮无法射击，改用手榴弹阻敌战车前进。旋大雨倾盆，日军攻势暂时停顿。②9时30分，张轸向参谋团电话报称，前方战斗激烈，我右翼已被包围。第85团部队纷纷后溃，军直属各营早已乘车后撤。此时，新28师拨交军部之机炮连适在附近，张轸令即占领阵地阻止日军，旋即遭日军歼灭③。10时，天候放晴，日军炮十数门又不断向我阵地射击，战车防御炮第3连之第二炮及第三炮均为敌炮击毁，该两炮士兵因之伤亡殆尽，上尉排长黄星华阵亡。旋日机数架又于阵地上空轰炸与扫射，日军步兵乘机向我两翼施行包围。我阵地守军既少，所据战斗正面复狭，附近高地均被日军占领至被包围，第5连战车防御炮一门旋为敌炮所击毁，上尉排长王相林阵亡。连长谢宁治即令一、四两炮撤退，以汽车牵引转进，孰料公路两侧高地均有敌人，遭敌瞰射。第一炮由代理补给排长王竹青亲自驾驶汽车，企图加速马力冲出。王竹青旋为敌击伤其左臂与腰部，仍以右手单独操纵转进，乃因负伤关系，又兼道路曲折，以致连人带车与战车防御炮一齐翻入山沟深坑内（该排长身中5弹，后逃回）。第四炮由第3连连长谢宁

---

① 日本北九州乡土部队史料保存会编：《兵旅之赋——北部九州乡土部队70年的足迹》第二卷《昭和篇》，第312页。
② 《战车防御炮教导总队直属第一营缅甸战役战斗详报》，《滇缅抗战档案》（上），第306页。
③ 林蔚：《腊戍至惠通桥战斗经过及功过评判报告书》，未刊档案。

治亲自担任驾驶，新29师第85团团长李寅星同乘此车，竟遭敌炮击伤，而油箱又被击中起火，团长李寅星、连长谢宁治殉国；第3连连附范孟贤、排附萧仁树相继阵亡，代排附谢华德及特务长文炳昭负伤，该连官兵除少数留在后方者外，余均在该高地壮烈牺牲。此时，第66军直属部队特务营、搜索营、工兵营虽前往增援，但路标58英里高地已失，无法挽回危局，各直属营旋即陷入敌后①。

11时，战车防御炮第1营营长綦书坪刚至路标63英里铁索桥附近侦察地形，师长刘伯龙与军长张轸旋踵而退至。刘伯龙以该处地形良好，请以军直属队无论何营在此布防，可多支持时间。张轸以无兵可用，仅以轻机枪1挺、步兵八九名占领一小山头。12时左右，日军已将第66军军部与前方之联络隔断。13时许，刘伯龙与张轸同行至路标105英里处（芒友三岔路，与八莫分道点），等候由南坎调回之新29师第87团一个营。14时30分，该营始有军车数辆经过前开。张轸与该营营长在路旁闲话吃饼，并不计及敌情与布防事。刘伯龙以情难缄默，向张轸报告以布防要紧，请其指挥该营长速赴前方就近占领阵地。张轸以地形不好开车，拟再赴路标63英里处附近布防。刘伯龙以时间不许为言，张轸不同意而去。刘伯龙与第82团团长梁少雄在路标105英里处等待。15时50分，张轸乘车驰过该处，遥呼日军坦克追来，可快走。刘伯龙问前方已布防否，张轸答还没有。下车同时，卡车纷纷向畹町后开，秩

---

① 《战车防御炮教导总队直属第一营缅甸战役战斗详报》，《滇缅抗战档案》（上），第306页。

序大乱。①18时，张轸向参谋团电话报称：新29师第85团团长李寅星阵亡，军特务营残部在路标62英里处担任收容，路标61英里处铁桥已爆破，由南坎调回之87团一营已到路标105英里处，并已令原车赴路标92英里处布防。此后，参谋团闻该营甫到目的地，尚未占领阵地，即被日军包围遮断。

对此，林蔚评论说："以上战斗经过，亦非常迅速。张军长自云可阻敌三日，而结果则不及一日。但平心而论，以残败之兵当强劲之敌，实亦不能坚守；其所云云，似因目睹地形良好，一时发为豪语耳。"②

关于兴威、贵概两地战斗，日本公刊战史有如下记述：

> 平井先遣队尔后对在兴威北侧高地，继而又对在贵概北侧高地占领阵地的新29师有力部队，并用迂回与包围战法，或切断其退路，或由其背后实施果敢突击，予其以歼灭性打击。其后，新29师未再出现于战场……
>
> 兴威及贵概附近的战斗，对平井部队而言是一场痛快的战斗，战果也是巨大的。但对面中国军队的抵抗也是相当顽强的。在贵概之战斗中，其一上校参谋（似指第87团团长陈海泉或第85团团长李寅星）面对败局毫不屈服，指挥若定，鼓励部队誓死抵抗，但终于在我猛烈的炮火下壮烈阵亡。日军

---

① 《第六十六军新编第二十八师缅甸战役战斗详报》，《滇缅抗战档案》（上），第286页。
② 林蔚：《腊戍至惠通桥战斗经过及功过评判报告书》，未刊档案。

官兵目睹实况，无不称赞。①

南坎、八莫战斗

（1942年5月2日—5月3日）

如前所述，坂口支队4月30日下午抵达腊戍后，未暇休息，便沿松本部队（第148联队）之进路前进，于攻击贵概期间到达战场。在太平洋战争爆发前被编入坂口支队的搜索联队第4中队，即脱离坂口支队向平井部队归建②。

实力得到增强的平井部队从贵概继续北进，冀望在南坎吊桥被炸毁之前急袭突破，并于5月2日半夜到达芒友三岔路口——从此地往东经过畹町可进入云南，往西北经过南坎则到八莫。此时，平井部队适与由八莫方面退却而来的我汽车部队遭遇，当即发生战斗，我军不敌。在此战斗中，中国军少将以下干部20余名阵亡，英军上校（派驻中国军后勤部队联络官）③1名被俘。

这时，平井部队得知南坎吊桥在18时（日本时间，当地时间16时）左右尚未被破坏。平井先遣队为控制该桥梁，于5月3日凌晨3时（日本时间，当地时间1时）出发向南坎疾进。芒友以北的

---

① 中华民国史资料丛稿译稿《缅甸作战》（上），第134页。
② 中华民国史资料丛稿译稿《缅甸作战》（上），第134页。
③ 即英军哈蒲生上校。据英国档案馆所藏档案资料记载，哈蒲生在八莫搬取汽油后返回中国军队，在南坎附近遭遇日军拦截被俘。Recommendation for Award for Hobson, Clive Rank, WO373/100/318

道路尚未铺设柏油路面，汽车部队在凹凸不平的道路上前进，右侧是白色江雾笼罩下的伊洛瓦底江的支流瑞丽江。五六十名中国军残部与平井先遣队遭遇，虽经激战，但未能阻其继续向南坎吊桥前进。

5月3日黎明，平井先遣队通过南坎村落到达瑞丽江畔的满荣（Manwing），南坎吊桥出现在眼前。此时，他们突然遭到来自对岸的齐射攻击。尖兵中队（今村中队）未及下车即冲上桥梁，突入刚从对岸开始过桥的联军队伍之中，用机枪向桥上的该部扫射，强行乘车突进到对岸。对岸的联军约900人，在日军压制下投降了。据英军战史记述，瑞丽江悬索桥系由缅甸边防部队钦丘陵营一部及北掸邦营残部防守，由北掸邦营营长华莱士（J.R.K.Wallace）中校统一指挥①。日本公刊战史称："平井部队自到达缅甸以来，所面对的都是中国军队，在战斗中从无投降的例子，其抗战意识是极为旺盛的。但南坎之军似乎是在英国人指挥官被击毙之后投降的。"②

南坎吊桥上各处均已预装炸药，平井大佐在通过桥梁时发现了导火引线，遂命令副官用军刀切断。"能顺利地占领高悬在流速3米、河宽约100米之瑞丽江上的大吊桥，对平井部队而言实属大功一件。"平井部队稍事休息后继续前进，3日夜进入八莫南端。

在此期间，从曼德勒驶来的"瑞苗（Shwemyo）号"汽艇，于5月1日上午将缅甸（预备）第9营及缅步枪团第6营残部转运至八莫。3日上午，一名警官驾驶一辆卡车来到八莫，称在南坎吊

---

① 《英国对日战史》第二卷《印度最危险的时刻》，第204页。
② 中华民国史资料丛稿译稿《缅甸作战》（上），第134–135页。

桥遭到日军射击和追赶，日军随时可能进攻八莫。缅甸边防部队八莫营营长雅各布(R.M.Jacob)中校命令，各部队化整为零分组撤往印度。但此后营长雅各布和副营长吉亚克（T.H.Geake）少校均失踪，据称可能被一名印度锡克族勤务兵杀害，英缅军即向孟拱（Mogaung）、密支那等地逃散。日军与中国军队的一支分队（日方资料记约200人）进行短暂战斗后，于23时（日本时间，当地时间21时）占领了八莫。[1]

天亮后，平井部队搜索八莫市街内外，在伊洛瓦底江畔发现有满载武器、家具的渡船17只和一些船具，在岸上同类物资堆放如山。再者，在飞机发动机分厂[2]的装配车间里，有6架正在装配中的飞机和20多架美国飞机的零部件。另外，他们还发现了2万袋大米和8000个汽油桶，足以支撑师团两个月的行动。

日本公刊战史称："平井部队于4月1日从棠吉出发后的第34天，就攻占了八莫。其行程约1400公里，平均每日进击达42公里。此间，所遇均属抗战意识旺盛之军，频频交战，但阵亡者（搜索第56联队）仅军官以下17人而已。"[3]

---

[1] http://homepages.force9.net/rothwell/burmaweb/BhamoBattalionBFF.htm
[2] 1941年5月，鉴于雷允地区常遭日军空袭，不能保证安全生产，美方总经理鲍雷（William D. Pawley）经与中国领导人及航空委员会商定，将中央雷允飞机制造厂重要的装配车间发动机修配部分迁至八莫，在该地建立发动机分厂，以扩大生产能力，8月建成开工。叶肇坦：《抗战时期的雷允飞机制造厂》，北京市政协文史委、云南德宏州政协文史委编：《滇缅抗战纪实》，中国文史出版社2008年版，第231页。
[3] 中华民国史资料丛稿译稿《缅甸作战》（上），第134–135页。

畹町战斗

（1942年5月3日）

5月2日，贵概北方高地战斗结束后，日军松本部队（松本喜六大佐指挥的步兵第148联队，配属战车第14联队主力）又沿滇缅公路向我国门畹町突进，很快即超越我徒步败退部队之先头，因"日军系乘车运动、下车攻击，攻击成功又复乘车突进，致我军于战败之后收容转进均不容易"。旋即，军长张轸、师长刘伯龙等原可以乘车转进之将领，均成徒步状态；第66军直属队虽多乘车转进，但均已不能作战。

参谋团长林蔚判断：此时不但芒友通往八莫、密支那的公路已洞开，我中路联军主力之后方也将全被遮断（此时联军主力尚在曼德勒附近）；而滇缅公路上畹町、遮放、芒市、龙陵一带物资山集，畹町国境线完全无兵守备，势将发生不堪忍受之损失。

当日，参谋团接到蒋介石5月1日电令：

1.第36师迅以汽车自祥云输送至畹町，归张军长（张轸）指挥；

2.腊戌东北方地区之第66军及马师（新29师）暨第5军之装甲兵团之一部，统归张军长指挥，应竭力阻止敌人，掩护畹町至八莫之交通；

3.以上各部队改隶昆明行营序列，暂归林团长（林蔚）就近指挥之。

经参谋团估算，第36师到达畹町之时间，最快须在5月5日或6日。而九谷、畹町附近之地形，唯畹町北侧高地（黑山门）可守，此高地内部有一隘路经过山腹，下临悬崖，是为滇缅公路入我国境内之第一要隘。如将此段公路加以破坏，亦可阻敌快速部队之进展，以待援兵之到达。但须有一部队占领该高地，方能掩护破路，而破路尤需工兵及炸药，而此时既无步兵部队，又无工兵炸药。

此时，适值第6军第93师补充团到达遮放。此前，因第93师第277团改编为刘观龙支队，军政部即将该补充团予以装备（时称装备团），令其开赴景栋，以补足第93师建制。林蔚遂令该团急开畹町。但该团团长廖亲必报告，该团装备不全，尚无迫击炮，且尽系未经训练之新兵，士兵尚多不懂射击要领。林蔚此时因无兵可用，不得已而用之，遂令参谋处长萧毅肃前往，于畹町北侧高地集合该团连长以上军官，就现地指示防御目的及配备要领。复虑该团武器不能抵御公路上敌战车、装甲车之突击，适第5军装甲兵团已撤至畹町、遮放间，林蔚遂令该团选出可用之战车一连及战车防御炮一连（炮4门）前往协防，其余仍继续后撤。此后，林蔚率参谋团由九谷撤至畹町北侧高地后方中缅运输总局仓库内，就近监督作战。以上处置完毕，约为5月2日13时。

萧毅肃在畹町北侧高地授予守备部队之任务，一为固守待援，二为掩护破路。其配备要领为：利用高地内之隘路及其两侧山险，以战车及战车防御炮在隘路内及其附近作梯次配备，阻敌车队攻击；以步兵占领两侧山险，作纵深配备，阻敌步兵攻击。如此，以步兵掩护战车、战车防御炮，以战车、战车防御炮掩护公路，为破路作业队争取到更多时间。如将隘路内之公路彻底崩坏一处，则防御目的即达成一半矣。此外，对九谷前方仍派出警戒部队，收容军长张轸等，并掩护畹町物资破坏人员点火。以上为第一处置。

第二处置为组织破路作业队。但此时既无工兵，而仓促间又不能征集民众。适军政部第2新兵补训总处处长郑坡[1]率补充兵第3团（此原系奉命补充第5军者）到达遮放、芒市一带，林蔚遂令郑坡拨兵两连归工兵总指挥马崇六指挥，率赴畹町北侧高地隘路内连夜开始作业。之所以只派两连，因工作器具不敷使用之故。

21时许，军长张轸已退到畹町以北。林蔚遂令萧毅肃将畹町北侧高地防务交与张轸，同时请在遮放的后勤部部长俞飞鹏立即点火焚烧畹町遗留物资。俞飞鹏即安排宪兵一个排，携带几桶汽油乘卡车前往，沿路放火焚烧仓库[2]。24时以后，萧毅肃回团向林蔚报告，畹町物资正在燃烧；九谷方面在24时尚未听到枪炮声，但判断敌我距离业已不远。马崇六在黑山门隘路内亲自督率破路，但路基为石质，路面为柏油，非常坚硬，因无炸药，其作业至为艰苦。截至半夜，仅掘开数尺宽、尺余深之浅沟数条，毫无障碍

---

[1] 军政部第2新兵补训总处于1939年设立，总处长张轸；所辖第14新兵补训处，处长郑坡。1940年，第14新兵补训处改编为新编第33师，郑坡疑转任第35新兵补训处处长。1941年12月，第2补训总处改编为第66军，军长张轸。1942年9月，第35新兵补训处改编为滇康缅边境特别游击区总指挥部，郑坡任总指挥。

[2] 李志正：《畹町撤退经过》，云南文史资料选辑第19辑，第222页。

力。欲使崩坍一段，亦不能办到。

5月3日凌晨4时30分，日军松本部队（第148联队）车队先头已与我九谷警戒部队接触，该警戒部队向后撤退。至拂晓，日军即开始向我畹町北侧阵地攻击。日军对我隘路口炮击甚烈，日机亦助战。战至正午12时许，除拂晓以前不能目击者外，拂晓后遥望通过九谷之日军战车、装甲车、汽车等，共六七十辆。午后，日军坂口支队前锋第146联队第3大队亦开抵接替攻击，战斗愈加激烈，但其装甲部队始终未能突入我隘路内。此时，第5军装甲兵团以战车第2连参战，有大战车（苏式T-26）5辆、小战车（意式FIAT-3000B型或法式FT-17型）5辆，及战车防御炮一连（炮4门）。装甲兵团团长胡献群回忆道：

> 畹町以东，地形起伏，战车可以勉强活动。再东则为高山，公路曲折而上，左为峭壁，右为深谷，车不可以方轨，诚六韬所谓：车之死地也。然因步兵阵地纵深地配备于隘路一带，故战车亦不得不位置于隘路口，虽可以火力封锁山口，以阻止敌人之机械化部队，但运动极受限制，进退维艰。
>
> 战车位置于隘路口，两车在前，以火力封锁隘路；一辆居中，监视右侧河边，恐敌人间道迂回也；二辆对左侧通畹町之小道，兼可以掩护在前之三辆。至于小战车，则在大战车以后，凡有足为敌人接近之谷口，悉以火力遮断之；仍有一辆对后方监视。故就大体观之，战车之位置，已形成一强固之据点，惜毫不能发挥其运动之性能耳。
>
> 3日上午9时许，畹町附近前哨发现敌情，枪声渐起。

下午2时,有伤兵自山下来,谓敌人正向我畹町之谷口攻击,此时枪声较紧,但见我步兵纷纷后退,而敌人已到达谷口矣。我官兵知情况已迫,即将战车发动,亦待时机。未几,敌装甲车一辆,蠕蠕沿公路来犯。时喻营附绪辉在最前一辆,其射手欲射击之,喻营附止之曰:

"且慢,等他多来几辆再打。"

语未毕,果再来装甲车二辆,又有骑兵数十人,紧随之。于是我战车枪炮齐发,山谷震动,敌之装甲车当即(被)击毁,其后随之骑兵,尽死于弹雨之下,佥以为快。

敌知我隘路中有备,其攻击暂形沉寂。当此之时,我步兵在战车前任掩护者,尽已撤退。拟要求其重新占领阵地,其副团长屡试未果,良以未训练之新兵,掌握诚不易,情况紧急之时,坐见其溃散耳,是以战车已孤立于步兵线之前。

大抵战场上之沉寂,即酝酿新情况者也。(下午)6时许,战车左侧山顶发现敌人,喻营附率预备乘员十余人上山搜索,果与遭遇,竟击退之。①

此前,参谋团因见破路不能成功,已提前对第5军装甲兵团下达命令,在万不得已时应将5辆大战车卸下枪炮,集中毁坏于隘路中极狭窄之处(隘路中有一段只容两车),以阻敌车队迅速通过。战车应在隘路中悬崖峭壁之处,每车以5米之间隔,车头分向路之

---

① 胡献群:《西征纪事》,《抗战时期滇印缅作战(一)——参战官兵访问纪录》(下),台湾地区军事主管部门史政编译局1999年版,第1089—1090页。

左右主动破坏，如是庶可以形成纵深之障碍。

此处，再以日军视角展示其攻击畹町及突破北方黑山门要隘过程。日军第146联队第3大队第10中队指挥班长、军曹中原信夫撰述道：

> （5月）3日下午，到达中缅国境上的畹町之后，即刻与第148联队交接了攻击部署。第3大队的攻击目标，是滇缅公路以及西北方一带高地上的中国军队阵地……第10中队从公路（畹町河桥梁）向右侧高地，在第12中队右翼展开，与左翼的第11中队并进，联队炮及大队炮进行攻击支援。由于中国军队阵地所在的高地坡度非常陡峭，日军攀登进展缓慢。期间，第1小队长永松日出男少尉因发烧无法指挥小队。中队长中村丰藏大尉令第2、第3小队向公路方向移动；由指挥班长（中原信夫）指挥第1小队一部及指挥班，与右翼第12中队（桥口小队）联系，向中国军队阵地突进。高地上的守军没有抵抗就逃走了，我们占领了阵地。高地一带还散乱地遗弃着守军的迫击炮、水冷式重机枪及弹药、防毒面具和其他很多装备，可见其撤退的时候很狼狈。我们还向着逃进草丛中的中国士兵射击，但是没有能够命中。
>
> 我们沿着山棱，一边搜索一边下山。中队长走到滇缅公路上，指挥其他小队在公路上的攻击行动。转弯处前方一百多米，出现了中国军队的坦克。后方的日军部队一片骚动，我也被吓了一跳，急忙躲到了路边的沟里。中国军队的坦克不断朝着转弯处射击。这时候，联队长（今冈宗四郎大佐）来到前方鼓舞士气。坦克被我们的速射炮压制住了。同时，在

第10中队"肉攻班"(冈本春七兵长、石本悦太郎一等兵)以及第2小队的勇敢突击之下,坦克被炸断了履带。①

——日军野炮第56联队第1大队第2中队小队长高村武人,也在其日记中记述了战车阻击的情形:"越过山顶之后,突然有5辆坦克开了过来。部队吃惊之余,用步兵的速射炮攻击,第一发炮弹把最前面的战车打得着了火。我很佩服。坦克兵把坦克堵在了路上之后逃走了(其中2辆掉落到了瑞丽江里,其余3辆后来被配置到了腊勐的上松林阵地附近)。"②装甲兵团团长胡献群的记述为:"山顶之敌去而复来,我以寡敌众,不能支,退回战车阵地。将战车按规定之位置放妥,除留第一辆车之武器继续战斗外,其余各车之武器与观测镜,一律拆卸。继而四面山顶之敌渐多,时向我战车投手榴弹,而我步兵撤退殆尽,势再不能久待,遂遵命实行将战车破坏。我官兵与战车共患难五年,爱之若命,当灌油爆炸之际,皆失声而痛哭,或逡巡而不能舍去,惨痛无似。"③

中原信夫其后记述如下:

在这里,第10中队接到了"作为尖兵,衔命极力追击,占领前进道路上的桥梁"的任务。考虑到此任务的重要性,联队

---

① 日军第146联队战友会编印:《侵占滇缅的"急先锋"——日军第56师团第146联队志》,中国人民政治协商会议龙陵县委员会内部印行,程国兴译,第54页。
② 《侵占滇缅的"急先锋"——日军第56师团第146联队志》,第343页。
③ 胡献群:《西征纪事》,《抗战时期滇印缅作战(一)——参战官兵访问纪录》(下),第1089–1090页。

本部附高官大尉和安岛大尉二人前来第10中队，协助中队长中村丰藏大尉指挥战斗。尖兵把背囊留在了原地，轻装向着戛中疾进。太阳已经下山，四周陷入黑暗之中。中国军队的车辆开着灯前进。为了阻止日军机动部队的追击，中国军队连路上的小桥都要烧毁。日军尖兵猛然跳入火中将其扑灭。中国军队在至戛中村落公路右侧的高地上，用迫击炮和重机枪向路上集中射击抵抗。平野第3小队强袭中国军队阵地左翼，山口第2小队突入了村落内。中队长、指挥班、第1小队沿公路攻击（中央突破）。双方陷入了混战。第2小队第2分队长川口诚一（伍长）战死。接着，第2小队第4分队长崛田末松（伍长）及同分队的森德之助（一等兵），从中国军队军官手中夺取了"中华民国第九十六师补充兵团"团旗。这一战果，令中队士气大振。

中队在村落西侧掌握了各小队之后，稍事休息。后方部队为每人提供了一袋饼干。自攻击畹町开始，我们全力以赴，12个小时战斗过程中我们都没有吃任何东西，仅靠路边的泥水润润喉咙。现在，为了占领遮放的桥梁，日军以更快的步伐继续前进，要在5月4日拂晓前以奇袭占领这座桥梁，并且尽全力守住。①

当晚，俞飞鹏下令焚烧遮放、芒市一带物资仓库，一时公路沿线浓烟烈焰滚滚，直上云霄。

24时，军长张轸以电话向参谋团报告当日战况："畹町阵地一部敌人从左翼包围，渐次逼近，装备团士兵感受威胁，自由

---

① 《侵占滇缅的"急先锋"——日军第56师团第146联队志》，第55页。

离开阵地,官长脱离掌握。我战车已烧毁2辆,现将5辆联结一气,堵塞隘路。"

对此,林蔚事后评价说:"敌对畹町攻击,其装甲部队被我战车制压,未能活动,仅有一大队以下之步兵及少数骑兵进犯而已。倘我步兵团力量坚强,则支持二三日便可稳定。惜该团全系新兵,且未经射击教育,至弃良好阵地与机会。"[1]关于毁坏战车阻塞公路的处置,"虽牺牲战车5辆,但其所保全者则不可以数计。盖遮放、芒市、龙陵迄惠通桥一带,我正有大小车数千辆(事后据各方估计不下四五千辆),满载抢救人员(华侨最多)物资向后运送,陷于非常拥挤之状态。而畹町至龙陵计程123公里,敌车队速度以每小时15公里计算,在无抵抗之状态下,最迟于4日9时可以冲至龙陵;但事实上敌车队先头于4日18时始达龙陵附近,共迟延9小时。在此9小时中,不但我人员物资保全不少,而惠通桥之爆炸准备得以完成,其价值尤不可以数字计也。"[2]

密支那战斗

(1942年5月7日—5月8日)

日军突破畹町北侧高地(黑山门)后,第56师团长渡边正夫改变计划,命令坂口支队沿滇缅公路继续向怒江追击,令松本部队

---

[1] 《第十一集团军滇西守势作战电文》之林蔚致蒋介石电(1942年5月4日),《滇缅抗战档案》(上),第319–320页。
[2] 林蔚:《腊戍至惠通桥战斗经过及功过评判报告书》,未刊档案。

（第148联队）经八莫改向密支那突进。松本部队在畹町与坂口支队分道，沿瑞丽江道路向西南转进，经南坎于5月5日夜进入八莫①，与已占领该地的平井部队联系后，即超越该部继续向密支那疾进。我该方面联军残部已完全丧失斗志，只要遇上道路不良或桥梁强度不够之处，便将多数汽车、弹药、文件等弃置途中仓皇败走。

5月7日16时（日本时间，当地时间14时），松本部队进入伊洛瓦底江边的宛貌（Waimaw），对岸即为密支那。

在该地，到处是中国第5军司令部遗弃的行李和文件。根据当地居民所言及综合其他情报显示，在松本部队到达的前一天和前两天，该部似已经过塞尼库（Seniku，泽勒苦，密支那东北方50公里）向腾冲方向退却。

在此期间，第5军司令部少校参谋郑克洪因押运后送公文，于5月6日提前撤至密支那。据其逃出返回昆明后向参谋团报告："7日上午，敌机猛炸密支那。14时许，敌先头部队乘卡车20余辆，由八莫方向到达河边（宛貌），以机枪向密支那扫射，我未退出官兵有死伤者。职于7日18时将公文行李尽行焚毁，徒步七天于5月13日到达滇境。"②郑克洪入境路线，应系经塞尼库、甘拜迪（Kambaiti）进入我境内之腾冲猴桥。

8日凌晨3时（日本时间，当地时间1时），松本部队开始渡过伊洛瓦底江，7时（日本时间，当地时间5时）后占领了密支那火

---

① 《第56师团曼德勒作战经过概要》记：松本部队于5月4日夜经过八莫到达庙堤（Myothit）桥梁附近，然后继续向密支那方面推进。日本亚洲历史资料中心，C14060234600。

② 林蔚：《缅甸战役作战经过及失败原因与各部优劣评判报告书》，未刊档案。

车站,9时(日本时间,当地时间7时)全部占领了市街,并令一部兵力确保了机场。

日本公刊战史称:"密支那距离仰光1200公里,是缅甸铁路最北的终点,北部缅甸的要冲。自此东行穿过腾冲,路经老寨①、保山,与滇缅公路相交。因此,密支那仍在中国军手中时,虽然困难重重,但还能指望经该地逃往昆明方面;一旦该地为日军占领,战败的中国军只有把退路选在西北方的胡康(Hukawng,又译胡冈)谷地,向印度阿萨姆邦(Assam State)的雷多(Ledo)方向逃跑,除此别无他路。"

第15军司令官饭田祥二郎在其日记中写道:"第5军军长和××军长以及罗卓英(远征军第一路军司令长官)等似在密支那北方彷徨之中。"②实际上杜聿明等尚在文多(Wuntho,温早),距离密支那直线距离也在240公里以上。可见,此时日军亦难以准确掌握撤退中的联军各部情况。

卡萨战斗

(1942年5月10日—5月13日)

据日本公刊战史,松本部队在由八莫向密支那进击途中,"在卡兹(カズ)渡口南侧追及拥有300余辆汽车的中国军队。他们狼狈不堪,仅剩20余辆汽车逃窜,余下汽车丢弃于岸。估计其为

---

① 今保山市隆阳区潞江镇禾木村以西4.8公里高黎贡山东麓,在腾冲至保山旧官道上。
② 中华民国史资料丛稿译稿《缅甸作战》(上),第136页。

第38师的主力"①。

此记述颇有疑问,因此时新38师主力刚离开瑞保不久,距离密支那甚远,且松本部队系沿公路追击,并非溯伊洛瓦底江而上。经与新38师战斗记录互参,判断为发生在5月10日的"第113团卡萨战斗",且交战日军是自八莫沿伊洛瓦底江乘船西进的松井部队(第113联队)一部,而非已远在密支那的松本部队②。

松井部队在卡萨战斗后,即奉命率先转进龙陵增援怒江方面作战,因此有必要宕开一笔予以记述。

此前,新38师奉命在实皆掩护中英联军退却,直至4月30日19时30分,见英军最后尾已撤至伊洛瓦底江北岸,乃于5月1日21时由实皆附近以徒步行军向瑞保转进,于3日上午到达该地。当日20时,继续向北转进,5日到达坦塔宾(Tantabin)。奉第5军(144号)命令,继续由该地经甘勃卢(Kanbalu)、恰基(Chatkyi)向文多转进;并派第113团先由兹冈(Zigon)乘火车至因多(Indaw),星夜赴卡萨河西岸占领阵地,对八莫方向严密警戒,掩护第5军右侧背。师长孙立人遵令,于当日(5日)派第113团迅速前往③。

第113团团长刘放吾手记记载:

(5月)6日上午8时,车抵文多车站,站内挤满各型车

---

① 中华民国史资料丛稿译稿《缅甸作战》(上),第136页。
② 《缅甸作战记录:第一阶段(1941年11月—1942年12月)》日文手写原稿记为第148联队,《缅甸攻略作战》(第608页)又记为松井部队,《第56师团曼德勒作战经过概要》也记为松井部队,日文手写原稿应有误。
③ 《第六十六军新编第三十八师缅甸战役战斗详报》,《滇缅抗战档案》(上),第247页。

辆，车道阻塞，全部下车，准备午餐。利用时间检查武器装备毕，刚进餐时，忽有长官部派来两员少校参谋，声言请刘团长放吾即赴长官部杜副长官（杜聿明）召见，大有君命召不俟驾而行之意。随行一英里（约1.6公里）之遥，进入林内民房中。

尚属初次晋谒，只见杜公威而不猛，平易近人，和蔼可亲。见面礼毕，承蒙赐座，随机询问人员和武器装备等，甚为详细。旋即面谕："八莫方向情况不明，你先率兵一营，本部汽车输运，另配属山炮兵一连，直赴卡萨拒止敌人渡河，严密搜索敌情，随时具报；其余部队，由副团长率领继续跟进。"

当遵谕率先遣营（第1营）于14时到达卡萨，偕杨振汉营长侦察地形部署部队，占领阵地，构筑工事，并派兵一连（第5连）渡河对岸，对八莫方向搜索敌情。此时河面中流时有稻草丛草以及树枝带叶浮游漂过，但未发现其他征候。后续部队亦于日夕前到齐，加强部署，待敌入网。

7日，卡萨情况异常平静。19时，杜公副长官偕同参谋护卫等人员，分乘装甲车4辆，亲临卡萨阵地视察一周，有嘉许亦有指示。曾在河岸阵地，用望远镜观察河面游动情形良久，指示"注意征候"。计巡察时间一小时又半，安全归去。

8日至9日，卡萨情况虽平静，然而大有山雨欲来风满楼之势。据侦知，敌主力正由八莫方向利用隐蔽草渡河而来，在我左翼阵地前两英里（约3.2公里）处，蓄势进犯，箭头指向我左翼阵地。10日，敌进行拂晓攻击，经过一昼夜之激战，此后因战况激变，陷入重围，与师主力失去联络①。

日军方面，松井部队（第113联队）于5月4日奉师团命令自腊戍向八莫开进，6日到达，而后继续向密支那开进，在途中闻报松本部队（第148联队）已占领密支那，又于8日返回八莫。9日，接到进攻卡萨的命令。此时，工兵渡河材料第10中队一部到达八莫，配属松井部队。联队长松井秀治令该中队以20艘机动折叠舟运送第1大队一部（大队本部一部、第3机关枪中队一小队、速射炮一小队及配属工兵一小队），于9日晚及10日晨分两批先行出发，联队主力待准备好汽船后跟进。第113联队长松井秀治回忆道：

> 10日晨，第1大队（大队长绀野态少佐）在卡萨东方6公里处登陆后开始侦察，获悉村落东方有中国军若干，村落周围也有相当数量的中国军。于是大队先击退了村落东方之军，而后继续向卡萨前进。中国军队在卡萨构筑了阵地，大队判断自村落东方的小高地上发起攻击比较好，便向这里移动，并开始攻击。但是他们有迫击炮，并且在大队的北方设有阵地。在中国军队凶猛的火力下，大队停滞不前，最后连工兵都派上去作战了。但他们的抵抗非常顽强，造成日方大量伤亡，攻击行动受挫。于是，大队长在日落后调整兵力，把攻击重点放在卡萨村落东南口，沿着河岸上的道路攻击中国军队右翼。11

---

① 刘放吾：《仁安羌痛歼日寇记——最光荣的一团，最后离出战场》，刘伟民：《刘放吾将军与缅甸仁安羌大捷》，上海书店出版社1995年版，第45页。

日黎明，大队再次发动攻击，中国军队终于撤出阵地，大部分向北，一部分向西撤走了。大队尾随进入卡萨扫荡，在上午10时（日本时间，当地时间8时）完全占领了该地。中国军队拥有七八门迫击炮，兵力上千人。日军30多人受伤，3人战死。很庆幸能以如此少的兵力占领卡萨。①

5月8日，新38师师长孙立人留第112团殿后掩护，率师部及第114团到达文多。复奉第5军（148号）命令，即沿曼（德勒）密（支那）铁道在第5军司令部后尾向密支那前进。9日，师主力由文多出发，10日19时到梅扎（Meza）。未几，有第5军联络参谋到达梅扎传杜聿明命令，召集各师长及直属部队长官在因多军部开会。旋新22师师长廖耀湘亦到梅扎，孙立人遂与廖耀湘一同赴会。杜聿明通报：日军一部已由卡萨渡江，正与第113团激战，情况非常紧迫②。

此时，第113团团长刘放吾不断打来电话向孙立人告急，令杜聿明大为不悦，认为其"战志薄弱"。除抢过电话以命令威胁刘放吾外，杜聿明又以不屑的口吻向孙立人说："这样的人怎么能当团长？"孙立人遂打电话给刘放吾，安抚其竭尽所能抵抗，并告其天亮后让齐学启副师长前往协助。此时正在会场休息的齐学启闻听，遂拿起医务人员为其准备的急救包，带官兵三名，乘第5军军部提

---

① 〔日〕松井秀治：《缅甸从军——波乱回顾》，第64页。
② 《第六十六军新编第三十八师缅甸战役战斗详报》，《滇缅抗战档案》（上），第248页。

供的装甲车立即赶往卡萨，并于23时直接指挥战斗[①]。

关于齐学启到达卡萨后的情况，刘放吾手记中的记述为："副师长齐学启奉命前来指挥，亦在激战混乱中失踪。"但后来在其《卡萨之役及转进印度经过》一文中，又记述为："时齐副师长赶抵我团部指挥所，巡视敌我状况，指示机宜后，率领官兵后撤。"[②]

杜聿明当晚戌时（19—21时）向参谋团报告电称："10日申时（15—17时）卡萨附近敌强渡伊江，与我第113团发生激战，我猛烈冲击予以重创，但以兵力薄弱，且敌激增不已，未能阻止敌之广正面渡河，现仍在激战中。"

激战一昼夜后，至5月11日20时，第113团利用日军攻势顿挫之际，奉令向纳巴（Naba）、因多方向撤退。此时，孙立人打电话给齐学启，请其务必于12日凌晨3时前赶回因多车站，乘师部副官叶遇春接他的车子回师部[③]。但齐学启为了向杜聿明复命并归还装甲车，却先向西北追随第5军军部去了曼西（Mansi）。

刘放吾继续指挥第113团向师主力靠近。但13日13时，行至

[①] 齐学启系5月7日奉命押运在仁安羌缴获的两艘日军中型轮船，护送百余名逃难华侨及在仁安羌阵亡的第113团第3营营长张琦遗体，由伊洛瓦底江溯流而上，于10日凌晨到达卡萨。登岸后遣散华侨及处理缴获物资后，徒步西行遇到第5军参谋长罗友伦，被其带到因多第5军军部，等待前来该处开会的孙立人。另，因张琦遗体已腐烂发臭，遂放置在小船上，以缆绳拖曳前行，到卡萨时发现缆绳已断，小船及张琦遗体丢失。《唐皇中校访问纪录》，《抗战时期滇印缅作战（一）——参战官兵访问纪录》（下），第601–602页。
[②] 刘放吾：《卡萨之役及转进印度经过》，刘伟民：《刘放吾将军与缅甸仁安羌大捷》，第51页。
[③] 邱中岳：《抗战时期滇印缅作战（二）——一个老兵的亲身经历与毕生研究》，第122页。

南坑（Nankin）车站附近时，与沿铁路北进追击之日军福家支队[①]遭遇，腹背受敌，损失颇重。因连日来迭经苦战，未得休息，而日军尾追不舍，为避免决战计，乃辗转进入孟放（Manhpa）大山[②]之东南麓，忍饥耐渴，潜伏待机[③]。

而新38师主力自11日起即与福家支队在文多交战，于13日下午向西北撤往平梨铺（Pinlebu），撤退过程中即与第113团分离行动。

遮放、芒市、龙陵间战斗

（1942年5月3日—5月5日）

且将笔墨继续聚焦于滇缅公路。

如前所述，5月3日下午，日军第56师团长渡边正夫以抵达战场的坂口支队（第146联队基干）接替松本部队（第148联队）攻击畹町，而后继续向怒江一线实施追击。渡边正夫之所以作如此部署变更，是因为他认为坂口支队的编组较适合独立执行任务[④]。

---

① 日本公刊战史记，福家支队于5月13日17时（日本时间，当地时间15时）通过纳卡（Nahka）附近。纳卡北至南坑约2公里，因多在两地之间。
② 孟放村以西为敏温山脉（Minwun Range）。
③ 《第六十六军新编第三十八师缅甸战役战斗详报》，《滇缅抗战档案》（上），第229页。
④ 日军对华作战纪要丛书44《缅甸攻略作战》，第586页。坂口支队由第56步兵团长坂口静夫少将指挥，以步兵第146联队（联队长今冈宗四郎大佐）为基干，并配属野炮第56联队第1大队（大队长行方正一中佐）、装甲车中队（中队长穴井元喜大尉）、工兵第56联队第1中队（中队长江崎秀作大尉）、辎重兵第56联队第2中队（中队长田中统介中尉）及师团卫生队担架第3中队（中队长野津高雄中尉）、第1野战医院（鸟井作夫军医中尉）、防疫给水部和通信队各一部编成，是一支能遂行独立作战的混成部队。

第146联队仍以第3大队为前锋，第3大队以第10中队为尖兵，在3日夜攻占戛中后继续向遮放追击。第10中队指挥班长、军曹中原信夫口述道：

接近遮放时，平野第3小队向遮放桥上游迂回，在隐秘的情况下成功渡河，突破中国军队哨兵之后，袭击桥上的警戒兵。山口第2小队乘机秘密潜入村落内，乘虚而入消灭了营中熟睡中的中国士兵。中队的攻击战果大大超过了预期。这时候，四月①的弯月还挂在西山头上。从山峰到山脚全都被雾笼罩住了，气温很低。中队集结在村落的中心地带。后续部队也终于排除了坦克以及沿途的障碍物，正向着遮放急行军。先发的卡车为中队运来了饭团和装备。在此地宿营的中国军队，似乎完全没有料到我们已经攻到了遮放，正拿着炊事器具聚集在河边准备早饭。我们向着他们喊道："来！来！"他们慢悠悠地靠了过来，当发现我们是日本兵之后，只能举手投降。我们杀了个痛快。其实，也可以放过他们。

然后，中队继续担当尖兵，前往占领芒市的桥梁。虽然中队已经可以把尖兵任务交给其他中队了，但是第3大队长松本治中佐看我们现在战意正旺，命令我们中队继续前进。可见其作为指挥官用兵的机敏之处。我们尖兵乘坐卡车，于6时（日本时间，当地时间4时）左右开始按照山口第2小队、平野第3小队、第1小队及中队指挥班的顺序从遮放出发，在北方山

---

① 应为笔误，当日为阴历三月十九日。

脚下的平地上发现了中方露营部队。山口第2小队、平野第3小队下车后散开，中队长以下开始部署攻击。中国军队被这突如其来的攻击弄得狼狈不堪，有的逃到了山林里，有的逃到了公路上，有的处于进退维谷的状态。这时候，后方部队开始了炮火支援（其实这时候不需要炮火支援），但炮弹击中了我中队。第2小队第3分队木下恒政一等兵的上身和小腿中了弹片，骨头碎了，惨不忍睹，不一会儿就因出血过多而死。我们挥着日之丸旗大声向后方喊叫，让他们停止射击。再悔恨也没办法，这就是战场……命令部队不要追击，迅速前去占领遮放山（三台山）。

在遮放山的一角发现了中国军队的坦克，如果我们被挡在这里的话，便无法去占领芒市桥梁了。此时不能有一刻犹豫，我们决定突击。我亲自在先头指挥。但是中国军队的坦克没有任何动静，也不射击。难道坦克兵睡着了？原来是已经逃走了。把坦克留给后续部队处理，我们继续向芒市急行军……[1]

——中原信夫提及在三台山上的这辆坦克，在第5军装甲兵团团长胡献群撰述中亦有下落：

（5月4日）第一车队有战车一辆，行至芒市附近，发生故障，不能行驶，其乘员智济生、钱安生等三人，徘徊左右，

---

[1] 《侵占滇缅的"急先锋"——日军第56师团第146联队志》，第55–56页。

竭力修理。有自畹町前线奔回者告之曰："敌追至矣，距此不过一公里耳，不去将为俘虏。"乘员答曰："车在此，我何可去。"已而，敌果至，乘员三人，即上车炮击之，毙敌十余人。敌又从左翼高山上绕道来袭，山太高，战车上之枪炮仰角太小，不能射击。乘员三人见实不能支，乃将机枪炮闩与潜望镜拆卸，下车用手榴弹将车炸毁而走，走未远，将渡河，被敌发觉，两人不幸中弹而牺牲，一人携武器越荒山穷壑逃遁而归。[①]

经两相比对可知，我方坦克成员弃车逃出后夸张演绎了战斗事迹。

下了遮放山之后，芒市的平野展现在了眼前。公路上飘着黑烟，桥梁（果朗河桥）已经着火了。也不知道还能不能把桥梁挽救下来。尽人事听天命，哪怕还能留下桥墩也行。汽车拼命向着桥的方向行驶。士兵们脱下上衣用树枝灭火，经过全力扑救之后总算把火灭掉了。要想让车辆通过的话，必须加固桥梁，所以只能要求工兵队支援。前方芒市的街道上，人马的队列延绵着向北、西、东方向移动，不知道是军人还是平民。第3机关枪小队过桥后，开始向着人群射击，横队中倒下了一大片，重机枪的优良性能和射手的技术，发挥了很大威力……

[①] 胡献群：《西征纪事》，《抗战时期滇印缅作战（一）——参战官兵访问纪录》（下），第 1095–1096 页。

中队欲一扫芒市的中国军队,大队命令在原地待命。此时,为5月4日正午时分。①

5月4日凌晨1时,林蔚率参谋团将向龙陵转进之际,工兵总指挥马崇六报称,独立工兵第24营此前由昆明奉调输送入缅,本日(4日)可到保山,请依目前情况给予任务。林蔚考虑后感到,如令该营开至芒市至龙陵间之南天门破路,已为时间所不允许;遂决定令其爆破惠通桥,并令马崇六先往该处督率,务以最迅速手段完成爆破准备。林蔚自评:"此一处置,实为后来断敌深入及演成对峙之最大关键。盖惠通桥两岸大山壁立,此桥一破,敌车队即无法绕越,而桥长80余米,亦非如缅甸境内各小铁桥之容易修复也。"

当日上午,遮放、龙陵间车辆极为拥塞。9时10分,林蔚于龙陵命令新28师师长刘伯龙收容各部后退残部,在龙陵以西险要山地布防。林蔚考虑此时我后方已全无掩护,遂令团部人员先赴保山,而自己率参谋处长萧毅肃往晤在龙陵的后勤部部长俞飞鹏,作下列处置:

1. 令当地宪兵(属宪兵第20团)火速疏通车辆,并使传达命令,所有车辆应直开保山,不得在惠通桥以西停留;

2. 商请俞飞鹏部长以中缅运输总局警卫大队现在龙陵之一部交刘伯龙指挥,率赴南天门担任掩护并实施破路,尔后即在敌后收容残部,尾击断路;

---

① 《侵占滇缅的"急先锋"——日军第56师团第146联队志》,第56页。

3. 接通保山电话询问第36师行踪，并授予任务；

4. 请俞部长及其所属人员速离龙陵。

此前，参谋团对保山电话局早已派有联络军官。电话接通后，林蔚获悉第36师师长李志鹏尚未抵达保山，仅师参谋长齐国楷率一部分到达，但先头之一个团5月4日可到齐，5日并可再到一团。林蔚除对齐国楷下达原车速开惠通桥西岸布防之任务外，复守候刘伯龙出发。10时许，时任龙陵县长杨立声（第二次任龙陵县长）由马崇六引荐来见俞飞鹏，报告此前为入缅部队筹措军米经过。俞飞鹏闻听时兴味索然，吩咐随员备车后撤[①]；而已奉林蔚命令先行前往惠通桥处置的马崇六，应在此时与俞飞鹏一起离开龙陵。

15时许，林蔚复面示刘伯龙，如情况不利，并可在龙陵、腾冲间地区作游击战，嗣即派第82团团长梁少雄、特务连长周松林等分守龙陵城各要地，收容各部后撤散兵。此时，因各部散兵大多无枪，又无武装兵看守，迄15时止，并未收容一兵一卒。又因龙陵车辆太多，秩序紊乱，已奉令之中缅运输总局警卫大队官兵亦不易集合，直至15时30分始得60余人（刘伯龙记，此时尚仅为第2中队30余人），共乘两卡车，由刘伯龙率赴南天门。

正准备出发时，适军长张轸驰至龙陵中缅运输总局加油站，林蔚偕萧毅肃亦跟来，并面谕刘伯龙与张轸同至前方换防。而张轸至公路侧，即乘车向保山急去，嗣后派员专送一手令如下："敌战车已到前方约10公里，请在城南5公里上下布防。"据新28师第

---

① 《龙陵县长杨立声呈报龙陵沦陷经过》，保山地区行政公署史志办公室编：《保山地区史志文辑》抗日战争专辑第一辑，德宏民族出版社1990年版，第390页。

84团第1营老兵刘俊贤回忆：张轸与刘伯龙在龙陵会面时，张因为痛惜部队打光而痛哭，刘伯龙不太客气地对其高喊："傻瓜！你哭什么？走！我们上去拼了！"[①]但张轸此刻显然没有留下的意思。

16时许，刘伯龙率部进至距龙陵西南约4公里处（张金山）时，据前线后退官兵报告，兵力未详之日军机械化部队距此地三四公里。此时，刘伯龙感到敌情紧迫，若照原令开进至距龙陵十余公里之南天门一带布防，已为情势所不许，遂令警卫第2中队就地占领阵地。唯因兵力太少，乃令占领侧面阵地，埋伏于森林内，以火力封锁公路隘口要道，严阵以待[②]。

据中缅运输总局警务处警卫大队战斗详报，该大队奉命后，考量其兵力装备与层峰赋予之任务，决以第2、第3两队（兵力两连）为第一线，布置于南天门隘路（实际为张金山），择险设伏，破坏道路，阻敌前进。同时以第1队一部警备龙陵，并为巷战准备；主力控制于龙陵温塘之线（疑为黄草坝附近之湾塘），策应前方。遂下达作战命令如下：

> 由遮（放）、芒（市）东进之敌，约步兵一中队，附轻炮两门、战车三辆及便衣队一部，悉利用虏获我方卡车输送，节节向我追袭。大队以奇袭予敌人以惨重打击、阻敌前进为目的，决以主力由龙陵方面进出。

[①] 据《重庆晚报》记者邓果对刘俊贤口述内容的记录：http://blog.sina.com.cn/s/blog_5584aca10100u14f.html。
[②] 《第六十六军新编第二十八师缅甸战役战斗详报》，《滇缅抗战档案》（上），第289页。

一、彭大队附（彭学昭）[1]率第2、第3两队受刘师长（刘伯龙）指挥，在南天门（张金山）隘路两侧择险设伏，奇袭东进之敌。

二、第1队之第1分队仍维持龙陵市区位置，与交警营协力，努力交通之畅通，秩序之好转，使主力进出奇袭奏功容易。

三、第4队之一分队，于护送总站人员通过腊猛（即腊勐）后归还建制。

四、各部队官兵一律轻装、伪装，携带定量弹药与一日份粮秣，其余行李车辆悉行东开腊猛附近停止，并注意对空掩蔽。

五、医务所位于腊猛，并准备空车一辆任救护。战斗行李位于温塘附近，归余副官指挥。[2]

据日方史料，5月4日13时（日本时间，当地时间11时），第146联队第3大队第11中队接替第10中队担任尖兵，自芒市经放马桥继续向龙陵追击，途中又击毁我装甲兵团坦克数辆[3]。15时30分，日军汽车2辆运载步兵进至距我方阵地约600米处。中缅运输总局警卫第3中队亦于此时赶到，即在第2中队左翼占领阵地。我第2、第3两中队沉着应战，俟日军接近至步枪火力有效距离内，即

---

① 彭学昭系云南景栋勐统街（今普洱市镇沅县勐大镇）人，中央陆军军官学校第10期毕业。后去台湾任陆军军官学校教育长，少将。
② 《军委会运输统制局中缅运输总局警务处警卫大队龙陵附近战斗详报》，《滇缅抗战档案》（上），第345—346页。
③ 《侵占滇缅的"急先锋"——日军第56师团第146联队志》，第57页。

开始射击，毙伤日军20余人。日军仓皇下车，占领阵地。战斗开始，我方以猛烈之火力射击，予敌以重大打击。17时许，日军又增援至20余辆汽车之步兵向我冲击，又以掷弹筒数十枚，并附小炮四门，在前面高山向我森林内伏兵密集射击。但因该大队目标隐蔽，加以兵力稀薄，伤亡甚微。我则待敌炮射击停止后，对敌步兵射击。敌炮闻我枪声，又向我阵地发炮，我伏兵又停止射击。如此对战多时，消耗敌炮弹甚多，敌未敢前进。18时许，我阵地左翼高地被日军占领。经该大队集中轻机枪火力侧射，日军退去。19时10分，日军集中炮火向我隘路口右侧山头轰击，掩护其步兵前进。我以轻机枪火力封锁隘路及左地区之各小道，敌亦未得逞。战斗入暮，敌以地形不熟，夜暗运动不便，隘路及各小道均为我火力封锁，未敢前进，仅以间断之炮火不时向我阵地施行扰乱及搜索射击。我则以兵力过于单薄，仍守原阵地。迄深夜24时，乃重新整理配备，并派出一部绕至龙陵西站，将木桥两座、石桥一座加以破坏，即与日军彻夜对峙[①]。

林蔚自评："此一掩护部队其兵力虽小，亦收相当效果，因敌既遭遇抵抗，势必停止战斗，而不久即已入夜，敌不明情况，不敢以车队冲过追击。尤其4日夜晚龙陵至惠通桥约80公里（实际为73公里左右）间，我之车辆连续不断，司机疲惫，沿公路停塞。假使敌车队追及，并以步兵下车由小路绕越截出，则其损失将不

[①]《第六十六军新编第二十八师缅甸战役战斗详报》，《滇缅抗战档案》（上），第289-290页。《军委会运输统制局中缅运输总局警务处警卫大队龙陵附近战斗详报》，《滇缅抗战档案》（上），第345-346页。

堪设想也。"[1]

5月5日凌晨3时，刘伯龙复调警卫第1中队驰援，协力该两队之战斗，并调第4、第5两中队在温塘、腊勐等地逐次占领阵地，掩护收容，拒止日军[2]。拂晓稍前，日军炮火向我右翼隘路山头猛烈轰击，我伤亡十余名，乃令该处守兵第2中队转移到后方约200米处之高地，占领侧面阵地，继续战斗。天明后，日军步兵百余人继续向我攻击。敌坦克、装甲汽车各五六辆，卡车30余辆，突破隘路口，向龙陵疾驰。晨7时，左翼第3中队受敌压迫，逐次沿公路南侧山地向龙陵后退，此后即不为刘伯龙所掌控[3]。追击之日军，复被第1、第4、第5中队各部阻止于腊勐以东地区。"斯时战况惨烈，联络指挥渐形混乱，预备队使用已尽，孤军无援，弹药垂罄，敌之便衣队已混入车辆行列，骤施扰乱。其随伴战车、轻炮、掷弹筒盲目轰击，弹如雨下，伤亡惨重，拼仅存之肉弹，无以遏敌寇之猖狂……"[4]

右翼第2中队方面亦受敌百余人猛烈攻击，此时仅剩20余人，仍与日军努力保持接触，在刘伯龙率领下逐次向腾冲方面转进。18时许，到达龙头街（今团田曼掠村，龙陵西北约15公里），刘伯龙即令该中队扼守隘口，监视敌情。[5]

---

[1] 林蔚：《腊戌至惠通桥战斗经过及功过评判报告书》，未刊档案。
[2] 《军委会运输统制局中缅运输总局警务处警卫大队龙陵附近战斗详报》，《滇缅抗战档案》（上），第346页。
[3] 《第六十六军新编第二十八师缅甸战役战斗详报》，《滇缅抗战档案》（上），第290页。
[4] 《军委会运输统制局中缅运输总局警务处警卫大队龙陵附近战斗详报》，《滇缅抗战档案》（上），第346页。
[5] 《第六十六军新编第二十八师缅甸战役战斗详报》，《滇缅抗战档案》（上），第290页。

第四章　保山大轰炸

"从一个机场被撵至另一个机场"

（1942年4月29日—5月3日）

1942年5月4日，沿滇缅公路追击的日军坂口支队方抵达芒市与龙陵之间的南天门，但日本陆军航空部队的轰炸机编队已越过怒江，对江东重镇保山实施了惨无人道的无差别轰炸，史称保山"五四"大轰炸。

早在1939年，日本海军航空部队对重庆实施的"五三""五四"大轰炸，开启了日军对华作战战略轰炸之先河，比德国空军对英国伦敦的大轰炸还早一年零四个月。保山"五四"大轰炸，是这一灭绝人性的战争暴行的自然延续，却不为更多公众知悉。

关于这一战争罪行的制造者，日本公刊战史中有如下记述：

进入4月以后，于第15军发起曼德勒会战之同时，师团长（第5飞行师团长小畑英良中将）将飞行第27战队（攻击机）纳入第4飞行团团长之指挥下，令该飞行团主要支援军主力方面之地面作战，而第10飞行团则主要支援第33师团方面之地面作战。此外，第7及第12飞行团趁机对保山、掸邦高原及阿恰布（Akyab，即实兑）方面之中国军队实施攻击。

第15军于3月底经一番激战之结果攻略了同古，之后于北进之际，第4飞行团主要以飞行第8战队（侦察机、轰炸机）直接支援经掸邦高原进击之第56师团，并以飞行第27战队（攻击机）直接支援沿曼德勒公路前进之军主力的地面战。如此，地面作战大致顺利进展，在第56师团方面之妨碍不多，尤其亦无特别需要飞行部队直接支援之战况……[1]

由以上记述可知，4月以后对保山实施攻击的为日军第7和第12飞行团，该两飞行团隶属第3飞行师团（师团长菅原道大中将），系配属第5飞行师团作战。其作战序列为：第7飞行团，团长山本健儿少将，下辖飞行第64、第12、第98战队，作战飞机为战斗机、重型轰炸机；第12飞行团，团长青木武三大佐，下辖飞行第1、第11战队，作战飞机为战斗机。此外，在第3飞行师团序列内还有第3、第10飞行团及独立第15飞行队。经请在日本的友人朱弘先生帮助，笔者找到了研究日军陆航部队的竹内康人所著的《日本陆军的亚细亚空袭》一书，确认5月4日、5日执行保山空袭任务的部队为第7飞行团之第12战队、第98战队，装备为97式2型轰炸机及"隼"1式战斗机[2]。

---

[1] 日军对华作战纪要丛书44《缅甸攻略作战》，第623页。
[2] 〔日〕竹内康人:《日本陆军的亚细亚空袭》，社会评论社，第136页。

太平洋战争爆发后，第3飞行师团曾出动全部450架飞机，支援日本陆军第25军在马来半岛的登陆作战。缅甸作战开始后，第5飞行师团又于3月21日、22日出动第4、第7、第10、第12飞行团，突袭伊洛瓦底江畔的英军马圭（Magwe）空军基地，对英空军主力及"飞虎队"一部造成毁灭性打击，使得中英联军失去了缅甸的天空。此后，损失惨重的英空军被迫退守若开（Arakan，今作Rakhine）海岸的阿恰布机场，"飞虎队"剩余的8架P-40战机则退至中缅边境瑞丽附近的雷允机场[1]。

　　如前所述，4月29日，日军第56师团主力攻占腊戍，距离中缅边境"飞虎队"雷允机场仅145公里。美国"飞虎队"题材作家杜安·舒尔茨（Duane P.Schultz）记述称："已经没有什么可以阻止他们的坦克和装甲车沿着滇缅公路轰隆隆地全速前进了。中国人的抵抗渐渐成了向边境方向无组织地溃逃。陈纳德警报网安置的人员，不是在那些偏僻的观察哨里被击毙，就是已经逃命去了。"于是，"飞虎队"决定转场芒市机场，并烧毁了在雷允基地的一切——带豪华休息室的飞行员俱乐部、自动电唱机等等。中央雷允飞机制造厂负责人——国民政府航空委员会委派的监理钱昌祚及总经理曾桐，则指挥警卫大队炸毁了厂房和设备器材[2]。最令人惋惜的是，烧毁了22架刚刚修复了一半或拆卸不久的P-40飞机。

　　此时，雷允机场也是一片混乱，场站站长杨瑞禾看到西北6公

---

[1] 中华民国史资料丛稿译稿《缅甸作战》（上），第70—71页。
[2] 太平洋战争爆发后约一周，美方决定将雷允飞机制造厂移交中国，国民政府航空委员会指派钱昌祚代表中方接收，并任命曾桐为总经理。叶肇坦：《抗战时期的雷允飞机制造厂》，《滇缅抗战纪实》，第234页。

里外的飞机制造厂上空火光冲天，连忙驾一辆吉普车带着两名机械士前往了解情况，途中正好碰见乘车撤离的钱昌祚。杨瑞禾向钱昌祚请示机宜，钱昌祚说："你们还有任务，飞机还要下来加油。"说完就匆忙乘车而去。杨瑞禾心想，场站警卫大队撤走了，电台也搬走了，机场迭遭空袭弹痕累累，一时无法修复，还加什么油呢？一时间心里七上八下没了主意。这时，站上一名姓刘的机械士说："站长，怕什么？他们能跑，我们也可以跑！"于是，杨瑞禾横下心来，派几个士兵分头放火焚烧油弹库和站部房舍。因此时已无卡车可用，杨瑞禾便安排一名刘姓事务员带着场站士兵，徒步向北往陇川、腾冲方向撤退；17时，杨瑞禾自己开着一辆吉普车载着4名机械士，驶向东北50公里外的畹町。杨瑞禾多年以后回忆说："一路上不时回头看着油弹库烈火熊熊，心里非常恐惧，想到万一敌人打不来是要杀头的！"[①]

5月1日，日军第56师团平井先遣队（搜索第56联队）击破新28师、新29师的防御，攻占兴威。闻讯后，"飞虎队"又奉命撤离芒市机场，装满地勤人员和物资的卡车和小汽车，很快就在滇缅公路上排成一条长龙，向龙陵、保山驶去。从空中转场的奥尔森（Arvid Olson）第3中队（"地狱里的天使"）和希尔（David Hill）第2中队（"熊猫"），当日驾机飞抵昆明[②]。"飞行员们又累又

[①] 杨瑞禾：《忆中美空军在瑞丽并肩抗日纪实》，据云南文史资料选辑第38辑，第219页。
[②] 一说飞抵祥云县云南驿机场。龙奎垣5月1日致龙云电："今日（1日）午后四时，我美志愿队飞机三十架，由雷允迁至祥云。"据德宏州史志编委办公室编：《德宏史志资料》第14集，德宏民族出版社1991年版，第159页。

脏，一个个蓬头垢面。被日本人从一个机场撵到另一个机场，大家心里都不是滋味。"

5月2日晨，陈纳德派出8架飞机自昆明转进至保山。保山距离昆明的航程是225英里（约362公里），距离芒市仅80余英里（约130公里）。当日，为阻止日军推进，中国空军昆明第5路[①]派出轰炸机编队前往缅甸境内轰炸，由"飞虎队"派战斗机担任护航。此时，保山机场的设施还十分简陋，没有硬地跑道，仅有一条长满青草的狭长的泥地跑道，不过还能满足"飞虎队"的P-40飞机的降落条件。但是，因南边和西边的警报网均已不复存在，飞行员们只好碰运气了。

飞行员们着陆后，给飞机加了油。当9架中国轰炸机飞过天空时，他们立即再次升空，伴随编队向南方飞去。当日原定任务是轰炸缅甸境内的一座桥梁，他们改变了主意，前去轰炸日军刚刚占领的腊戍。15时15分，中国轰炸机投下的一枚炸弹命中腊戍—曼德勒铁路上的编组车场，但其余的炸弹全部偏离了目标。

"飞虎队"返航，在保山城南云瑞机场降落。飞行员们驱车进城，此时"保山城里挤满了难民，大街上人山人海。飞行员们只有朝天鸣枪，才能为自己的汽车清出一条道路"，最终回到城东太保山麓鹤云寺的会馆（招待所）内。

5月3日，由于天气恶劣，中国空军取消了原定的空袭任务，"飞虎队"护航任务也相应取消。当日，仅第1中队（"亚当和夏

[①] 1941年5月在昆明设立中国空军第5路司令部，王叔铭任司令，并兼任美国援华志愿航空队（即"飞虎队"）参谋长，负责云南、贵州地区作战。

娃"）中队长鲍勃·尼尔（Bob Neal，即Robert Neal）驾机前往雷允上空进行侦察，在途中击落了日军的一架侦察机。"14时20分，这架敌机懒洋洋地从空中飞过时，闯进了鲍勃·尼尔的瞄准器。"[1]

孤身迎敌的"飞虎"

（1942年5月4日）

5月4日，那个黑色的日子来临了。

据"飞虎队"战斗日志，当日，日军派出两批27架战斗机、轰炸机编队轰炸保山，因防空警报迟发，"飞虎队"仅有2架P-40战机起飞迎战，击落敌机1架，可能击落1架；我战机被击毁1架，2名飞行员殉职[2]。

实际上，当日仅有一架飞机起飞迎战，牺牲的两名飞行员是在从鹤云会馆奔往机场途中遭日机击中身亡的。一位"飞虎队"译员后来向当地士绅魏祖培讲述："伊等正进午餐，闻机声，停餐趋出，沿山麓伏而南行，中途被机枪扫射二人，余趋出龙泉门，至飞机场，乘机与敌空战者，即此脱险人也。呼！可谓忠于职而勇于事矣。"[3]

---

[1] 〔美〕杜安·舒尔茨：《陈纳德与飞虎队——独行其是的战争》，于力译，元枭校，云南人民出版社1989年版，第287-288页。
[2] 何应钦：《日军侵华八年抗战史》附录四之《美空军志愿大队战斗概见表》，中国台湾黎明文化事业公司1982年版，第511页。
[3] 魏祖培：《保山被炸亲历记》，陈祖樑：《血雾迷茫——滇西抗日及日军罪行揭秘》，第38页。

杜安·舒尔茨以唯一升空迎敌的飞行员、第1中队副中队长查尔斯·邦德（Charles R. Bond）的视角，记述了当日空战的情形：

上午10时45分，正当飞行员们在警戒棚里休息时，鲍勃·尼尔突然朝他们高声叫喊，要他们快上飞机，但已经来不及了。一支由25架日本轰炸机组成的编队出现在了他们头上18000英尺（约5486米）的高空。尼尔随即鸣枪，向人们发出警告，于是大家都向最近的掩体壕跑去。但是查尔斯·邦德却冲进了他的飞机，发动了引擎。

"我坐在座舱里，把手按在油门上，迟疑了一秒钟。没有问题，我能对付！"由于一心想赶在日本炸弹落在他周围以前急忙飞起，他忘了升起阻力板，差一点撞上机场边缘的一堆石头。他觉得飞机爬得太慢，于是检查仪表，这才发现起落架没有收起。

邦德朝日本轰炸机追去，发现它们已飞过机场，正朝保山城中心的上空飞去。他环顾了一下四周的天空，没有看见敌人的战斗机，也没有看见别的P-40飞机。他的飞机呼啸着俯冲直下，三次掠过日机编队，盯住一架敌机猛烈开火。这架日本飞机终于起火坠落。他又转向另一架日机，猛扣扳机，却没有动静，原来子弹用光了。邦德只好眼睁睁地看着面前的这些目标，无可奈何地干着急。

他经过保山城上空飞回机场，只见这座小城已被烈焰和浓烟吞没。当他正要放下阻力板和起落架时，忽然听见几声爆炸，3架零式飞机（不确，零式战机为海军舰载飞机，应为陆军"隼"1式战斗机）咬住了他的机尾，正朝他的飞机猛射。子弹击穿了座舱后的油箱，油箱顿时起火，火焰就在他的大腿旁燃烧。被活活烧死是每一个战斗机飞行员最为惧怕的。有那么一瞬间，他曾想到把自己交给死神，但后来还是按照训练动作做出了反应。他朝座舱右侧滚了半圈，使身子偏出座舱，直到气流把自己推离飞机，张开了降落伞。

他落在一片中国人的墓地里，围巾和飞行服一直在燃烧。他迅速地滚进一条小溪里，熄灭了身上的火，但受伤的部位开始流血起泡，痛得无法忍受。一些在墓地里躲空袭的中国老百姓眼看着他从空中落到地上。他向那些人打手势，要他们赶快给机场打电话。

"烧伤部位的剧痛使我差一点昏迷过去，我情愿以死亡摆脱这种痛苦。我躺下，站起，不停地走动，然后又躺下，又站起，还把手举在空中，想放慢血液循环和减轻阵阵的抽痛。我不断地高声叫喊和祈祷。"

理查兹医生从机场赶来，检查了邦德的伤势：两颗子弹擦伤了他的头皮，眼睫毛和眉毛全部烧焦，左脸、肩胛、背部中央和左手均被烧伤并起了泡，脖颈上也有一条大伤口。

正当医生把邦德扶进吉普车时，鲍勃·尼尔等人赶来报告说，另一名飞行员本·福希（Ben Foshee）被一块弹片击中，必须立即抢救。一名中国医生坚持要截除福希的一条腿。但福希死活不肯，他要理查兹医生给他医治。从遭受轰炸的保山城到墓地约有8英里（约12.8公里）路，当理查兹医生一行赶到那里时，福希已因流血过多而死去了。

保山城遭到了巨大的破坏，尸体和残缺不全的肢体遍布街头，城里的木头房子只剩下一堆木炭和瓦砾。全城到处都是烧焦的皮肉气味和受伤者的哀号。①

查尔斯·邦德战后以美国空军少将退役，于2009年8月18日去世，终年94岁。生前，他曾与人合著《飞虎日记》（*A Flying Tiger's Diary*），此书对当日战斗过程记述如下：

1942年5月4日，在保山上空的那场战斗。那一天，27架日本轰炸机前来轰炸保山，邦德在非常危险的条件下起飞，升空爬高后敌机已经远去，失去了战机。谁知第二波27架轰炸机接踵而来，邦德咬住敌轰炸机长机，一举将其击落，另有4架被打得冒了烟。

这时，邦德才发现只有他一架飞机在与敌机作战，燃料即将耗尽，于是返回机场，放下起落架准备降落。就在这时，他的飞机突然被击中，座舱起火，天旋地转。他爬出机舱跳伞，落地后衣服还在燃烧，他赶紧跳进旁边的一条小河将火扑灭，身上多处烧伤。他得到中国农民和当地一位传教士（即理查兹医生）救助，被送回保山。②

---

① 〔美〕杜安·舒尔茨：《陈纳德与飞虎队——独行其是的战争》，第288-290页。
② 戈叔亚：《保山大轰炸中孤身拦截日本机群的老飞虎队员去世》，据凤凰网军事频道：https://news.ifeng.com/mil/history/200909/0917_1567_1352860.shtml。

"失去知觉"的空中杀戮

研究日军对华战略轰炸的日本军事作家前田哲男,曾经如此描述无差别空中轰炸的犯罪特征:

> 轰炸完全看不见加害者的身影,只是根据身边的爆炸声或许能推断飞机的位置,其他就是撕裂空气般的炸弹落下的声音,然后是爆炸声和惨绝人寰的哀叫……但没有肉体与肉体的碰撞,也没有充满杀意的视线,完全是机械化杀人的世界,人们连看到杀人者面孔的机会都没有就死去了。空中的杀人者也欠缺杀人的感觉,痛苦的面孔、求助的哀号、烧焦肉体的恶臭都不会传给飞机上的士兵们,这是极端失去知觉的战争行为,是产生极大落差的杀戮世界……①

对于日军轰炸,保山民众并非毫无经验。1941年1月3日,日军第3飞行集团第60飞行战队出动97式重型轰炸机9架,从越南河内起飞前来轰炸澜沧江功果桥。我护桥化学兵连施放烟幕,日机未能发现目标,遂于14时50分转飞至保山轰炸。上午9时保山虽曾施放警报,但因民众首遭空袭毫无经验,未等警报解除提前返城,致炸死民众106人,炸伤141人;全毁房屋273间,半毁及

---

① 〔日〕前田哲男:《从重庆通往伦敦、东京、广岛的道路——二战时期的战略大轰炸》,王希亮译,中华书局2007年版,第7页。

震坏房屋624间①,史称"一三"轰炸。4月21日,日军第60飞行战队97式重型轰炸机3架又因轰炸功果桥未果,于13时10分飞临保山轰炸。因事前报警及时疏散,此次炸死民众17人,炸伤15人,毁坏房屋50间②,史称"四二一"轰炸。但1942年"五四"大轰炸远远超出了人们的想象。

5月4日(农历三月二十日),适值保山县城五天一次的赶街日,很多农民进城赶街。加之由缅甸逃回的华侨云集保山,有的在贱价抛售随身携带的累赘之物换作盘缠,当地民众闻讯后也赶来欲捡些便宜。一段时间以来,"由于难民的涌入,保山人口急剧膨胀,大大超过了它的负荷量。旅馆爆满,居民敞开家门接待难民,根本不考虑这些流浪者是否会给他们带来病菌的危险。不过仍然有更多的难民没有得到安置,城市的大街小巷被难民挤得水泄不通。到了晚上,人们倒地就睡,不管是在哪家的门口,还是在人行道上"③。

这天早饭后,市场开始营业,交易热闹异常。城内外繁华街道,由南门外的南关起,至正阳北路止,由东门外起,经保岫东路、西路,至新牌坊止,沿街买卖货物和兑换缅甸卢比的人熙熙攘攘,并肩而过,非常拥挤。这是日军飞机轰炸前一小时,时任保山县政府咨议的万寿康(后任省立保山中学暨师范学校校长)

---

① 1941年2月13日保山县政府致省民政厅呈,云南省档案馆,11-7-170-95。
② 1941年4月22日保山县政府致省民政厅呈,云南省档案馆,11-7-172-41。
③ 《修筑滇缅公路纪实》,谭伯英:《血路》,云南人民出版社2002年版,第170页。

经过上述街道时所见到的情景。①

更为不幸的是,当日保山城内的三所中学——国立华侨中学、云南省保山中学和保山县立中学,联合组织纪念"五四"运动会。此时,有的师生正在校园内编队,有的已经到达保岫公园的运动场②。

后来,关于这场灾难最大的诘问是:以往日军历次轰炸保山,当地政府均能及时发出预警,为何这次最大的空袭却没有发出预警?

实际上,此前关于"飞虎队"行动的记述,已经部分回答了这个问题。因为日军地面部队推进迅速,"陈纳德警报网安置的人员,不是在那些偏僻的观察哨里被击毙,就是已经逃命去了"。尽管如此,这也只是导致了预警哨减少或预警周期缩短,而非绝对没有空情报告。以往保山被轰炸的一般情形是,接到前方空情报告后,当地政府即放出警报:首先汽笛长鸣,然后在四门城楼上挂起红灯示警;日机逸去后,挂起白灯笼表示解除。但敌机临空后,因地面无防空武器,民众只能出城在郊野躲避。以上事项由县政府防空处组织,县长刘言昌负责。

自中国沿海地区被日军封锁后,滇缅公路就成为后方最重要的国际交通线,保山为滇缅公路上之重镇,缅甸战事爆发前市面尤其繁荣。刘言昌任县长以来,自恃有何应钦(刘言昌的亲老表)、

---

① 万寿康:《惠通桥激战前后见闻记》,云南文史资料选辑第61辑《滇缅抗战亲历记》,第340页。
② 张力:《日机轰炸保山的前前后后》,云南文史资料选辑第39辑《滇西抗战》,第100页。

龙云为靠山,"跋扈与贪污为历来县长之冠"。而在中央军开抵保山以前,本地驻军为滇黔绥靖公署步兵第6旅,部队代号为"息烽",防区为保山、大理两地。旅长龙奎垣是"云南王"龙云的外甥[①],同时兼任滇缅公路畹町—漾濞段警备指挥。据传说,"龙奎垣部上至其本人,下至连长,都勾结商人,大做鸦片生意,个个都发了财,营长以上都成了百万富翁"。[②]

此前,鉴于缅甸战事吃紧,刘言昌已将县政府人员疏散在城西南约2公里处的小梨园华严寺办公,仅留少许人员在县政府看守。当地史料记述,5月4日晨,至少有两次预警信号发往保山县政府防空处。其一,当日曾从遮放方面传来空情情报,因此前空情情报一向来自滇东南之河口[③],防空处未能确认,未及时放出警报[④];其二,西南运输处(此时改称中缅运输总局)的情报台接到龙陵的紧急电话,说有大批敌机向保山飞去。该台打电话通知保山县政府防空处,让其快放警报,但一连两次都无人接线[⑤]。

日军飞机首先过境龙陵而未轰炸龙陵,事后龙陵县县长杨立声在给省政府的报告中有个解释:龙陵是滇缅公路临时仓储站之一,物资堆积如山。但"县长(本人自称)深恐敌机逐日飞过,

---

① 龙奎垣的继母龙志桢(1890—1935)是龙云唯一的胞妹,时称"龙姑太"。
② 杨肇骧:《滇西抗战回忆》,云南文史资料选辑第19辑,第214页。
③ 河口镇,今云南省河口瑶族自治县县城,与越南接壤。此前日军主要由驻越南河内、海防的海军第15航空队实施轰炸,故地面预警情报多来自该方面。
④ 张力:《日机轰炸保山的前前后后》,云南文史资料选辑第39辑《滇西抗战》,第100页。
⑤ 万寿康:《惠通桥激战前后见闻记》,云南文史资料选辑第61辑《滇缅抗战亲历记》,第341-342页。

见而轰炸，乃日夜督率团警，强制司机不准停车市街附近，舌敝唇焦。非然者，龙陵恐于保山之先遭惨炸矣"[1]。

那么，当日担负防空职责的保山军政主官在干什么？事后一位县政府职员的说法是，当时县长刘言昌在召集县署会议[2]。但万寿康回忆称，当日刘言昌本人满载一大卡车物资，送眷属回昆明，到北庙后还没有回城。兼任滇缅公路警备指挥的步兵第6旅旅长龙奎垣，则在太保山上的警备司令部内打麻将。滇系军政系统平日对敌情毫无侦察，又历来与国民政府中央机关极不相容，更谈不上彼此合作交换情报，以致大难临头毫无准备[3]。

12时10分，西南方天空忽然传来飞机声，城区内外万民翘首仰望，互相议论。因两日前已有"飞虎队"飞机进驻保山机场，民众连日来时见飞机掠过头顶，都毫不介意。瞬息之间，飞机已出现在南边天空，由远而近，由小而大。飞机有3个大队，每队9架，共27架，队形为大"品"字内套小"品"字。进入市区上空后，飞机轰轰之声如雷震耳，旋见飞机下面落下无数雪亮的白点，有人还高声欢呼道："美国飞机散发传单了！"继而白点渐大，其声音由呼呼变为轰隆，由轰隆变为尖锐而凄厉。眼尖的人已发现，这些飞机机翼上分明是日本的太阳旗标记。此时方有人大呼："炸弹下来了！快跑！"但躲藏、疏散都已来不及了。仓促间人们在街

---

[1] 《龙陵县长杨立声呈报龙陵沦陷经过》，《保山地区史志文辑》抗日战争专辑第一辑，第392页。
[2] 张力：《日机轰炸保山的前前后后》，云南文史资料选辑第39辑《滇西抗战》，第100页。
[3] 万寿康：《惠通桥激战前后见闻记》，云南文史资料选辑第61辑《滇缅抗战亲历记》，第341页。

巷、广场、家院哭喊乱窜，整个市区烟尘滚滚，火光四起，血肉横飞，哀号痛哭之声惨不忍闻。

第一批日机为27架，投弹后掠城而过，主要是轰炸城南一带。

约过10分钟（一说30分钟），城南天空飞机声又由远而近，仍是27架，如第一批一样编队进入市区上空，集中轰炸城北，连绵不断的爆炸声，哔哔剥剥的燃烧声，与机枪嘟嘟的扫射声相杂。因市区行人密集，轰炸间隔时间短促，未遭第一批敌机轰炸者，又遭第二批敌机轰炸。全城除东北角外，凡落弹之处，瞬间死伤枕藉[1]。

保山瞬成人间炼狱

5月4日中午，保山县城西北菊花街文忠小学（今保山市人民医院北半部）的孩子们正在教室内外玩耍，7岁的耿德铭忽然听到西南方向传来沉闷又尖利的机群声。几位老师和一些同学退到院场东北仰望，渐见一组组呈"品"字形组合的飞机越飞越近。由于当天县政府未施放空袭警报，师生们毫无戒备之心，有的老师在数飞机架数，有的喜形于色，说这是美国新式飞机大批来到保山了。这时，机群突然散开，开始向低空俯冲，炸弹一个个地跟着落下来，飞机上的机炮也像放鞭炮似的响起来。随着老师一叠声地改口喊"是敌机！敌机！炸弹！炸弹！快躲……"一些学生跑

---

[1] 张力：《日机轰炸保山的前前后后》，云南文史资料选辑第39辑《滇西抗战》，第100–103页。

回教室收拾书包。耿德铭收拾好东西跑出教室时,第二批敌机已经由远而近,东、北、南城头浓烟滚滚,同学们满院子奔跑、哭叫,穿着长衫的高个子老师杨竹铭在院西南大喊:"大家趴下!趴下!不要乱跑!"有几个学生还在向东猛跑,杨老师追上去把他们一个个按倒在地上。耿德铭跑进院北的五年级教室,刚躲在桌子底下,就听到院西传来震耳欲聋的巨大爆炸声,一个大炸弹落到幼稚班,大地在摇晃,烟尘迅速弥漫了整个院场并翻滚进五年级教室,机炮击落的瓦片带着土块纷纷砸在耿德铭头顶的桌面上。[1]

保山县立中学学生张力,其时正与三位同学在保岫公园八角亭前,等待观看运动会表演。发现第一批日机时,大家一起跳入运动场边一个菜园的干沟里。第一批日机飞过市区上空后,张力和同学在黑烟弥漫中向西奔跑,还未跑到仁寿门街,第二批日机已进入市区上空,他们遂急向路边的一大蓬刺五加丛下卧倒。此时,四周爆炸声已响成一片,燃烧弹火焰熊熊。接着听见大刺蓬南边轰隆一声巨响,张力等人被震得弹离地面一尺多,无数砂石唰唰打在刺蓬上,所幸刺蓬又密又有弹性,阻挡住了砂石。突然一物"啪"的一声打在张力脸上,张力惊叫:"着了!"用手往脸上一摸,一手血污,却没有痛感,原来是一块人肉弹到了他脸上。

待日机飞过市区上空,张力和同学跑至仁寿门街,见街心一辆汽车被燃烧弹烧成了残骸,车下三人被烧得焦头烂额,蜷缩成乌黑的一团,惨状触目惊心。

---

[1] 耿德铭:《三个炸弹炸我家》,保山市文史资料之滇西抗战专辑《溅血岁月》,第14页。

接着，日机在市区周围盘旋扫射。这时，保山机场那边发出高射炮声，浓烟朵朵飞散南天。在高射炮的掩护下，驻场"飞虎队"的1架P-40战斗机（即前述之邦德的飞机）起飞与日机空战，一时机枪、机炮声不绝于耳。"飞虎队"飞机速度比日机快，疾于鹰隼，直扑日机，显得非常活跃。但终因力单势弱不能取胜，中弹后被迫降于机场。日机也趁机远遁[①]。

此时，耿德铭从桌下钻出来，跑过院场，听到西边有痛苦而惨厉的叫声。跨出校门，左侧的零食摊子已被砸落在地，巨大的桉树下一个被炸掉了半条腿的血人，凄厉地惨叫；门阶前溪流之上躺卧着一匹白色的死马，脊、腹部许多弹孔还在流血，马头略向右扭，似在回视脊腹，人血、马血染红了溪水。耿德铭把书包紧夹在腋下，踏血越尸奔跑，街上的人也都在奔跑，有的背着、抬着或死或伤的亲人，一边跑一边哭着叫着。耿德铭上气不接下气地跑回家，一个惊心动魄的场面把他吓愣了：自家南半边由东到西中了三颗炸弹。东园南部和西园南部两大片桃树、橘子树、石榴树、板栗树和皂角树都被炸毁了。两片之间，原本是月光门墙和三间书房围着的花园，墙上是优美的花鸟画和"修德读书"等大字题词，一百多盆高低错落的花卉姹紫嫣红，花间小溪流水潺潺，书房挂满名人字画，藏书数千册，书桌、座椅、茶几、文房四宝齐备。这一切，现在被一个散发着焦煳味的大弹坑代替了，

[①] 张力：《日机轰炸保山的前前后后》，云南文史资料选辑第39辑《滇西抗战》，第100-103页。

它们永远从人间消失了……[1]

张力后来参照魏祖培所撰《保山被炸亲历记》[2],并结合他自己的部分见闻,记述了当日城内遭轰炸后的情形:

城内上水河与下水河交界处,死伤最为惨重,经清点陈尸60余具。满河尸体,随水漂浮,河水尽赤。断头零足纵横河岸,心肝脏腑乱陈道路,血水染没碧草青石。侨民浣洗所晒衣被碎片,零落于杨柳堤岸。

国立华侨中学(城西南龙泉门外原腾越会馆),为第一批日机首先轰炸的地区之一,死伤亦非常惨重。当时全校学生正整队于操场,见日机飞来,误以为是"飞虎队"飞机,毫无戒备,多数师生遇难。其女生宿舍为临时搭建的茅草房,又靠近草场,中燃烧弹数枚,未及去集合的女生十余人葬身火海,无一脱险。全校师生200余人,死伤过半。

云南省立第三中学(旧府学黉宫,今保山市隆阳区第一中学高中部),除大殿倾斜外,校舍全被炸毁,满地破砖断垣,纵横交错。学校内死伤学生30余人,校长段宝珖被炸死于大殿后方的操场一隅,时年38岁。所幸多数学生由军事教官安泰东率领,前往保岫公园参加运动会。至中途,日军飞机临空,在安泰东指挥下,学生分散隐蔽于道路两旁,大多幸免于难。

保山县立中学男生部(旧县学黉宫,今保山市实验小学),与

---

[1] 耿德铭:《三个炸弹炸我家》,保山市文史资料之滇西抗战专辑《溅血岁月》,第14—15页。
[2] 魏祖培:《保山被炸亲历记》,陈祖樑:《血雾迷茫——滇西抗日及日军罪行揭秘》,第34页。

省立中学比邻，校舍被炸毁十之四五，大成殿毁一角。校园中死伤学生30多人，英语教师雷祖荫死于南芜下东边过道寝室中，时年26岁。该校多数学生也前往参加运动会，在会场中因无人指挥而跑散，死伤甚多。县立中学女生部在马里街（旧隆江义塾），当日女生均在校上课未参加运动会，里院教室中燃烧弹全毁，幸存者寥寥。女生部门前广场上，被日机扫射死者50余人，多系居民。

保岫公园内的运动场上，死伤学生百余人，观众300余人。园中的中山礼堂、图书馆、阅报室全被炸毁，园中嵌于墙壁间或屏列于入口处的历代石碑，或炸碎或洞穿或横截，无一完整。太保山麓一座元代建筑法名古寺，也被全部炸塌，留下一方废墟和七八个弹坑①。

袁氏街南端南洋大旅社门前的街面，被重磅炸弹炸出一个大坑，直径三丈有余，深丈余。在袁氏街与同丰街接界处，有建筑宏伟的两层石牌坊，俗称吴家牌坊，中弹后全部被毁，仅被飞落的石块压死者就有十余人，通衢为之阻塞。

民众受祸最惨者，为铁楼街李家，李家中燃烧弹，全家14人，烧死13人，仅李尚武幸存。又上巷街孔家中燃烧弹，全家12口人，仅孔述臣、孔庆余父子二人外出幸免于难，在家10口人尽遭火焚而死。

县立中学学生杨庆敦，在校内被弹片削去鼻子打伤口腔，牙齿尽落，因为震惊而神经失常。他跑到小北门外白衣寺附近，另

---

① 据1942年8月28日、1943年1月16日保山县政府致省民政厅呈，三所学校的死亡数字为：国立华侨中学21人，省立第三中学53人，县立中学52人。据云南省档案馆，44-3-423-75-189；德宏州档案馆，1-1-235-12。

一同学见后惊呼："你怎么一身淌血，口鼻都不见了？"杨庆敦被喊醒，眼睛一瞪，喊不出声音，仆地而死。

旧县街（正阳北路南端），有铺内一少妇正哺乳，被弹片将其头齐颈削去，不知飞向何处，尸体仍然兀坐，鲜血淋漓，婴儿还在吮乳。

上巷街边有一妇女，适在门口水沟边洗衣服，中弹而死，但仍然低着头，右手搓衣，左手做按扶状，蹲踞二三日后，才被发现已死。

南门街一位70多岁的杨姓老者，闻炸弹爆炸声后，从床上急起，避于两堵高墙下，适两墙倾倒相靠，老者被夹在两墙之间隙。事后其子女到处寻觅不见，后来挖掘危墙，始发现老人已饿毙于夹缝内，十个手指因挖墙尽秃，血凝结成块。

市区未遭投弹之处，仅有东门街一段。上至四牌坊，南肖祠、黄笴街、北书院街、大门街均安全，不过受到震动波及，有少数板壁倾倒。推测其原因，是西南来之日机飞至城南环城公路上空，先见拐角楼至铁石坡约200米地段汽车云集，车场林立，即集中轰炸，致该处血肉横飞，火光乱窜，受祸惨烈，死伤者达二三千人，多为南洋归国华侨。故城内东门一段，赖此得以幸免[①]。

当日黄昏，万寿康曾向五城镇（时保山县城内行政区划）镇长徐成孝询问被炸后的死伤数目，徐成孝说："确数很难统计，除炸

[①] 张力：《日机轰炸保山的前前后后》，云南文史资料选辑第39辑《滇西抗战》，第100–103页。

死的本地人被家属抬走外,无人照顾的死尸尚有400多具,带伤的人数更无法统计。"按带伤人数一定大于死亡人数的估算方式,当天死伤人数当在千人以上。18时30分许,万寿康巡视被炸区域有90余处。归国华侨,妇寻其夫、子寻其父、儿哭其母的处处皆是。在南城外有三起归国华侨被炸事件,父母被炸死,只剩孤儿横卧道旁,无人照顾,哭哭啼啼,最为凄惨。

然而,当日龙奎垣与刘言昌在轰炸后忙于疏散财物,未行任何救死扶伤的措施,并先后遁逃出城[①]。

陈纳德的反击

(1942年5月5日)

据杜安·舒尔茨记述,陈纳德决意对日军在保山的轰炸予以报复。

5月4日黄昏,他派出第2中队的9架飞机飞往昆明与保山之间的云南驿机场待机。

5月5日上午9时45分,"飞虎队"的无线电人员终于截获日军准确情报:日机一组编队已从缅甸仰光的敏加拉洞(Mingaladon)机场起飞,另一组编队也正准备从泰国清迈(Chiang Mai)机场起飞。从日军飞机的航速和飞行距离来看,陈

---

① 万寿康:《惠通桥激战前后见闻记》,云南文史资料选辑第61辑《滇缅抗战亲历记》,第341页。

纳德判断他们飞不到昆明，但有可能在保山会合①。他发报指示云南驿机场待机的9名飞行员，要他们飞往保山上空巡逻，预计敌机将在12时30分飞临。

12时30分，日军第一批轰炸机编队以大大低于在高空盘旋的P-40飞机的高度向保山飞来，开始轰炸机场。这一天，"飞虎队"的无线电通讯机未出故障，陈纳德迅速呼唤在高空"埋伏"的战斗机向下方的敌机攻击。在空战中，"飞虎队"先后击落日军轰炸机8架②；随即，又转而攻击接踵而来、有战斗机护航的第二批轰炸机。日军第二批轰炸机见此情景，连忙掉头逃离③。

关于当日来袭日军飞机，目击者有两种说法：其一，仍是两批约40架轰炸机编队，前后间隔时间很短，飞至保山上空实施轰炸；其二，第一批为27架轰炸机，第二批仅为两架侦察机，并未投弹即被"飞虎队"战机截击，迅速遁去。日方的史料证实，当日从泰国清迈出动了第12飞行战队（山本重轰炸机队）的97式2型轰炸机编队④，以及为轰炸机护航的"隼"1式战斗机，隶属第64飞行战队（即"加藤隼飞行战队"）。其中，飞行军曹坪根康祐

---

① 日方资料记，此时第98战队在同古机场，第12战队在敏加拉洞机场，距离保山航程分别为745公里和975公里。
② 一说，当日证实击落敌机7架，可能击落3架。何应钦：《日军侵华八年抗战史》附录四之《美空军志愿大队战斗概见表》，第512页。
③ 〔美〕杜安·舒尔茨：《陈纳德与飞虎队——独行其是的战争》，第290页。
④ 〔日〕粕谷俊夫：《陆军航空战记——山本重轰炸机队》书摘：https://blog.goo.ne.jp/toranokobunko/e/398bb022b8a1cc096e77cad61130d8ec。

在空战中被击中油箱，后紧急迫降逃生[①]。但因"飞虎队"战机仅9架，日军轰炸机仍投下了大量炸弹和燃烧弹。

应征入伍在第6军军部从事宣传工作的原中央通讯社昆明分社助理编辑王萼华，当日搭便车撤至保山南关附近，正赶上此次轰炸。据其撰述，南关一带是东西两路汽车往来必由之路，是繁盛的商业区。不料现在这里却成了断垣残壁，一片焦土。打听一下，才知道是昨天下午敌机在这里狂轰滥炸的结果。我们继续前进，距离城门不远处，空袭警报响了。我隐蔽在附近小山丘上，面向东方看去，大编队的敌人轰炸机群正向保山城飞来。敌机50多架，正从我们头上飞过，我正猜疑不定之际，忽然听见天空中"窸窸窣窣"的声响，经验告诉我，这是飞机炸弹正从头顶上掉下，穿透空气时发出的声音。我急忙用双肘撑地，避免心脏受震，身子则紧贴地面躲避。一团团巨响从前面不远处传来，顿时伸手不见五指，整个地面都在摇撼着。但我反而安定起来，因为我还知道恐怖，说明我还安全，没有被炸中。十分钟后敌机已经远去，坡上坡下都是人在走动。在慌乱中我认识一位老乡，他是位驾驶员，从下关驾一辆满载物资的卡车到保山，昨天刚走到板桥镇，便遇到轰炸，今天特地到城里打听消息，想不到刚走到城边，便碰上刚才的轰炸，弄得进退两难。我们听大家的议论，知道刚才被炸的是西南运输处

---

① 陆航"王牌"列传【坪根康祐准尉·击落10架】https://plaza.rakuten.co.jp/oceandou/diary/201808310000/?scid=wi_blg_amp_diary_next。

的保山油库,我们躲避的地方距离油库不到一百米……①

当日,日军轰炸造成损失的具体情形为:昨日未被炸塌的房屋,几乎被摧毁殆尽。袁氏街商店又被炸毁数处,并中燃烧弹,幸落地后未爆炸起火。东门街都是旧式平房,中燃烧弹数枚,落地后亦未爆炸,只受震荡而倾斜,也有少数中炸弹而被破坏的。位于城北附近仁寿门外黄纸房村头象头山脚的西南运输处畹町分处的停车场中弹燃烧,延烧村中房屋数间,死公务人员及村民数人。小北门街中弹起火,烧毁民房数十间。这两处都因当地群众抢救得力,才不至演成巨灾。沿太保山东麓城外北段,磨坊沟一带,日机投掷重磅炸弹、燃烧弹数十枚,都落在山洼荒地及杏花村与红庙村之间的田坝中。杏花村中弹一枚,起火后为村民扑灭,仅毁倪姓人家茅草屋三间。②此外,太保山上的名胜古迹,破坏亦多。鉴于昨日的大轰炸,老百姓清早即疏散出城,故当日人员死伤不大,由此更反衬出昨日未施放警报之祸③。

关于两日来大轰炸造成的伤亡损失,保山县长刘言昌组织调查后于8月28日分别造册呈报省民政厅:被炸死亡人数为2263人(含本籍居民、华侨难民、各中学学生及外省、县在保警政人员、工人、商人等,据步兵第6旅及各乡镇民工所掩埋人数统计),保

---

① 王萼华:《入缅远征侧记》,云南文史资料选辑第50辑《抗战中的云南》,第180-181页。
② 张力:《日机轰炸保山的前前后后》,云南文史资料选辑第39辑《滇西抗战》,第104页。
③ 万寿康:《惠通桥激战前后见闻记》,云南文史资料选辑第61辑《滇缅抗战亲历记》,第341页。

山本籍轻、重伤248人;房屋全毁者1967间,半毁者382间,震坏者918间①。轰炸造成了惨绝人寰的大灾难。

龙奎垣烧抢保山

（1942年5月6日夜—5月7日）

保山的民众万万没有想到,一场更大的"次生灾难"在酝酿之中,且更加阴狠凶残,令人切齿!

连续两日来,日机疯狂轰炸保山,民众均不知道怒江前线的消息。直到5月5日白天,民众见有从惠通桥方向开至城南的车辆,及城内龙奎垣步兵第6旅的部队,三五成群地搬运物资出城;又见国民政府驻保山机关人员离城东撤,才感到有些惊慌。但是到了夜间,他们又看到运载大批陌生队伍的兵车向惠通桥方向开

---

① 1942年8月28日保山县政府致省民政厅呈,云南省档案馆11-7-174-171;《保山县"五四""五五"城区房屋被敌机轰炸毁损清册》《保山县五城镇"五四""五五"被敌机轰炸伤亡清册》,云南省档案馆44-3-423-75-189。另,1943年杜希贤接任保山县长时,呈报省民政厅统计数字为:被炸死亡人数2870人（人员类别同）,保山本籍轻、重伤263人。除步兵第6旅及各乡镇民工所掩埋2200余人外,5月4日至7日城内及乡区又自行抬埋登记为625名。房屋损毁的登记,全毁1967间,半毁349间,震坏715间。此据德宏档案馆1-1-235-12。1944年孟立人接任保山县长,在其所撰《保山战时县政》中记,此次被炸死亡人数有主掩埋者为2800余人,无全尸首而为地方掩埋者600余人（原文记为6000人,应为笔误）。此据德宏州史志编委办公室编:《德宏史志资料》第8集,德宏民族出版社1986年版,第126页。

去,一打听,竟是从西康省西昌赶来增援的中央军第36师①(详见后章),就认为前线至少还在芒市、龙陵附近,绝想不到日军已经冲到怒江惠通桥边。此时,民众所担心的只是日机再次空袭及如何疏散出城。为捆扎行李准备逃难,市面上的绳索、扁担被抢购一空。但是5月5日傍晚,民众却发现部队在六个城门均布置了岗哨,规定只能出城不能入城,搬运东西需要证明,声言是为"预防抢劫"。一些地方上有头脸的士绅、商人向龙奎垣打听消息,龙奎垣恫吓说已有几千日军过江,保山县城即将被放弃,叫他们赶快离开。

5月6日晚,万寿康在东门外公路边看到龙奎垣部(以下简称"龙部")约一排人,将停放在公路上的5辆华侨车辆上的家具物什一概卸下。有一华侨妇女哭哭啼啼拉着不放,龙部士兵强行将其双手拉住,将车子开走②。万寿康最初以为是龙部封车借用于军运,事后才知道龙部此时已开始在城外抢劫。

5月7日下午,万寿康在郊外躲避空袭后欲进城回家,连走三

---

① 据第36师第106团第1营营长易浚华撰述:该营作为先头部队于5月3日晚从楚雄抵达保山宿营,4日上午即开赴怒江前线。该师军需上校谢孝德撰述:5月4日师主力与辎重到达保山,疏散至郊区。日机飞临之前,师野战医院院长叶化民邀其进城沐浴(军医上校洪文麟记为进城为官兵找休息地址),谢孝德以督发薪饷为由拒绝了。叶化民独自进城后遭轰炸罹难,事后未能找到尸体。引自赵雍之编著:《戎马关山话当年——陆军第五十四军史略》,台北胡翼烜发行1997年版,第420-421页。

② 龙奎垣部封扣华侨车辆事,后来成为龙奎垣主要罪状之一。5月13日龙奎垣曾致电龙云解释:"封扣车人谢昭华业已枪毙,足可对长官。"但5月18日龙云复电,仍令龙奎垣将谢昭华扣车详情具报。引自《德宏史志资料》第14集,第161-162页。

个城门均不准通行。最后走到南门,万寿康遇到时为龙部连长的昔日同学,经通融后才被放入。这位同学告诉王寿康:"日军已经过江,你进去后要赶快出城。"万寿康入城后,看到一条街上偶有三五个贫民往来,空袭被炸死尸尚未掩埋,沿途臭不可闻。万寿康在家里拣了一幅字画后,又遵嘱出城。走到北门外校场坝附近,又看见龙部放有警戒哨,集中了二十多辆汽车,均为华侨从缅甸开出来的缅文牌照,龙部士兵纷纷搬运物资上车。万寿康走近警戒线时,龙部士兵握枪呵斥不准通行。万寿康无奈绕小路,向五里亭方向的公路前行,沿途看见龙部士兵三三两两地拿枪携物急行,与之攀谈,据云奉龙奎垣之命到永平县集中。

万寿康的一位郑姓邻居,当日没有出城。傍晚在街上走时,看到龙部士兵成群结队搬运物资,东家进来,西家出去,手中拿着毛毯、毛呢衣服、皮箱等物。一个士兵看到他后,说:"老头儿,敌人快来了,你还不出城!"顺手给他一匹白洋布,他没有接受。这些士兵见面时,互相询问"收了几个摊子"(指抢了几家店铺或人家),而将军帽、军衣、枪支弹药在街上乱丢,有的还换上了抢到的崭新毛呢便服,显然已有携带财物逃离部队的打算。

19时35分,万寿康来到城外疏散地附近,忽然听到人声鼎沸,只见保山城内火光冲天。他爬到山冈上一望,整个保山城内一片火海,繁华街市顷刻间付之一炬!

直到5月8日下午,城内余焰仍未完全熄灭。万寿康壮起胆子再度入城,此时城门上耀武扬威的龙部岗哨已不见踪影,城内一片瓦砾,满目荒凉,倒在地上的木头还在燃烧。此时敢于入城者寥寥,多半是想回家查看自家房屋是否仍存,但又害怕沿途被龙部抢劫。

关于焚毁房屋的情况,据万寿康当晚进城所见,全城三分之二以上人家无家可归,"为保山历来兵祸中最大的一次"。被焚烧的区域为平日最繁盛的街道,以三牌坊十字路口为中心点,南面的正阳南路烧了四分之三(包括旧名同风街、袁氏街等处),北面正阳北路的一段(旧名旧县街)、东面保岫东路的一段(旧名珠市街)、西面保岫西路的一段(旧名关庙停)均被烧,四面八方尽成灰烬。另有上巷街、下巷街各一段,通商巷一段,小北门街一段,马里街一段,明强街一段,香住街一段,南门外城墙边一段……还有一些公共建筑,概被焚烧。

关于财物被劫掠的情况,烧抢造成的公私财产损失难以估计。仅以中缅运输总局而论,战前该处计有18个大队,每大队150辆汽车,加上其他备用车辆,合计3000多辆。保山为大站,每天都有近500辆车在车场逗留,仓库内储存的零件、器材很多。贸易委员会复兴商业公司出口的桐油、猪鬃、水银等物资,起火后因无人照管,均被盗窃一空。国民政府其他部门和云南省的25家单位存放在保山仓库内的物资也不例外。至于城内的中国银行、云南省富滇新银行,龙部都是打开仓库公开抢劫。商人的洋纱、布匹、毛呢等百货,以及从缅甸逃回的华侨所携物资,此前堆积如山,此后则荡然无存[1]。

迭遭日军轰炸及龙部烧抢之后,疏散在城区四郊的保山民众,

---

[1] 万寿康:《惠通桥激战前后见闻记》,云南文史资料选辑第61辑《滇缅抗战亲历记》,第344–347页。

都对中央军能否守住惠通桥心存疑虑，只要见面就议论此事。此时，大家关注的焦点集中在城北板桥街外的马王屯军械库及城南的"飞虎队"机场，认为如果军方开始破坏这两处军事要地，那就是最终放弃保山的信号。

马王屯军械库在城北一个山洼里，有几十座库房，囤积着从缅甸运回的军火。5月8日晚①，有几辆汽车拉运军火，装载后开出库房停在刘家坡马王屯南1.5公里公路边。其中一辆发生事故，不慎引起爆炸，又引爆了旁边几辆车上的弹药，当场炸死了十多人，时为22时27分。

此时，保山民众先是看见城北霹雳一声火光冲天，而城南机场的守备人员因信息不通，亦误以为第71军因怒江防线失守决定放弃保山，甚至风闻日军已进至十余公里外的辛街，随即也点火焚烧机场上的房屋（一说油库）。一时间，城南城北两地火光遥相辉映，吓得全城民众以为日军已经迫近，军方开始破坏军械库和机场，于是全城一片混乱，风声鹤唳，草木皆兵。大家纷纷拖儿带女出逃，哭哭啼啼、跌跌撞撞地整整跑了一夜，直到次日才知道是虚惊一场！②

"长沙大火"翻版

龙奎垣烧抢保山之后，于5月7日夜逃至永平，见到了第71

---

① 一说此事发生于5月10日夜。
② 万寿康：《惠通桥激战前后见闻记》，云南文史资料选辑第61辑《滇缅抗战亲历记》，第349页。

军军长钟彬。钟彬告其日军主力未能打过怒江,保山县城治安仍须由龙部负责,第71军仅负责怒江江防。据载,此时龙奎垣害怕宋希濂追究他,就用异乎寻常的客套语气写了一封白话信给宋希濂,称呼宋为"亲爱的宋总司令",内容更是俗不可耐,当时被传为笑柄。据说此信是龙奎垣口授,让秘书一字不改地写出来的[①]。关于龙奎垣此后是否返回保山,说法有二:一说是龙奎垣听了钟彬的话后返回保山,将收容残部的责任委交副旅长李珖后,再赴昆明;一说是龙奎垣未折返保山,即直接赴昆明。但从其间龙奎垣与龙云往来电报及其他记述来看,直到5月下旬其人仍在保山而未回昆明[②]。

5月7日中午,第11集团军总司令宋希濂率领副参谋长陶晋初、作战参谋杨肇骧、高宝书等人从云南驿赶到保山,设指挥部于城北郎义村后山的圆光寺。下午,杨肇骧奉宋希濂命令进城,找县长刘言昌商量救济难民难侨事宜,见城内一片死寂,腐尸气味刺鼻,断垣残壁间仍有人在挖扒被掩埋的死尸,饿狗成群在街头乱跑,乌鸦在枝头悲鸣,满目荒凉,情景十分凄惨。他来到县政府,发现大门上了锁,一个人影也没有[③]。后来才知道,县长刘言昌当

[①] 杨肇骧:《滇西抗战回忆》,云南文史资料选辑第19辑,第213页。
[②] 保山大轰炸后,又发生霍乱,云南省政府卫生实验处奉命派出临时救护防疫队前往保山救护。处长缪安成报告:5月13日抵达保山;14日往访县长刘言昌未遇,转往保山警备司令部曾见到龙奎垣,告之轰炸致死伤3000人,因霍乱已死8人;16日又曾面见龙奎垣商议防疫事项;17日离开保山。可见,龙奎垣在此期间仍在保山。《云南省卫生实验处临时救护防疫队工作报告》,保山地区行政公署史志办公室编:《保山地区史志文辑》抗日战争专辑第一辑,第298页。
[③] 杨肇骧:《滇西抗战回忆》,云南文史资料选辑第19辑,第213页。

日先是逃至瓦窑镇，当晚又折回，在郎义村绅士范月三家躲藏。据范月三事后向万寿康讲述，5月6日早晨，龙奎垣曾召集部分亲信干部开会商量，他认为中央军绝对守不住惠通桥，保山城早晚会沦陷，与其资敌，不如自己破坏。因此，从5月6日晚，龙部即在城外抢劫。5月7日白天，龙部更是关起城门大肆抢劫，最后为灭迹起见，竟不惜将保山城放火烧掉，其盘算是——只要保山沦陷，一切责任均可推到日军身上！①

　　保山纵火案迅速成为热点新闻，一时传遍昆明、重庆。这情形无疑就是1938年"长沙大火"的翻版：1938年11月13日，日军占领岳阳后，距离岳阳尚有130多公里的长沙当地驻军，在仓皇之中以奉蒋介石"焦土抗战"的密令为名，于凌晨2时在长沙城内数百处同时放火，使全城成为一片火海。长沙大火烧了三天三夜，全城被焚十分之九，烧毁房屋5万余栋，烧死百姓2万余人。事后，长沙警备司令酆悌、警备第2团团长徐昆及长沙公安局长文重孚三人"辱职殃民"，于11月20日被枪决。当时，社会上诘责纷纷："长沙大火"至少还杀了三个替罪羊，保山大火怎么无人问责？

　　确实很难问责。滇西是军阀龙云的地盘，其军政系统均处于半独立状态，且龙云提议并修筑滇缅公路，于国家有功；若不是因为日军从缅甸抄后路，龙云同意中央军入滇，国民政府中央势力

---

① 万寿康：《惠通桥激战前后见闻记》，云南文史资料选辑第61辑《滇缅抗战亲历记》，第346页。

还很难找个恰当借口插进来①。此时,龙云已被国民政府委任为军委会昆明行营主任兼云南省主席,虽然实际兵权还是掌握他自己的滇系部队,但开进的中央军在云南地盘上讨生活,至少几十万大军的粮秣主要是靠当地解决的。龙奎垣是龙云的外甥,国民政府中央不少人还误以为他是龙云的儿子。据龙云旧部胡道文(云南省政府军械局局长)后来说,当时蒋介石也无可奈何,打电话给龙云说:"令公子烧抢保山,如何处理,请兄自行决定。"龙云接此电话后恼羞成怒,大发雷霆。在龙云看来,龙奎垣不过是风纪较差,烧抢保山城则恐未必;此后地方政府特别是归国华侨纷纷告发、举报,第11集团军总司令宋希濂把"状子"都转给了龙云②,但他仍然将信将疑。

烧抢保山之后,龙奎垣因舆论压力内心惶恐,在跟舅父打电话汇报保山防务时曾大吹牛皮,云:职部已在太保山上构筑了坚强阵地,日军胆敢来犯,管叫他有来无回!龙云在电话中骂了粗口:"妈屁,饭桶!"③不久,龙云派第1旅旅长卢浚泉及曾在台儿庄战役中任滇军团长、此时在中央训练团受训的潘朔端到保山,收编第6旅并了解情况,并委任潘朔端接任第6旅旅长。第6旅原

---

① 1941年4月至7月,徐永昌、何应钦、蒋介石等迭次致电龙云,拟将中央军第49师从黔西调往滇西执行滇缅公路西段警备任务,但均遭龙云拒绝,他甚至不惜以辞去昆明行营主任之职相要挟。最终双方达成妥协,第49师及其他机关移驻滇缅公路沿线担任护路、对空警备、机场守备的武装,由龙云任主任的昆明行营统一指挥。龙奎垣旅也是在此期间从大理西移保山,以加强对滇缅公路西段的控制,同时制约国民政府中央进入滇西的势力。《德宏史志资料》第14集,第152–155页。
② 杨肇骧:《滇西抗战回忆》,云南文史资料选辑第19辑,第213页。
③ 熊鹤亭:《滇西战役中我的经历和感想》,《滇西抗日战争历史资料续辑》,第55页。

编制应有3000多人,潘朔端接手后发现仅剩2000多人,足见龙奎垣率部烧抢保山之后,参与打劫的官兵大多携财物逃跑。卢浚泉经调查回昆明报告后,龙云终于相信龙奎垣烧抢保山为真。为应付舆论起见,龙云将龙奎垣关进了模范监狱,但不久就释放了。烧抢保山之事,即不了了之①。

保山劫难过后,滇缅公路运输管理局局长谭伯英从郊野回到城内,欲查看公路指挥部的办公处。他写道:"我永远不会忘记我们流着眼泪进入保山的情形:这是一座死城,举目看不到任何生物,到处是废墟和死一般的寂静,我们的脚步声在石头铺设的街道上发出空荡荡的回响,使人毛骨悚然,而且到处都散发着难闻的气味。我们的老办公楼完全被破坏了,根本不可能重新修复。我们继续西行,直到在一个小村庄发现了一幢普通农舍,在这里可以设立我们自己的办公室。"②

---

① 万寿康:《惠通桥激战前后见闻记》,云南文史资料选辑第61辑《滇缅抗战亲历记》,第343-344页。从其间当事各方往来电报看:5月11日,龙云电令龙奎垣已将该旅拨归宋希濂指挥,既是接受中央军控制滇西的现实,也流露出对龙奎垣失望之意。5月13日,龙奎垣向龙云抱怨出力不讨好,暗示龙云省兵力薄,应有警惕,并指责"中央指挥人不得力",应为其在压力下欲挽回局面。5月26日,龙云再度电令龙奎垣旅一切行动应向宋希濂请示,显示不再护短。7月27日,龙云致电宋希濂告之拟将"军纪欠佳"的龙奎垣旅调离保山整训,表明已接受中央军控制滇西的现实,并决心薄惩龙奎垣以平息舆情。《德宏史志资料》第14集,第161、163、164页。
② 谭伯英:《修筑滇缅公路纪实》,第171页。

第五章 惠通桥的"罗生门"

爆破惠通桥

（1942年5月5日）

日本公刊战史记载：

坂口支队超越松本部队攻击畹町北方的中国军队阵地，并扩大战果，更在芒市及龙陵东方一带击溃第39师（不确）及第5军装甲兵团坦克队，排除充斥道路的遗弃汽车继续突进，于5月5日11时（日本时间，当地时间9时）终于到达怒江一线。

当日，惠通桥已被中国军队爆破。[①]

关于日军未能成功夺控惠通桥，美军战史评论说："日军批准更换第148联队（松本部队）而另派部队（坂口支队）向怒江追击的命令有所耽搁，这是一个重大失误，因为怒江峡谷上的桥头堡

---

① 中华民国史资料丛稿译稿《缅甸作战》（上），第137页。

具有巨大的战略价值。"①

关于爆破惠通桥，第11集团军战斗详报有如下记述：

（5日）9时顷，敌炮向我射击，并有浓密机枪声，该团长（第36师第106团团长熊正诗）判断敌似已迫近惠通桥彼岸松山附近，该团即占领大山头、乌木椰之线阵地。斯时，沿途车辆与归侨、散兵等各自逃遁，情况异常混乱，尖兵连亦被阻于桥东端，不能渡江。该团长此时在大坪子目睹敌小型战车向惠通桥驶来，枪炮齐发，企图过江，遂令工兵第24营将桥梁爆破。②

此处提到的被阻于桥东端的"尖兵连"，应为最先开抵怒江东岸的第106团第1营营部及迫击炮排，由营长易浚华率领。易浚华后来在台湾岛内以陆军上校退役，他曾留下口述史料：

5月3日，部队由楚雄乘车出发到滇西保山县宿营。当晚，奉令到怒江西岸龙陵县布防。5月4日清晨，部队临出发前，复奉令改在怒江北岸（实际为东岸）沿线布防。部队正上车时，忽来敌机4架，临空轰炸扫射，由于抢运物资及华侨逃难车辆千余部，均夜宿保山城，一时情况极为混乱。

余此时为第1营营长，为团之先头部队，在混乱中仅率营

---

① 美国陆军CBI战区史第一卷《史迪威的中国使命》，第146页。
② 《第十一集团军惠通桥、腾冲、龙陵地区间战役战斗详报（1942年5月—6月）》，《滇缅抗战档案》（上），第329页。

部人员及迫炮排战士16名，于当日15时左右抵达怒江惠通桥。见公路上车辆连续不断北返，即以6名战士守桥；10名战士及营部人员，防守惠通桥上游约4000米处可以徒涉之渡口（似指金塘子老渡口，但此处也不可徒涉）。不久团长（熊正诗）来到，将布防情况报告后，并请其速返后方，集结部队。

此日，先后获得冷欣将军（应为萧毅肃）、林蔚将军及财政部陈良先生（时任军政部军需署中将署长），和工兵指挥官马崇六等告知前方情形，并嘱部队不要前进。马指挥官并派人将惠通桥装好炸药，交代由余指挥，伺机炸毁。

当时，日军先头部队伪装我由缅退回之散兵及逃难华侨，搭乘我抢运物资车辆，于4日下午渡过怒江，占领北岸（东岸）孩婆山[①]山头。

至天黑前，我营各连亦集结赶到。针对当时情势，速指示第1连占领孩婆山山头及以南阵地；第2连占领孩婆山西北向及公路线，并接替可徒涉渡口之防御；营部及其余部队占领孩婆山北（实际为东）3000米左右之大山头。

各连占领阵地后，速构工事，余即前往惠通桥视察。返回时约夜间20时，即同机枪连长田培华去孩婆山头视察地形及第1连占领情形。至接近山头时，利用空中透光视觉，可见山头有人作工，当时以为是第1连占领山头构筑工事，便边走边呼叫，给予联络，却无人答话。正纳闷中，此时已近构工地点

[①] 此山过去无名，当地民众以山顶悬崖为黑色，称之为黑崖坡，当地方言读音为"He Ai Po"，被军方误听记作"孩婆""孩坡"。董国平：《"孩坡山"山名的由来》，《滇西抗战第一枪——纪念滇西抗战胜利60周年文史集》，第247页。

约30米，突闻拉手榴弹保险索声，红光闪动，余即伏地卧倒，待弹爆后，随山势滚动，乘夜色掩护下山。因当时敌情地形均不甚明悉，改令第1连利用夜间前进接近敌阵，埋伏监视。

5月5日天明时，将惠通桥炸毁，阻敌后续部队前进。[①]

依据以上记述，似乎爆破惠通桥的命令为步兵团长甚至营长所下，但这与指挥关系不符。实际上，担负桥梁爆破任务的独立工兵第24营隶属中国工兵总指挥部，该营此前已预先接受工兵总指挥马崇六的命令并做详细预案。

1942年初，国民政府军事委员会昆明行营国防工程处在保山设立分处，姚仕基上校任分处主任。其时，工兵总指挥兼昆明行营国防工程处处长马崇六作为军委会驻滇参谋团成员，与参谋团长林蔚、参谋处长萧毅肃等入缅指挥作战。2012年，姚仕基之子姚国魂曾据其父生前回忆致函笔者，介绍了当时情景：

5月初，姚仕基接到马崇六从缅甸发来的电令，令其带一个工兵营沿滇缅公路西进畹町执行任务。姚仕基遂与独立工兵第24营营长张祖武少校率该营自保山向西开进，一路上与自西而来的军地撤退车辆、散兵、难民交错，行进速度极为迟缓。至怒江惠通桥时，忽接马崇六电令，要部队停止前进，原地待命，并维持交通秩序，控制大桥以确保自缅境败退部队后撤。

5月3日，林蔚率参谋团一行退至怒江边，马崇六没有继续东撤，留在惠通桥指挥工兵营准备破桥事宜。当天傍晚，马崇六拟将其指

[①] 《戎马关山话当年——陆军第五十四军史略》，第422–423页。

挥车移至怒江东岸半山腰设指挥所，以便居高临下观察情况。临走时，他嘱咐姚、张，须依照他的命令掌握时机破桥，做到万无一失。姚仕基答已准备好用炸药爆破方案，也考虑了用汽油烧木质桥面和用工兵斧砍断钢缆等应急方案。马崇六又补充命令，待任务完成后，张祖武带工兵营撤回保山，姚仕基撤到山腰，与自己同车回昆明。

5月5日晨，姚仕基、张祖武等人站在桥头观察情况，忽然日军一排枪炮打过来，工兵营有些伤亡，其中一名副营长牺牲[1]，姚也受轻伤。原来日军先头部队已于清晨进占怒江西岸，即将攻占惠通桥了。就在日军即将夺占西桥头之际，工兵奉命揿动起爆装置，随着一声巨响，大桥轰然坠入江中。

炸桥后，日军继续向怒江东岸炮轰扫射，张祖武带领工兵沿怒江边峡谷寻路向保山撤退，姚仕基沿山沟爬上山腰与马崇六会合，二人刚上汽车，即遭日军炮击，旋即弃车隐蔽，接着汽车被日军炮火击毁，一行人只能沿山沟躲避炮火。在此过程中，姚仕基与马崇六跑散。因负伤加之又饿又困，姚仕基曾在山沟昏迷了一段时间，醒来后沿山中小路徒步返回保山向马崇六复命[2]。

另，独立工兵第24营给养军需长李国屏在《张营长炸桥阻敌》一文中叙述：

1942年4月末，张祖武少校奉命率独立工兵第24营赴滇西，准备入缅作战。途经昆明时，张营长请求补充各项工兵

---

[1] 据清华大学电机专家蔡耀陆口述，副营长蔡骝是其父亲，当时系被炮弹震昏，于次日苏醒，后几经辗转重返部队。http://www.meipian.cn/4key7pml。
[2] 据龙陵县政协文史委所提供姚国魂函件。

器材，全营分乘数十辆卡车沿滇缅公路西行。我当时任给养军需长，行军宿营须紧随营长。

5月4日晚抵保山城郊，目睹保山城被敌机轰炸后的惨状，义愤填膺。据百姓告知，敌机常来袭扰，只有早晚较为安全，张营长遂下令次日天明前出发，按规定当日赶到畹町。

5月5日凌晨，全营准时出发，经诸葛营机场转过山坳，逶迤西行不久，再下坡约40公里，便是滇缅公路咽喉惠通桥。我营车队因前方来车过多，时时受阻，上午9时许才到达惠通桥东岸。这是一座钢索吊桥，又是单行线，西岸来车络绎不绝，桥头宪兵对此失控，秩序紊乱，散兵难民混杂抢行，商车军车推拥争道，人心惶惶，乱乱哄哄，全然是兵败如山倒的不祥景象。因无法过桥，只好在桥东耐心等待。

上午10时许，一辆指挥车来到桥头，车上坐着三位高级军官，询问工兵营长到否。张营长应声上前相见，其中一位是工兵总指挥马崇六将军，他又是军政部驻昆明办事处主任。马问明张营长携带爆破器材情况后，面带喜色连声说好，好！

——马崇六听到张祖武携带爆破器材何以连声说好？张祖武本人事后曾向人解释：工兵营到昆明时，工兵指挥部曾指示该营卸下旧装备，到缅甸领新装备。但张祖武以戎机莫测，为以防万一，请以原装备带至缅甸，再换新装备。指挥部遂同意其要求[1]，不想

---

[1] 中国人民政治协商会议云南省龙陵县委员会编：《滇西对日抗战》，第一编第六章《惠通桥作战》，2008年版，第38页。

此时果然派上大用。

四人商量片刻，其中一位用信纸写下一纸手令交给张营长，便匆匆驱车离去。手令内容有三条：一、命令独立工兵第24营营长张祖武在惠通桥东端就地待命；二、敌人强占惠通桥时立即爆破该桥；三、任务完成后即电报部。张营长告诉我说，临时奉命炸桥，责任重大，必须要一手令作为凭证。他说另两位是参谋团团长林蔚中将和参谋处长萧毅肃中将。

张营长立即召开连排长紧急会议，宣布这项临时紧急命令，拿出炸桥方案交由大家研究定夺。事不宜迟，迅即行动：一连长胡世安率全连官兵携带已计算够量的炸药及一应爆破器材到桥西端安装；二连长赵宋卿负责在桥中段安装炸药；三连长石坚在桥东端安装炸药及做好各项炸桥引爆准备工作。为确保炸桥成功，张营长决定双引爆，即导火索点火引爆和发电器电引爆，发电器由营长亲自执掌。随后，营长率营连干部逐一仔细检查无误后才返回桥东营指挥地，用望远镜严密监视敌人。

这时，敌机械化部队赶到，占领桥西山头制高点，以猛烈炮火朝东岸射击。

中午时分，张营长突然发现西岸敌人奔扑桥头，向桥上冲来，敌人抢桥了！张营长断然高喊："点火！"他自己则猛力压下发电器手柄，"轰"的一声，惊天动地，峡谷轰鸣，烟尘漫天，桥沉江底，阻敌成功。

张营长见任务完成，即令全营撤回保山。因公路被敌人毁坏严重，车辆堵塞，张营长即率部分官兵徒步二十来个小时，于次日上午10时到达保山。经清点，我营伤亡、走失约三分之一。

炸桥后，马崇六专门发电给军委会昆明行营主任兼云南省主席龙云，报告了炸桥阻敌经过；龙云也给马崇六发了嘉奖电。电文如下：

马崇六致龙云电

限即刻到。主任龙。辰真（5月11日）申办机电谨悉。五日晨七时半，工兵第二十四营营长张祖武率该营到达惠通桥。职当即令以一连担任破桥组，以两连在东岸占领阵地，掩护后续车辆。九时四十五分，敌寇于隔岸开始炮击，潞江（怒江旧称）两岸情形顿为混乱，该营尚能继续掩护车辆过桥。至十时五十分，西岸残留车辆约二百，以司机逃散不能开驶，而敌进势愈猛。适我卅六师一〇六团团长邢正诗（应为熊正诗之误，下同）率先头易浚华营（第1营）已到达东岸高地，占领阵地，猛烈还击，乃决然命工兵营张营长施爆破任务。达成后，该营徒步向保山集结，人员、器材略有损失。该营现任功果桥及保惠公路之破坏准备。职马崇六呈。辰元（5月13日）巳保印。

龙云致马崇六等嘉奖令

马总指挥辰元（5月13日）巳保电悉。查此次腊戍之变，撤退仓促，敌寇乘虚进逼怒江，幸马总指挥崇六处置适宜，从容指导，阻击敌人于西岸，实深嘉慰！工兵二十四营营长张祖武，人数不多，一面阻击敌寇，一面破坏桥梁，实属难能。又查三十六师一〇六团，团长邢正诗，长途行军，甫经到达，督率易浚华营，阻敌渡江，因之稳定战局，转危为安，虽有少数敌人渡江，终归消灭。所有出力官兵，应即分别叙奖，以资鼓励。一〇六团团长邢正诗、营长易浚华，工兵二十四营营长张祖武，着各记大功一次；易、张营全体官兵，各奖一万元，共二万元，由经理处即日汇交宋总司令（宋希濂）具领分别转发为要。龙云之印（卅一、五、十四）①

关于上述过程，林蔚在其主持编撰的《腊戌至惠通桥战斗经过及功过评判报告书》中，记述如下：

5月4日17时30分，林蔚偕萧毅肃由龙陵出发，整夜排车前进，尽最大努力始于5日晨7时许到达惠通桥。此时，工兵总指挥马崇六已在该桥，据其称独立工兵第24营到达未久，此刻正赶速装药中。

林蔚、萧毅肃待工兵装药将完时离桥，上坡约2公里遇第36师先头之一营（第106团第1营），令该营下车于怒江我岸占领阵地。林蔚等询问该营营长（易浚华）其余两营及团长（熊正诗）现在何处，回称已由保山开出，但中途被车辆拥挤隔断，已失联系。林蔚等复继续上坡。上午10时许，日军已追抵怒江西岸，以炮兵放列于松山东麓腊勐车站至下腊勐间公路上，开始向东岸射击，小炮声及机关枪声亦继之而起。

---

① 《张祖武炸惠通桥与"五五"纪念章》，龙陵县政协文史委提供资料。

据林蔚称，此时他即亲自下令炸桥。

前往惠通桥头传达林蔚手谕者，是与参谋团随行的宪兵第20团士兵胡嘉锦。远征军入缅作战期间，宪兵第20团（团长魏志超）担任滇缅公路沿线要点警戒、警卫勤务，及我入缅高级军事机关护卫任务。缅甸战局失利后，第2营主力护卫史迪威、罗卓英等高级将领西渡钦敦江转进印度，在滇缅公路沿线的第3营及第1营一部则随团部东撤。《宪兵忠烈纪要》记述："当敌炮击东岸山巅，团部与第2、第5、第7、第8、第9各连俱被封锁猛射，第5连连长凌彦身中数弹，虽经抢救出险，终以伤重殉职；士兵负伤殉难者数十人。参谋团林团长蔚，亦被困山腹，我第2连排长薄士猷，率兵四名，冒死抢救，终能扶掖登山，脱离险地。而宪兵上等兵胡嘉锦，奉林团长手谕，自山巅冒弹雨折返桥边，传令破坏桥梁，其坚毅勇敢之精神，曾获层峰嘉奖。"[①]

林蔚又补充说明："炸桥时间实延至13时40分，盖彼岸遗留车辆人员太多，呼救之声震地，不能不将点火时间一再延缓，以援救彼岸可能渡过之人员车辆物资也。此项点火时机，系马崇六命令本团工兵参谋罗崇典及独立工兵第24营营长张祖武掌握之，该员等沉着从事，保全不少，可谓有功。而马崇六能于极短时间中督率工兵完成爆炸准备，并能控制点火时机适时点火，其功尤不可没也。"

惠通桥被爆破，加之日军以炮火隔江向东岸公路射击，致使西岸松山至东岸大山头路段损失车辆甚巨。林蔚报告记录："遗留

---

① 张镇：《宪兵滇缅参战纪》，《宪兵忠烈纪要》，第44页。

于桥之彼岸者约200辆，损坏于我岸者约300辆（因敌军见我炸桥即炮击我岸车辆，致有若干车辆起火，阻住后面过桥之车不能行动）。然其所以致此损失之原因，一方面固因车辆太多，时间太迫；另一方面则自遮放起至下关，我宪兵第20团疏通车辆均不得力，亦不能无过。"

上午11时，林蔚、萧毅肃一行通过日军炮火封锁区向保山行进。16时至距离保山约7公里处，遇到第36师师长李志鹏。据其介绍，该师第二个团（第108团）已到保山。林蔚即令李志鹏亲赴前方督率其先头团之后续两营，并令于第二个团中再调两营星夜向惠通桥疾进。

17时30分，林蔚、萧毅肃一行到达保山，入驻城郊金鸡村。此时，因日机于5月4、5两日大肆轰炸，民众死者数千人，满城陈尸未收，景象至为凄惨。但汽车之拥塞及妨碍军队运输状况如故，而宪兵第20团疏散车辆殊不得力，乃令第36师第二个团留于保山之一营，连夜执行疏散[①]。

读者应该注意到了，上述撰述均为重要亲历者的第一手资料，但是细节方面却不尽一致。按易浚华的口述，他亲率营部少数人员在5月4日下午即抵达惠通桥，当晚全营完成布防；而姚仕基则回忆，工兵营在5月3日前即抵达惠通桥，马崇六等将领5月3日撤退至此；李国屏的撰述是，工兵营于5月5日9时抵达，10时许马崇六等将领撤退至此；马崇六致龙云电报记述，张祖武营是5月5日7时半抵达惠通桥，他本人已先期到达；林蔚报告与马崇六电

---

① 林蔚：《腊戍至惠通桥战斗经过及功过评判报告书》，未刊档案。

报所述较为接近。关于炸桥时间有5日早晨、正午、午后三种说法，炸桥之前是否有日军便衣探子混过江东，炸桥时马崇六是否在惠通桥附近指挥，也互相矛盾。

但吊诡之处尚不止如此。与日方史料互参，上述信息均有可推敲之处。而第11集团军战斗详报认定炸桥命令为团长熊正诗所下；营长易浚华称系马崇六委托自己指挥；宋希濂事后则指责林蔚、萧毅肃在断桥阻敌一事上"冒功"，云："萧毅肃……于6月间回到昆明，利用团长林蔚的昏庸，用林蔚的名义为自己向军委会请奖，说他筹谋有功，破坏惠通桥有功。军委会根本不审查事实，很快就予核准，由国民政府发给萧毅肃三等云麾勋章一枚，并登在当时各大报上。"[①]

惠通桥阻敌，遂成为扑朔迷离的"罗生门"。

聚焦桥头

桥头的故事无疑是最惊心动魄的，这是聚光灯攒射的舞台中央。

尽管当日的事件场景宏大，头绪杂乱，但爆破"零时"却可以作为经纬坐标。虽然关于这一时刻的记述众说纷纭，但笔者相信日军的"表"比较准——因为至少截至炸桥的那一刻，日军是如猎犬般头脑清晰的追击者，而逃难的中国人，无论是军人还是

[①] 宋希濂：《远征军在滇西的整训和反攻》，《远征印缅抗战——原国民党将领抗日战争亲历记》，中国文史出版社1990年版，第42页。

难民，均处于惶恐不安的状态。

据日军野炮第56联队第1大队第2中队小队长高村武人中尉记述，坂口支队前卫部队抵达腊勐老车站的时间为4日上午10时左右——日军战时以日本时间为基准，那么当地时间应为上午8时左右①。

从5月4日夜开始，自缅甸逃出的公私车辆即沿滇缅公路向惠通桥衔接而行，源源不绝。但以惠通桥的承载量，每次仅能单向放行一辆，速度甚缓。虽然炸药及电气引爆装置已在桥上敷设完毕，但工兵营长张祖武仍忐忑不安，因为他接受的命令极难操作：应尽量放过更多车辆，又恐日本军车到来，爆破时机很难拿捏。马崇六曾特别提示张祖武，日军前锋可能化装藏械混迹于难民车队，畹町失守即因此，需高度警惕。

5月5日清晨，工兵营决定派两人化装成乞食的难民，对桥西车辆进行侦察。一名广东籍军官队长和一名四川籍班长接受了任务，两人换上旧衣服，拿着钞票，以买食物为由，从桥西第一辆车开始排查。

在距西桥头大约500米处，两人发现一辆卡车上正副驾驶均为着便装的年轻人，车厢内五六名乘客也是年轻人。就逃难人群来说，这种人员构成显得不同寻常。他们伸手递钱表示要买吃的，对方只摇手不作答。由于前面的几辆车均未发现这种情况，两人又靠近邻近类似的一辆车，发现驾驶室内同样是两个年轻人，车

---

① 民国时期，中国被分为5个时区，自西向东依次为昆仑时区、新藏时区、陇蜀时区、中原标准时区和长白时区。中国远征军采用陇蜀时区，与日本时间相差2个小时。

厢内却坐着四个小伙子和一个老妪。按中国人的思维,既然是一家人逃难,为何忍心让老人坐货厢?两人心生怀疑,又递上大把钞票,求他们卖点吃的,并动手翻他们的行李。车上的年轻人见状,忙手推脚踢予以阻止,只是如哑巴样不吭声。在翻行李的过程中,广东籍队长触到了像是枪支和钢盔形状的东西。这时车上的人面色大变,一齐动手要将其掀下车来。拉扯之中,队长看到了行李包内的枪支、钢盔和军装。[1]

队长下车后拉着班长疾步走向西桥头。就在此时,桥头传来两声枪响!

此处,不得不按说书人的"俗套",花开两朵,各表一枝——

当日早晨,龙陵商人何树鹏驾车从保山回家,车过惠通桥,闻龙陵已被日军占领,遂在桥西头掉头欲返回保山。有一辆车等得不耐烦,从其旁边冲过,因刹车过猛机械损坏,抛锚在路中,后继车辆不能通过。见此情景,一名宪兵从东岸召集十多名桥工,各带一根大铁锹来到西桥头。宪兵问抛锚车车主(一说叫彭永松[2])欲何为,答曰车坏了。问何时修好,车主傲慢答不知道。宪兵遂左手示意车主站在路边,右手拔枪连开两枪,将其打死。随后摆手示意桥工,用铁锹将抛锚车撬翻,滚入江中。[3]

这是关于惠通桥的叙事中被提及最多的一个情节,且多讹传被宪兵打死者为何树鹏。但是,宪兵第20团第2营第5连第2排士

---

[1] 李济洲(口述):《亲闻炸毁惠通桥经过》,云南文史资料选辑第39辑《滇西抗战》,第230页。
[2] 吴子健:《惠通桥小记》,黄埔同学会《黄埔》杂志,2008年第6期。
[3] 杨升义:《孩婆山阻击战》,保山文史资料之滇西抗战专辑《溅血岁月》,第128页。

兵刘赞琼提供了不同说法：

当日稍早前，在怒江西岸距离惠通桥约5公里处，一辆军用卡车抛锚后横在公路中间，造成车辆大批拥堵。十多名华侨及护路员先后到设在惠通桥头的指挥部报告情况，请求尽快疏导交通。一名工兵班长带领四个兵前去处理时，却被对方蛮横地缴了枪。奉第5连连长凌彦的命令，刘赞琼和十多名宪兵化装成便衣，携带短枪前往疏通交通。当事人是第5军的一名少校军官，带领十多人驾驶这辆大卡车，因抛锚停在路中间修理。刘赞琼等劝其把抛锚的车推到路边，对方不听。迫不得已，刘赞琼等人掏出枪，勒令对方不要动，而后将该少校押回指挥部。军方人员一致劝解，在非常时刻应以大局为重，但对方不听，还大声谩骂。见其如此蛮横，大家一致要求指挥官枪决他。于是，指挥部当即决定对此人执行枪决。工兵随后将该车上的货物卸下，交路过车辆运往第5军军部，而后将车推下山沟。[①]

但这声意外的枪响，让已接近桥头500米处的日军便衣队产生错觉，立刻打开行李包，将机枪架在车厢上向前后的中国军车和难民车辆疯狂扫射。此时，已侦悉敌情的工兵队长和班长冲到西桥头高喊，桥东的工兵见状立即准备爆破。

这是个令人窒息的时刻！但这一刻竟然有三位通过惠通桥的亲历者留下了口述。

稍早些通过的是一个叫杨世雄的保山小伙子，此前他在芒市

[①] 据2012年8月25日《南国早报》文章《我们没有忘记——从广西走出去的中国远征军》第三章《滇西溃败》，记者卢大清、钟亮、莫仁力撰文。

做小买卖，听闻日军入境，赶紧处理掉货物东逃：

> 5日早晨7点离开腊勐街，约8点到了惠通桥。这时，日军已经向东岸的山坡打炮，公路上的车辆已堵塞成一条不能流动的河。有个守桥的宪兵催促说："人员赶快过，要炸桥了！"我拎着包下了车就向大桥跑过去。与我并行跑过桥的还有两口子，男的抱着一个两岁左右的小孩，女的抱着一个盒子，想必是金银细软之类，相信那是他们随身的全部家当。刚跑了十多米，听女人哭喊"我跑不动了"！男人唬了她一句："不带着今后咯吃饭？"脚步并没有慢下来，边说边跑。
>
> 这时有日本飞机飞临上空，机枪对着人群扫射。只听一声惨叫，抱盒子的女人被射中，栽倒在桥面上，盒子也掉在一边。女人的血像水枪似的喷着。男人在飞机机枪扫射声中，虽然迟疑了一下，终还是抱紧孩子，一脸悲恸地跑过桥去。
>
> 听着西面半坡传来日军的炮声，跑过桥后，我也不敢沿着公路往上跑，而是顺着江边往下游跑。跑了二十多分钟，只听得几声巨响，大桥方向一片烟雾腾腾，大桥没了。[①]

其次，是新29师司令部参谋盛兆，系部队战败后在滇缅公路上搭便车独自撤退，于5月5日晨到达惠通桥头：

---

① 杨世雄（口述）:《我所目击的惠通桥炸毁》，保山市文史资料之滇西抗战专辑《溅血岁月》，第145页。

> 我到了离惠通桥一二百米处，松山顶上响起了敌人的大炮声。一声呼啸，炮弹落到东山的公路上。我爬上一辆汽车过了惠通桥，回头一看，人在奔走，汽车抢着上桥，谁也不服从宪兵的指挥，一片混乱。桥头上，工兵正在紧张地埋放炸药。我军一班武装步兵散开，持枪沉着地向江边前进。江西岸，一些难民被追迫跳进怒江逃命，他们明知道在急流之中，翻滚的江水会立即把他们吞噬，但是这样要比被敌人杀戮和凌辱强百倍。我绕过一个山嘴，忽然听到一声巨响，惠通桥被我方自行炸毁了。[①]

另一位亲历者叫高熺奎，当时在中国运输公司龙陵保养场当助理员。据他回忆，他们一家人是最后通过惠通桥的：

> 5日天刚亮，我们爬上一辆车子，开到惠通桥边。当时车子一辆一辆过，非常缓慢。大约在上午8点，敌军在飞机掩护下占领了腊勐，开炮将东岸老鲁田（大山头）的车子打翻。（车子）燃烧起来，把路堵死了。这时，又有汉奸的车子在我们前面横ма，车上挂起了白色布单，司机持枪威吓群众："不准跑！不准跑！这是我们中国飞机，不要怕！"后面的人见此，即同声大喊："捉汉奸！"这个司机才溜了。
>
> 我们一家跳下车子，徒步上惠通桥，即见炸桥的两个中

[①] 盛兆：《滇缅抗日杂忆》，《远征印缅抗战——原国民党将领抗日战争亲历记》，第170页。

国兵，已将炸药摆在桥板上，绞动手摇发电机，一个正在接线，另一个站在桥面的兵，见我们全家七人已经上桥四五米，赶忙上前一步把接线兵的后领子一把揪住，向后拖倒仰卧桥上，一面招呼我们："快跑！"当我们刚离桥四五步时，轰隆一声，整座桥面沉入江中，只剩下几根铁索悬在空中……①

这里提到了混迹车队中的汉奸。高熺奎还特别说到，5月3日深夜在龙陵时，两名从畹町下来的溃兵在其兄开的餐馆吃饭，谈及日军追击部队除了沿公路攻击前进的主力，还有一路以汉奸为向导，从走私小道直插惠通桥。

虽然在日方史料中，未见使用便衣队、汉奸为前驱的记述，但是这类事情一直被大量中方史料证明是存在的。在缅境战斗中曾有大量穿黄色袈裟的和尚为日军充当爪牙，多为昂山领导的缅甸独立军成员。

这里要再次提及那两名担负化装侦察任务的广东籍队长和四川籍班长。关于侦察发现日军便衣的故事出自此二人之口，转述者是惠通桥上游怒江坝土司署（潞江安抚司署）的总务主任李济洲。

据李济洲回忆，5月6日下午，土司署的自卫队在怒江坝附近抓到了两个自称缅甸难民的可疑之人。李济洲亲自接待并打消其顾虑，经讯知是实施爆破惠通桥的中国工兵，一人为队长，一人为班长。

---

① 高熺奎：《炸毁惠通桥目睹记》，云南文史资料选辑第39辑《滇西抗战》，第95页。

但两人向李济洲的供述，却与前述爆破决策、实施过程有所不同。据其中的队长讲，他是5月4日在保山接受马崇六的命令执行爆破惠通桥任务的。马崇六特别叮嘱其要把握炸桥时机，即应尽量让人和车过江，但不准一个敌人混过来；一旦发现敌人应及时炸桥，不要让畹町失守的"旧戏"重演。

当时，该队长向马崇六提出了四条要求：一是执行任务人数不宜多，由其在所带工兵中挑一个排长和两个班长同行即可；二是时间紧迫，请马崇六派专车送至惠通桥；三是请马崇六给一纸手写命令，以免和守桥人发生误会；四是经济上予以支持，以防万一。马崇六同意了这四条要求，4日下午用吉普车将他们四人送至惠通桥，即执行炸桥任务的仅此四人。

与守桥部队接洽后，当晚，四人即布设好了炸药。5日黎明，队长令带去的排长和一名班长留在桥东操作爆破装置，自己带一名班长化装到桥西侦察敌情——这是贯彻马崇六关于"把握炸桥时机"的指示所想的办法。两人在距桥头500米处发现日军便衣队后，迅速冲向桥边高喊发出命令，桥东的排长与班长启动爆破装置炸桥，队长与班长则被隔在了桥西。此后，二人趁乱溜下河谷，溯江而上约25公里逃至怒江坝附近，与土司署自卫队士兵遭遇而被捉。

难得的是，李济洲派土司兵带二人在怒江边一棵大树的树洞里找出了藏匿的马崇六手令、枪弹和钞票。确认了两人的身份后，土司署以贵宾相待，七天后派人护送二人到保山。

一年后，李济洲在保山与广东籍队长重逢，他已荣升处长，并邀李济洲一起住在第71军军部，次日清早请李济洲吃了广东名菜"火烧狗崽"。很遗憾的是，李济洲在75岁回忆往事时已忘记了这位队长的名字。①

按李济洲的回忆，马崇六5月4日向工兵下达炸桥手令在先，则林蔚5日再下手谕即属重复。当然，林蔚的命令权限高于马崇六。另外，台湾老兵王思露在其《爆破惠通桥纪要》一文中，以林蔚的驾驶员汪某对其所说，证实林蔚确曾亲自写下炸桥手令给张祖武；同时说他自己时任工兵第24营连长，亲自执行了炸桥任务②。

那么，那位建立功勋的"广东籍队长"是谁？是营长张祖武（湖南长沙人），参谋团工兵参谋罗崇典（湖南祁阳人），还是"连长"王思露？但李国屏提到了本营三位连长的姓名，其中并没有王思露。马崇六在致龙云电报中说，他是令一个连留在桥头为破桥组，另两个连撤到东岸占领阵地掩护车辆过江。李国屏所述三个连在桥上分段安装炸药，在爆破技术层面实有小题大做之感。在美国"飞虎队"队员事后绘制的一幅惠通桥战事油画中可看到，惠通桥东端折断坠入江中，桥体中部没有断裂，西端仍与桥墩相连。这说明，工兵当时仅在桥面东端安放了炸药，而不是设置了三处爆炸点。

在炸桥前幸运过江的有第5军装甲兵团一部，团长胡献群的回忆录提供了一条较为清晰的线索：

---

① 李济洲（口述）：《亲闻炸毁惠通桥经过》，云南文史资料选辑第39辑《滇西抗战》，第230页。
② 《滇西对日抗战》第一编第六章《惠通桥作战》，第38页。

5日晨7时，通过惠通桥。桥之两端，汽车拥塞，纵列长约30公里。是时本团车辆一部分已过桥，一部分尚在桥西，皆阻于大队汽车行列之中，不得活动。

怒江两岸，山势峻峭，公路蜿蜒而下，行20余公里，凡数十折，而后过惠通桥。过桥之后，复曲折而上，亦20余公里。桥东桥西，遥遥相望，隔岸对立，能相呼应，诚天险也。

过桥上山，择一山势较平而有森林处止焉，盖欲以此为战车集合场，俾战车至此集结休息，然后整队开赴保山也。

9时顷，突闻桥边轰轰然炮声大作，趋问之，知敌人已占领桥西高处，而炮击我桥东公路也。①

另，装甲兵团少尉排附刘家茂所在车组，在团长胡献群稍前行进。该车组共14人，由3辆美式载重汽车拉着3辆轻型坦克，刘家茂是其中一辆车的驾驶员。据其回忆，5月4日18时，车组到达腊勐街。松山至惠通桥段公路的车辆拥塞得水泄不通，很多人传言"晚上12点要炸桥"，众人惶恐不安。迟至5日拂晓，车组才挨到桥边，刘家茂看到桥面上已布好炸药雷管，爆破准备就绪。过桥后，江东路段也是拥堵不堪，待爬行至距惠通桥20公里的老鲁田时，已是上午10时许。炸桥是在车组爬坡期间实施的，因为当时车行至山背后，刘家茂未能目击。

不过，刘家茂事后了解到一些情况，曾这样写道："后来听说

---

① 胡献群：《西征纪事》，《抗战时期滇印缅作战（一）——参战官兵访问纪录》（下），第1094–1095页。

负责炸桥的某营长（一说是连长）机智勇敢，他并不死死地遵守命令时间，而是发觉了敌人后才拉线，这样至少多放过来了一百多辆汽车。这是多么难能可贵啊！"

此刻，笔者眼前又晃动着那位广东籍队长的影子，对爆破桥梁这一重大军事行动在时间记述上的模糊性，也有一种"同情的理解"。显然，这是一个由人心把握的事件，而不仅仅基于精确的命令。

日军的视角

这里，需要从日军视角再次回溯这一过程。

据日军战史记载，担负沿滇缅公路追击远征军溃部任务的是日军第56师团坂口支队，该部由第56步兵团[①]团长坂口静夫少将指挥，以步兵第146联队（联队长今冈宗四郎大佐）为基干，并配属野炮第56联队第1大队（大队长行方正一中佐）、装甲车中队（中队长穴井元喜大尉）、工兵第56联队第1中队（中队长江崎秀作大尉）、辎重兵第56联队第2中队（中队长田中统介中尉）及师团卫生队担架第3中队（中队长野津高雄中尉）、第1野战医院（鸟井作夫军医中尉）、防疫给水部和通信队各一部编成，是一支能遂行独立作战的混成部队。

5月3日，坂口支队以第146联队第3大队（大队长松本治中佐）为前锋，自中缅边境小镇畹町攻入滇西，相继攻占遮放、芒市、龙

[①] 步兵团为日军师团建制内指挥三个步兵联队的机关，相当于旅团级，指挥官为少将。太平洋战争爆发后，第56师团先以第56步兵团团长坂口少将指挥步兵第146联队及配属部队一部参战进攻印尼爪哇，称坂口支队，系临时编制。

陵。5日晨，坂口支队继续向松山追击。当步兵尚未进抵怒江边时，炮兵发挥其射程远之优长，在松山东麓炮击东岸中国军车队[①]。

据排附刘家茂回忆，日军在松山下的滇缅公路上架炮轰击东岸中国军民，封锁了大山头外边一段拐弯处的公路，只要大弯内的车一露头，炮就打过来，致使挤在大弯内的数百辆汽车无法通过这一封锁线。在日军炮击中，难侨丢掉汽车、财物，哭声震天，沿江乱跑，许多老弱者死于沟壑，壮者妻离子散[②]。

在此情况下，已过江的车辆只能冒着敌军炮火排车强行突进。团长胡献群记述道：

> 我战车与汽车已过桥而陷于被封锁地带以内者，官长士兵，皆不忍舍车而去，且愤慨万状，誓共生死。当此之时，公私车辆遗弃于道上，或为敌炮所击毁，障碍交通者，不知凡几。我官兵冒敌弹逐一排除之，前仆后继，不稍畏惧。既而战车挺进，通过封锁地区，一时敌炮齐发，弹如雨注，声动山河，沙石飞扬，烟尘障天。而我战车轰轰然，忽隐忽现，破尘而出，道旁见者，莫不缩颈吐舌，共叹骁勇，有投果饵相劳者，为之满载。自5月5日被封锁以后，本团如此而抢救出险之车凡47辆，牺牲之官兵凡50余人矣。[③]

[①] 〔日〕太田毅：《拉孟——玉碎战场的证言》，昭和出版社1984年版，第16页。
[②] 刘家茂：《远征军赴缅作战片断》，云南文史资料选辑第39辑《滇西抗战》，第71页。
[③] 胡献群：《西征纪事》，《抗战时期滇印缅作战（一）——参战官兵访问纪录》（下），第1097页。

此时实施炮击的，是日军野炮第56联队第1大队前卫第3中队（中队长石原义治）。该大队第2中队小队长高村武人中尉记述："……因为中国军队车队在怒江峡谷对面蛇形升降，所以总共70公里的距离就缩短为8公里的直线，他们终于进入了日军野炮的射程（当时野炮第1大队是由改造三八式野炮编成）。当日的行军序列是这样的：前卫为步兵第146联队第3大队以及野炮第56联队的第3中队。10时前后达到白壁部落（即腊勐车站）下方的突出部位置之后，野炮第3中队立刻布置放列[1]，对准八千数百米外的钵卷山（此时称"一山"，5月6日后改称"钵卷山"——原注）右端的先头车辆猛烈射击，使之破坏燃烧，从而建立了迫使对方车辆悉数停滞不前的伟绩。"[2]

在日军野炮第56联队战记中，有更为精确的记录：军曹堀清次第2分队的一门野炮，架设于通过腊勐街后约一公里处的公路上，由第3中队长石原义治大尉亲自指挥，经调整射击诸元修正弹道，以第5发命中钵卷山公路最东端的货车。此后连续射击，致使一辆车滚落崖下，一辆车起火燃烧，使后续约800辆车停滞不前。此时为日本时间10时30分，即当地时间8时30分。[3]

约30分钟后，日军步兵第146联队第3大队尖兵急追到惠通桥附近，捕捉到了中国军的一部。该大队第10中队指挥班长中原信

---

[1] 将火炮及其配套装备由行军状态转为战斗状态的操作过程，也指展开后的炮位和掩体。
[2] 〔日〕高村武人:《「ビルマ戦場」雲南編のビデオを見て憶う》，朱弘翻译并提供。
[3] 《炮烟——龙野炮第五十六联队战记》，日军第56师团野炮第56联队史编辑委员会，昭和五十八年（1983年）印行，第80页。

夫军曹记述：

　　……怒江左岸是中国军庞大的车队。日军的炮声响彻峡谷，中国军车队最前方的车冒起了黑烟。这正是中国军队的主力部队。我第10中队不等大队长下达命令，便独断行动冲下山坡准备占领惠通桥。第2、第3小队沿着公路右侧的山坡[①]向下冲；中队长带着第1小队和指挥班，在右岸公路上中国军队自行烧毁的卡车间穿梭，在各种枪炮弹炸裂声之中向惠通桥突进。途中见到很多迷路的妇女、儿童及在路边草丛里哭泣的婴儿，场面如地狱一般……

　　第2、第3小队冲到距惠通桥不到100米的位置，准备用轻机枪射击前方的警戒兵，但是顷刻间传来了巨响，这座吊桥消失在了怒江的激流之中。[②]

　　另据日军第15军司令部作战主任参谋寺仓小四郎大佐记述，坂口支队追抵怒江一线为日本时间11时，我方炸桥时间为12时50分[③]（换算时差，与前述马崇六致龙云电之记述10时50分吻合）。日方记述未提及以"便衣队"混入中方车队接近惠通桥的细节，但中国军与日军在怒江边交战近两小时，说明中国工兵尽量将爆

---

① 据龙陵县文管所饶斌先生带笔者现地探察，此处所记"公路右侧的山坡"，是从董别大山东侧经大洼子村直插滇缅公路"老虎嘴"附近的小道。
② 《侵占滇缅的"急先锋"——日军第56师团第146联队志》，第57页。
③ 日军第15军参谋部《缅甸作战经过概要》（作战主任参谋寺仓小四郎大佐，1942年6月15日），日本亚洲历史资料中心，C14060184000。

桥时间后延，从而使得滞留怒江西岸的车辆减少到150余辆。

14时（日本时间，当地时间12时）左右，日军步兵第146联队第2大队（大队长金氏坚一少佐）以及野炮第1中队和第2中队高村小队亦抵达战场。此后，野炮第1大队全部8门野炮在公路上一字排开，倾全力轰击"一山"（大山头）右端先头车辆附近，在遮断公路的同时炮击"一山""二山"（孩婆山）的中国军。其中，第1中队第1小队布置火炮放列后，考虑到风偏等因素修正诸元，连续射击三发炮弹未中，第四发经过950米的修正，由小砂小队第1分队山田二炮手击中一辆货车，引燃汽油后使前后十几辆车燃烧起来。当时，步兵团团长坂口少将就站在指挥炮击的渕强次中尉身后观战，日军士气大振。①

日军最先冲到惠通桥边的是步兵第3大队第10中队，中队长中村丰藏大尉根据山口第2小队、平野第3小队的报告决定强行渡河，让第2小队第2分队长石川繁义军曹侦察地形寻找渡江点，并令士兵从公路上被遗弃的车辆上收集轮胎、汽油桶制作渡河器材。此时，在150米外对岸的我军以机枪、迫击炮击伤日军上等兵蓑田等人。

与此同时，日军中队指挥班长中原信夫军曹建议等待工兵和重火力来支援，中村大尉表示等石川分队长侦察回来再作决定。不久，石川分队长侦察回来报告：一、两岸悬崖陡立，江流太急，不少地方还有暗流；二、对岸丢弃在路上的车辆较多，不易突击，有迹象显示大量中国军队集结在其后方的村落里；三、右岸树林繁茂，很难穿越，也无合适的渡河点。听完石川分队长的报告，

---

① 《炮烟——龙野炮第五十六联队战记》，第76页。

中村丰藏大尉一时难以决定。

17时（日本时间，当地时间15时）左右，深崛长作军曹前来传达第3大队长松本治中佐的命令：撤离惠通桥，向大队本部指定地点集结；留置一个小队于右岸高地监视对岸。于是，中村丰藏大尉令平野第3小队留下担任此项任务，自己率中队主力赶往后方700米处的渡河点[①]。

怒江东岸大坪子村二十多岁的郭凤英，当日早晨在惠通桥东桥头卖粥。惠通桥被炸后，郭凤英趁乱上山逃回家，又与家人往更高处的密林深处躲藏。站在东岸的高半山上，郭凤英看到怒江西岸公路上的日军抓了一些难民，持枪逼他们将堵在公路上的车辆往怒江里推，似乎想以此将怒江填平，从上面越过江来。但前后推下了六七十辆车，都被湍急的江流冲走，江面上一点痕迹都没有。[②]

在此期间，日军第146联队长今冈宗四郎大佐率第2大队长金氏坚一少佐及军旗中队（第8中队，由联队长今冈大佐直辖）、联队本部军官、通信中队长、无线电分队抵达松山。今冈大佐命令第8中队长金谷龟松率队设法先行渡过怒江，占领对岸的钵卷山侦察情况并担任掩护。金谷龟松撰述道：

> 惠通桥两头的岸上，挤满了无法动弹的中国军队和老百姓的汽车，一眼望不到尽头。在怒江的谷底放眼望去，长长

[①] 《侵占滇缅的"急先锋"——日军第56师团第146联队志》，第58页。
[②] 苏家祥、戴有锟：《横跨峡谷的丰碑》，《滇西抗战第一枪——纪念滇西抗战胜利60周年文史集》，第28页。

的滇缅公路上那无法动弹的汽车,在日军炮击之下跌入了深不可测的谷底。

"干得漂亮!"

"怒江的河岸以及对岸道路和山里的中国军队暂且不管,现在最主要的是该怎样渡河。"

我命令中队轻装做好出发准备,并且用望远镜来寻找渡河点。在这山间的激流上,大浪拍打着巨石,既没有发现可以游过去的地方,也不见舟筏等渡河工具。但是光抱怨是不行的,再不前进的话,今冈联队长就要竖起八字胡发怒了。我们也顾不上其他的了,顺着山坡滚了下去。

过了一个小时,我们滚下山坡。出乎我们的意料,中国士兵只开了几枪,我们也没有损失。惠通桥被炸毁之后,附近岩石下隐藏着无法渡江且已经丧失战意的50名中国士兵,还有50名缅甸华侨。

——金谷龟松记述的这一细节很重要,但刻意略去了日军屠杀这些放弃抵抗的士兵和难民的罪行。在当日被困江东的难民中,有一位是出生于上海、时为昆明东成开发公司总经理的徐节俊,战后他曾在东京审判时出庭做证:

我33岁,是东成开发公司的总经理,这个公司的总部以前在云南的昆明。1938年以后,我因纺织品交易和这个公司有了联系。1942年5月,我在滇缅公路旅行的时候,遇到桥梁被炸、交通阻断的事。满载着从缅甸来的中国难民的卡车、汽车约300辆，不能渡过怒江，进退维谷。后来车队相应分散开来，从各个不同的地点渡河。我加入了约70人组成的一队，但不幸被日军抓住。每个人都遭到了抢劫。我自己也被抢走了钢笔和20000卢比。日本军官把我们一队人分成两拨，一拨带到山区，另一拨坐在江边。我们在江边围成圆圈坐下，军官便命令机枪对我们扫射，我尽快伏在地下，一动不动。我两边的男人一个个地倒了下来，尸体一层层地压在我身上，那时正好正午时分，我一动不动地埋在尸体当中，一直到下午6点。第二天早上，我看见附近路边横着1000人以上的尸体。那天下午我看见4个日本兵把2个女人带上山去。女人回来时都哭了，说是被强奸了。第三天我和几个熟悉附近地形的人一起逃了出来。①

金谷龟松接下来又写道：

我们集中在一片洼地后，开始准备应对预料中来自对岸的射击。摸索了半天，也没能够想出好的渡河方法。船就不用想了，连制作船筏的竹木材料也没有。即便真的做成了筏子，有没有浮力，能否在波涛汹涌的河面上顺利到达对岸，也是个疑问。我点上一根烟，思考接下来该怎么办，是不是该向联队长报告情况了？这时候突然听到有人大喊道：

---

① 〔日〕《朝日新闻》东京审判记者团：《东京审判》，吉佳译，河北人民出版社1988年版，第100—101页。

"金谷队长在哪里?"

我穿过树林一看,发现独立工兵队的中队长(渡河材料第10中队,中队长川缘中尉)笑呵呵地带着两名下士官[1]跑了过来。他是坂口兵团初期在菲律宾、婆罗洲和爪哇同甘共苦的战友。

"喂,你过来干啥呢?"

"是联队长让我来的。"

"那太好了,拜托你了。"

"这河太凶险了。"

"有没有什么渡河器材呢?"

"有些从爪哇缴获的浮囊舟。"

"能坐几个人?"

"一条舟能坐三名战斗人员和两名桨手。"

不知道是幸运还是不幸。躲着中国军队的火力准备了很长时间,天色暗下来后我们开始渡河。途中虽然遭到了对岸的射击,但是在阵地上友军火力的掩护下,我们全都安全地渡过了江。[2]

稍后,金氏坚一少佐率第2大队主力亦抵达惠通桥边。大队本部中岛正男撰述道:

---

[1] 日军部队的旧层级名称,对应于西方军队的军士(NCO)阶层,分为伍长(下士)、军曹(中士)、曹长(上士)三个等级。

[2] 《侵占滇缅的"急先锋"——日军第56师团第146联队志》,第41-43页。

金氏大队长发现上游100米处的对岸有一艘小船,于是命令刚俘虏的中国兵游过去把小舟划过来。这时听到有人喊道:"谁手里有日之丸旗?"我把坐在吉普车副驾驶位置时经常挥动的一面日之丸旗递给了这个中国兵。这面日之丸旗是出征时亲朋好友送我的,上面写满了鼓励的话,还签了名字。

小船挂着日之丸旗离开了岸边,在江心被水冲斜的时候突然遭到了射击,中国俘虏兵倒在了船上。日之丸旗和小船都被江水吞没了。

勇于第一个从惠通桥桥墩旁渡河的,是我的日之丸旗。[①]

此后,第2大队主力及第146联队本部开始渡江。第7中队嵩下政治撰述道:

为了阻击日本军,中国军队的步兵依托钵卷山的阵地加强了防御,并准备发动反击。为了击退这支中国军队,联队长命令我第7中队及第6中队攻占钵卷山。

中队在夜幕的掩护之下,乘坐工兵的橡皮筏子一齐开始渡河。橡皮筏子刚一离岸,就被中国军队发现了。他们用迫击炮和机关枪向我们猛烈射击。再加上怒江的激流,渡河过程中有的船翻了。但是中队主力还是成功到达了对岸。渡河途中,崛内正治、浜田近良两位队员分别被机关枪击中了头部和胸

---

① 《侵占滇缅的"急先锋"——日军第56师团第146联队志》,第31页。

部战死了。①

联队直属通信中队的太田亮三撰述：

据说渡河点附近的江水流速很恐怖，达到了每秒三米。怒江岸边布满了工兵队从南方带来的浮囊舟。中国军队的狙击手时不时从山谷向我们射击。记得第8中队（军旗中队）是先发中队。

工兵队就渡河提了很多注意事项。（先遣队的）浮囊舟侧面进水后翻了过来，好几个人瞬间被激流卷走了。中国士兵从山谷里猛烈射击。我也不清楚前方战况到底是什么样子。后续部队也开始渡河了。

听完工兵队的指示之后，我战战兢兢地上了浮囊舟。这条橡皮筏子到达河心的时候，在秒速三米的水流冲击下，一会儿往上游漂一会儿往下游漂。对岸狙击手的子弹时不时地飞到小舟附近。友军的重机枪掩护射击后，我才松了一口气。我们终于渡过了宽达200米的怒江。后面的渡船也都陆续到达对岸，这多少让人安心了一些。②

另据日军炮兵小队长高村武人记述，19时16分（日本时间，当地时间17时16分），在炮兵火力掩护下，步兵第2大队的两个

---

① 《侵占滇缅的"急先锋"——日军第56师团第146联队志》，第38页。
② 《侵占滇缅的"急先锋"——日军第56师团第146联队志》，第7-8页。

中队在工兵队协助下,使用两艘橡皮舟开始渡江。这时,步、炮兵集中了全部火力,支援步兵行动。"这次的渡河,正是步、工兵联合一体的奇迹,我当时的日记是这样写的:'自己激动的泪水使得望远镜都模糊一片了';但是捕捉到那一千部车辆(我们直接可以目击的就有680余辆——原注)的,则完全可以说是野炮大队的独角戏。"[1]后来,高村还曾在日本畅销上百万册的连环漫画《战争论》中表示:"这个炮击战,尽管规模小,却发挥了炮兵的真正价值,与柔佛(Johor)海岬炮击战及科雷希多(Corregidor)炮击战一起,被誉为大东亚战争攻势期的三大炮击战。"[2]

第36师西进阻敌

(1942年5月4日夜—5月6日夜)

日军实施渡江攻击后,在怒江东岸的中国军队,仅有云南省绥靖公署步兵第6旅的一个连(第2团第2营第4连,少校营附兼连长瞿琢)、滇缅公路畹町—漾濞段警备队一个中队、宪兵第20团第5连一部、独立工兵第24营及驻大山头的一个化学防空连(敌机空袭时施放烟幕掩护桥梁),加上隶属混乱的零散溃军,都是不

---

[1] 〔日〕高村武人:《「ビルマ戦場」雲南編のビデオを見て憶う》,朱弘翻译并提供。
[2] 〔日〕山田正行:《自我认同感与战争——关于战争期间滇西地区的心理历史研究》,刘燕子、胡慧敏译,昆仑出版社2004年版,第47页。

堪阵仗之旅。[1]

　　所幸,此前第11集团军总司令宋希濂奉令兼任昆明防守司令,其所辖之第66军入缅作战虽也在溃败途中,但第71军正从川康向滇西开进,该军前锋第36师已率先抵达祥云。

　　5月4日深夜,蒋介石打电话给宋希濂,告之:据陈纳德"飞虎队"的侦察报告,"滇缅路上中国军队零零落落,溃不成军,完全不能抵抗日军前进。如果再不设法挽救,依照敌人几天来的前进速度计算,大约十天即到昆明"。据此,蒋介石命令宋希濂星夜征调车辆,将第36师及第71军后续部队运抵怒江东岸阻敌。放下电话,宋希濂即亲至昆明郊外黑林铺的滇缅公路运输管理局洽商,该部允诺5日至7日三天内提供货车550辆用于运兵。[2]

　　5月5日零时,率先登车的第36师先头部队第106团,已抵达惠通桥东约18公里的加油站(一丘田)附近。因沿途车辆拥挤,道路堵塞,不能通行。团长熊正诗因情况不明,即就近向驻大山头之防空化学兵连及滇缅公路路警大队探询,被告知:"越畹町之敌似已到达芒市附近,龙陵地区尚无敌踪。"熊正诗令各部下车炊爨用饭。待天色稍明,即率各营营长赴大山头前方侦察地形,令前卫沿江掩护阵地,并以一连进至惠通桥西端警戒;主力向大坪子、孩婆山前进。上午9时许,日军炮击东岸后,第106团迅即在

---

[1] 杨升义:《孩婆山阻击战》,保山文史资料之滇西抗战专辑《溅血岁月》,第128页。
[2] 宋希濂:《远征军在滇西的整训和反攻》,《远征印缅抗战——原国民党将领抗日战争亲历记》,第42页。

大山头、乌木榔之线占领阵地。①

因惠通桥被炸断，日军金氏第2大队选择上游数百米水浅处为渡口，仅以几只橡皮舟和排筏往返输送兵力，至第106团抵达时仅运送三四百人过江，且过江后即为大坡度仰攻，地形对其极为不利，因此给中国增援部队开进提供了较充足的时间。

据第11集团军战斗详报载，"12时稍过，归侨及难民中潜伏敌之第五纵队数百人，即猝然向孩婆山袭击"。另据第36师政治部课长俞晏澄记述，16时许，第36师师部抵达老鲁田后，就地开设指挥所。17时许，几名华侨从公路下疾奔上坡，向已进至大坪子后方高坡的第106团前卫连报告说，坡下公路上有三辆铁篷车，车上士兵的臂章是白底红日标志，可能日军已乘难民车辆混过惠通桥了。连长立刻派出两名士兵前往侦察核实，证实确系日军前卫小队，估计混过桥东的日军已有200余人。连长一面向上级报告，一面布置兵力监视敌人动向。第2营全营很快抢占大坪子公路旁的高坡，以机、步枪向铁篷车里的敌人扫射，但因路上敌我车辆人员混杂，未能稳准狠地打击敌人。大部日军跳下车辆，抢占高地开始还击。②

这一记述，令人再次想起第1营营长易浚华所说炸桥前已有日军便衣探子混过桥东，高熺奎所说那路以汉奸为向导、从走私小道直插惠通桥的日军，及李济洲所说工兵营两位化装侦察者在西

---

① 《第十一集团军惠通桥、腾冲、龙陵地区间战役战斗详报（1942年5月—6月）》，《滇缅抗战档案》（上），第328-329页。
② 俞晏澄：《中国远征军三十六师驻施甸抗战纪事》，《滇西抗战第一枪——纪念滇西抗战胜利60周年文史集》，第40页。

岸车队中发现的日军便衣人员。但是,假若日军确有"第五纵队"在炸桥前混过了桥,为何在我工兵爆破时未加干扰?笔者以为这在情理上是说不通的。上述种种说法,极可能是将利用橡皮舟渡江的日军金氏第2大队,误作预先从桥上混过江东的日军。

据第11集团军战斗详报,5日,"该团(第106团)以驱逐孩婆山敌人之目的,施行进击。敌在炮火掩护下继续强渡增援,彼我伤亡迭出,入夜仍在对峙中"①。日军方面,第2大队及第146联队本部数人亦留下了战斗记录。

第8中队长金谷龟松撰述:

渡河过程中中国军队的抵抗很少,但是接下来攻占高地的过程却很要命。公路就在这个高地的下面,弯弯曲曲一路上坡通向保山和昆明。道路上绵延停着上千辆中国军队的汽车。靠近山顶的汽车已被日军炮兵打坏了。要沿着这条道路前进,当然是很困难的,所以必须沿着山的斜面两次横越过公路,直接向着山顶攀登才行。

当时是夜里,周围漆黑一片。但是道路上的中国军队车队开着车灯,我们才大体上看清了地形和方位。道路上的中国军不是战斗部队,而是运输队。我们在横穿公路的时候,很容易击败他们,也可以把车辆烧掉,但是这会暴露我们的企图。于是我们悄悄地专心爬坡。穿过公路的时候我们屏住呼

---

① 《第十一集团军惠通桥、腾冲、龙陵地区间战役战斗详报(1942年5月—6月)》,《滇缅抗战档案》(上),第329页。

吸，放轻脚步，从汽车中间穿了过去。中国军可能也很疲劳，有的人睡得很死，有的人则聚在一起说着什么。后来我听说，有的士兵在如此紧张的气氛中，还悄悄地从中国军队汽车里偷了些威士忌、烟草和甜点等。真佩服他们在这么暗的夜里还能分清楚烟酒等物品。

黑暗既能帮助我们，也会带来烦恼。要是天亮被中国军队看到的话就糟了，所以我们拼命往上爬。这样一来，人和人之间的距离就变大了，队伍被拉得很长。当到达山顶时，中国军队的步哨发现了我们，向我们投掷手榴弹。这时候我身边只有几个人。但中国军队很快就撤走了，我们轻松地占领了阵地。[1]

第8中队第1小队三谷隆撰述：

第1小队乘着橡皮筏渡过怒江攻击敌人，经过了一个晚上后到达了山顶。天色渐白的时候，有三个中国士兵一边说着什么一边靠了过来，我们一起开枪把他们射杀了。

之后我们开始吃饭。但是身上不仅没有食物，连水都没有。于是我们前往中国军队遗留下来的汽车群中寻找食物，找到了一瓶红酒。由于口渴，我一下子全喝了。可能是因为不胜酒力，身体一下子软了下来。我躺下来醒酒，谁知刚在车旁躺下就睡着了。睡了十几分钟后，感觉到什么东西在发光，一看是我所躺的那辆卡车旁边的卡车上，有一个中国士兵拿

---

[1] 《侵占滇缅的"急先锋"——日军第56师团第146联队志》，第43页。

着镜子在剃胡子。当时的位置不利于射击，于是我想移动一下，谁知道身上的刺刀碰到了什么东西，发出了响声。中国士兵发现我之后逃走了。如果早点醒来的话就好了。但是如果我当时睡得太死的话，也有可能被杀掉。①

第7中队嵩下政治撰述：

中队到达对岸之后，立刻对中国军队发动了夜袭。但是他们抵抗得很顽强。我们反复发动冲锋，终于把他们击退到了东方，占领了阵地。我在中国军队遗留下来的汽车上搜到了一面旗子，卸掉旗杆后裹在腹部带回来交给了中队长。中队长说这是中国军队的军旗，并报告了联队长。②

通信中队太田亮三撰述：

这片红色的山野非常难爬。连接着钵卷山的滇缅公路上，停着数不清的被遗弃的货车及军用车，还有被遗弃的死尸。太阳落山之后，部队进展缓慢……这片离怒江水平面高差仅有800米的高地，坡度达到了40度，部队好不容易才在拂晓时分到达山顶。过了一会儿，友军过来联系说，这里离中国军队很近，让我们注意警戒。中国军队向联队长和大队长所在的方向

---

① 《侵占滇缅的"急先锋"——日军第56师团第146联队志》，第40页。
② 《侵占滇缅的"急先锋"——日军第56师团第146联队志》，第38-39页。

扔了好几颗木柄手榴弹,但是被巨大的仙人掌挡住了。大家纷纷趴了下来,所以没有受伤。中队长大喊让我们注意。通信器材和密码本很重要,所以我提醒队员们注意安全,让他们退到了安全地带。幸好大家都没事。不能让士兵们受到损伤,这是作为分队长的责任。但是我感到能与联队长一起行动是很幸运的。

今冈联队长到任两周[①]后即来前线视察。在步兵第146联队守备的第一线,怒江左岸的钵卷山以及距离云南远征军近在咫尺的前线上的日军官兵们,做梦都想不到联队长会来视察。[②]

在保山读书的中学生陈济泽,家住松山至龙陵之间的镇安街。5月5日因返家心切,他与逃难人流逆向而行卷入战场中心,躲在距怒江西岸公路200米处的一个干沟里,目击了当日的战斗过程。其回忆道:"在炮火掩护下,日军开始用橡皮舟强行渡江。这时,我阻击部队已布防于对岸半山公路上,当发现日军渡江后,迅速用机枪对准渡口进行严密封锁,并利用有利地形和已过江的日军激战。日军冲上去,就被我阻击部队打下来,又冲上去,再被打回来,反复多次,直到天黑,枪声仍然不断。"[③]

如前所述,最初布防于东岸半山公路上阻敌的兵力,应为"息烽"部队一个步兵连、滇缅公路畹町—漾濞段警备队一个中

[①] 1942年3月28日,今冈宗四郎大佐接替山本恭平大佐担任第146联队长。
[②] 《侵占滇缅的"急先锋"——日军第56师团第146联队志》,第8页。
[③] 陈济泽:《日军入侵惠通桥目睹记》,龙陵抗战丛书《龙陵烽烟》,第86页。

队、防空化学兵一个连、宪兵第20团约一个排及独立工兵第24营一部。但爆破惠通桥后工兵营即先撤退,其他部队应是坚持到第106团增援抵达后撤出的。有撰述称,工兵总指挥马崇六曾留在山腰指挥阻击。据姚仕基记述,爆破惠通桥后他爬上山去与马崇六会合,但因日军炮火袭扰而弃车逃散。

夜幕降临后,怒江两岸的局势变得诡谲莫测。

21时(日本时间,当地时间19时),从后队赶到前方的日军野炮第1大队副官坂口八三中尉,乘着吉普车经过尖兵队野炮第3中队阵地,说:"大队主力已到达后方的腊勐村落(指大垭口)附近。一定要抵达渡河点,大家加油!"但他乘车刚向前开出数百米,即被对岸飞来的远征军流弹打死。①

5月6日上午,第36师师部及第108团(团长谷宾)抵达戤子铺(今等子乡),以一个营在一丘田亘阿兰寨之线构筑预备阵地,其余各部布置于大梁子附近,为师预备队。师长李志鹏实施统一指挥。白天,怒江西岸日军仍在为后续部队渡江做准备,无大动作。

上午,大山头方面战事较为平静。第1营营长易浚华记述道:"除以迫击炮不时射击阻扰敌构工及其他行动外,并令第1连留一排兵力在敌前构工反斜面阵地监视,余退回大山头麓构工,以防敌人出击;其余各连按计划部署,加强工事。"②日军第8中队长金谷龟松记述:"(6日)天亮之后,中国军队整日向我们炮击,让我

---

① 《炮烟——龙野炮第五十六联队战记》,第76页。
② 《戎马关山话当年——陆军第五十四军史略》,第423页。

们一天抬不起头，没有时间去挖战壕……"①

下午，第106团决定乘夜向孩婆山日军再次攻击，策定部署为：

第1营派步兵一连于18时由大坪子北端实施正面攻击；第3营一连于同时经大坪子向孩婆山敌右侧背攻击；第2营在中心寨南端干沟后完成攻击准备，于18时30分向孩婆山之敌后背攻击。

第11集团军总司令宋希濂率副参谋长陶晋初和作战参谋杨肇骧、高宝书等人由昆明乘坐军用飞机到云南驿。到达后，知第36师师长李志鹏已率该师第106团到达保山，旋即改乘吉普车到下关。宋希濂带杨肇骧到邮电局给保山打长途电话，接线员说线路不通，却又让商人和保山谈生意。宋希濂大为恼怒，拍着柜台大骂："我是宋总司令，限3分钟接通保山，不然贻误战机，杀你的头！"接线员吓得浑身发抖，马上接通了电话。找到李志鹏通话，获知该师于5日到达怒江东岸及阻击日军情况，宋希濂大为高兴，立即致电蒋介石报捷，并请蒋下令迅速赶运第71军后续部队②。

夜幕降临后，第106团各营按预定方案实施攻击。

19时，第2营向孩婆山之敌攻击，前进至第二个山头，距敌仅数十米，遭敌轻、重机枪猛烈射击，顽强抵抗，继则反复肉搏，战况至为激烈。此时，日军主力潜向该营右后方反击，该营官兵奋勇迎击，将敌遏止，我伤亡营长以下百余名③。当面日军第146联

---

① 《侵占滇缅的"急先锋"——日军第56师团第146联队志》，第43页。
② 杨肇骧：《滇西大溃败及其他》，《远征印缅抗战——原国民党将领抗日战争亲历记》，第296页。
③ 《第十一集团军惠通桥、腾冲、龙陵地区间战役战斗详报（1942年5月—6月）》，《滇缅抗战档案》（上），第329页。

队第7中队嵩下政治记述道:

> 为了应对中国军队的反击,我们加固了中国军队之前构筑的散兵壕。正如我们的预料,中国士兵大喊着扔手榴弹,三番五次向我们攻击,彼此之间展开了激烈的白刃战。中队虽然击退了中国军队,但是他们在(7日)天亮之前又发动了攻击。终于,他们放弃了进攻撤走了,中队终于保住了这个阵地。在这场战斗中,冲在前面的宫崎知笃和谷本丑五郎两位队员被手榴弹炸死了,还有些人受了伤,但是总算是达到了目的。①

另据载,为彻底阻断东岸中方车辆通行,5月6日傍晚,在西岸日军炮兵火力掩护下,日军工兵队藤田仪作中尉率一个小队强行渡过怒江,利用夜幕潜行至滇缅公路钵卷山路段,用炸药炸毁了一段公路。②

此事未见中方史料提及。但从这一小队工兵的战术运用上,似可窥察日军在战术上偏爱以小部队实施大纵深挺进攻击,表现出罕见的大胆与冒险作风。据载,坂口支队自编成以来,从进攻印尼爪哇岛开始,长驱数千里一直打到怒江,被日本媒体誉为"六段飞式进击"。特别是进入缅甸与中国军队交火后,坂口支队14天交战7次,长驱1540公里。③

---

① 《侵占滇缅的"急先锋"——日军第56师团第146联队志》,第39页。
② 《炮烟——龙野炮第五十六联队战记》,第80页。
③ 《炮烟——龙野炮第五十六联队战记》,第101页。

从僵持到逆转

（1942年5月6日夜—5月10日）

5月6日深夜，日军第146联队第3大队奉命渡江增援接替第2大队。据日军第8中队长金谷龟松记述，5月6日晚，第2大队接到撤回怒江西岸、前往占领腾冲的命令，为此命令第3大队当晚渡江接替第2大队阵地。①

第3大队的兵力为第10中队、第11中队及所配属的一个机枪小队、联队无线和有线通信兵等，共250人左右；其中担任抢攻对岸制高点任务的第10中队的兵力，含中队长中村丰藏大尉在内为80余人。所选渡江点在惠通桥上游约700米处（经参照日军第56师团作战示意图判断，该部渡河点应为惠通桥上游约2.5公里处金塘子老渡口，即今怒江铁路大桥位置），渡江用的组合式铁舟、应急筏、橡胶漂浮舟等均已由工兵准备好，每只舟筏上还配备了两名操桨者。第10中队指挥班长中原信夫军曹记述道：

> 傍晚的时候开始渡河，第11中队及配属的重火器小队、通信分队作为先发。渡河中如果划筏不当会翻船（第6、第7中队强渡的时候便出现了这种情况）……至7日凌晨，第10中队全部安全渡过了怒江，然后向中山高地（孩婆山）运动。由

---

① 《侵占滇缅的"急先锋"——日军第56师团第146联队志》，第43页。

于是暗夜，没有道路，再加上山势陡峭，所以进展不如人意，直到早晨才到达中山高地。

这时候，第11中队已经在右翼第一线与第2大队做了交接，开始了战斗。第10中队则成了左翼第一线，急忙从右向左分别部署了山口第2小队（右）、指挥班及通信分队（中）、永松第1小队（左，独立阵地），并命令部队着手加固阵地。中国军队察觉了我们的行动，开始用迫击炮攻击我们。这里长期处于旱季，地面硬得如岩石一样。圆锹用不上了，只能用十字镐来一寸一寸地挖，十分吃力地挖到了能容身躲避迫击炮弹的深度。中国军队为了夺取第11中队的高地，采用人海战术顽强地反复冲锋，但被日军悉数击破。这对中国军队造成了很大打击……第10中队听到第11中队取得的战果之后，也拼命地强化阵地以等待战机的到来。

占领中山高地最大的困难是饮用水。中队阵地内的坑里存有少量泥水，但是在中国军队的狙击之下很难前往取水。中队长将此情况报告给了大队长，大队长同意尽快想办法为中队送水。

白天的战斗，依然是第11中队阵地前的攻防战。中国军队没有进攻左翼第10中队的阵地，我们可以专注于构筑阵地。通过观察发现，从16时（日本时间，当地时间14时）开始，前方高地上的中国军队将迫击炮、重火器以及兵力的攻击重点，转移指向了第10中队的阵地。很显然，中国军队在准备夜袭。这时候，永松第1小队已经撤出了既设阵地，希望在中队长指挥下在指挥班左侧棱线下进行防御部署。

中队长中村丰藏大尉前去侦察战场情况……拿着望远镜在棱线上观察的时候,遭到了中国军队狙击手的射击,一发子弹贯穿了他的心脏……5月7日18时(日本时间,当地时间16时),傍晚终于降临了。战斗迫在眉睫,指挥官却死了……

日落之后,中国军队的迫击炮和重火器集中向着阵地射击。曳光弹及在棱线上炸裂的炮弹和照明弹发出的苍白的光线,在四周闪烁着。中国军队终于攻了过来。他们吹着喇叭,扔着手榴弹,大喊着发动夜袭,看起来很恐怖……第1小队、指挥班、第2小队与中国军队展开了白刃战,迫使中国军队退走了。①

关于5月7日战斗,第11集团军战斗详报记述道:"7日拂晓,第106团第1营于正面及孩婆山右侧背干沟开始攻击;又以第108团之一连附重机枪两挺、迫击炮两门,于孩婆山右侧高地向日军右侧猛烈攻击,并以团属迫击炮集中于大山头,对敌行压制射击,掩护第106团攻击前进。第106团进至山巅时,日军据反斜面阵地抵抗,战况较前更为激烈,死伤更重。虽经数度增援,终因日军西岸野炮火力阻止而未达敌阵,相持至下午5时无进展。"②

担任主攻的第106团第1营营长易浚华记述:"5月7日,奉令攻击孩婆山头,以第1连主攻,第2连在原占阵地,防敌增援,并集中迫击炮及各连60炮火力射击孩婆山头,掩护第1连接近敌阵,

---

① 《侵占滇缅的"急先锋"——日军第56师团第146联队志》,第58—59页。
② 《第十一集团军惠通桥、腾冲、龙陵地区间战役战斗详报(1942年5月—6月)》,《滇缅抗战档案》(上),第329—330页。

相继攻击。10时左右发起攻击后，受敌左右机枪侧击，略有伤亡，进展迟缓。余见势旋令迫击炮压制敌两侧机枪外，由第2连以一排兵力攻击敌左侧，第1连以一部迂回敌右侧，形成包围。战至天黑，第1连班长吴玉堂率该班人员潜入敌右后，使用手榴弹攻击敌背，减除正面威胁，使攻击略有进展。"①

此外，据第36师政治部课长俞晏澄记述，当日又令最后开到的第107团（团长麦劲东）自惠通桥左翼至攀枝花，右翼自东蚌上溯至干浩沿江防御，扩大了江防区域②。

5月7日中午，第11集团军总司令宋希濂率幕僚自下关赶到保山，在城北郎义村圆光寺开设指挥所，架设电话与第36师接通联系。下午，宋希濂携作战参谋杨肇骧驱车急赴前线视察敌情。当车行至滇缅公路707公里路标（今施甸水长）附近时，突遭3架日军飞机空袭，宋希濂等人急忙躲进树林，待日机飞离后又继续前行。至18时许，一行人抵达江东老鲁田第36师指挥所③。

此时，第36师部队业已全部到达，正在构筑工事，准备反攻。在大山头观察战场态势后，宋希濂指示第36师师长李志鹏、第106团团长熊正诗：注意加强阵地工事，配备炮兵火力封锁怒江渡口，严防敌人夜间偷渡。

当晚，宋希濂返回保山途中，前往金鸡村会晤了参谋团长林蔚，

---

① 《戎马关山话当年——陆军第五十四军史略》，第423-424页。
② 俞晏澄：《中国远征军三十六师驻施甸抗战纪事》，《滇西抗战第一枪——纪念滇西抗战胜利60周年文史集》，第42页。
③ 朱光亮（整理）：《滇西抗战第一枪》，《滇西抗战第一枪——纪念滇西抗战胜利60周年文史集》，第9页。

参谋处长萧毅肃也在座。双方交换了对当前敌情判断的意见。言谈之间，林蔚等人对于破坏惠通桥阻止日军前进一事，颇恃功自傲。林蔚把部队自缅甸撤退经过叙述了一番，算是和宋希濂办理了交接职责的手续。之后，宋希濂一行返回城北郎义村圆光寺指挥所。①

日军第10中队中原信夫军曹记述道：

> 8日早上6点（日本时间，当地时间4时）左右，我们得到大队本部的消息：在大队行李和弹药班中选出了7人，于7日夜渡过怒江为钵卷山中山高地的阵地补给饮水和弹药。他们是：队长田桥幸信兵长（当时的军衔），传令兵中村顺（上等兵）、藤崎保（上等兵），弹药手三宅勇（一等兵）、中村实（一等兵）、片山重吉（一等兵）、秋岛惠市（一等兵）。
>
> 当时，他们每人背着5加仑（约19升）的饮用水和步枪弹药箱等，有时候攀登在没有路的溪谷和陡坡上，有时候穿越在繁茂的草木丛中……为占领中山阵地的250余名官兵（第10中队、第11中队及配属部队）送来了饮水……
>
> 过了中午（当时没有手表，所以是估计时间），两架战斗机低空飞行扫射了右岸高地第3大队本部附近②，然后在渡河点一带、中山高地上盘旋侦察之后，飞向了北方。推测他们是

---

① 杨肇骧：《滇西大溃败及其他》，《远征印缅抗战——原国民党将领抗日战争亲历记》，第296页。

② "飞虎队"当日（8日）作战记录为："自昆明出动第2中队P-40战机4架，于15时20分扫射轰炸怒江及滇缅公路以西一带，毁敌卡车50辆，毙敌200名。"何应钦：《日军侵华八年抗战史》附录四之《美空军志愿大队战斗概见表》，第512页。

来确认彼此的战线,准备发动真正的攻势。这或许是保山方面向此地增派兵力的先兆。但是阵地对面的中国军队,则如暴风雨前的平静一般,没有发动攻击的迹象。①

第11中队富崎胜次记述道:

中山高地是红土,土质很坚硬,杂木丛生。我们花了好大劲来挖散兵坑和战壕。

(8日)有两架战斗机飞了过来,围着惠通桥侦察了一番,还对怒江两岸的日军扫射了一通。战斗机飞得很低,感觉近在咫尺。我在战壕里盯着战斗机,担心会不会出现大量伤亡……

我们发起了好几次白刃战,取得了很大战果……中国军队的炮兵不间断地向阵地射击,把周围炸得一片狼藉。

在怒江右岸,一直关注着第11中队战况的松本第3大队长,从6号无线电里传来悲痛的喊声:"第11中队全完了!"无线电里还传来战友们"祝第11中队武运长久"的声音。②

第11集团军战斗详报记述为:8日,我攻击孩婆山部队于原地加强工事,不时以有力之部向日军袭扰。入夜后,再向孩婆山之敌攻击,敌穷力抵抗,我无战果。③

---

① 《侵占滇缅的"急先锋"——日军第56师团第146联队志》,第59—60页。
② 《侵占滇缅的"急先锋"——日军第56师团第146联队志》,第68页。
③ 《第十一集团军惠通桥、腾冲、龙陵地区间战役战斗详报(1942年5月—6月)》,《滇缅抗战档案》(上),第330页。

另外，当日我炮兵第8团①第1营（营长丛林）开到，以野炮两连参战②。

5月9日晨，由日军田村清一中佐率领的野战重炮兵第18联队（联队本部及一个中队）及野战重炮兵第3联队第2大队（大队长本多中佐）③从缅甸赶至松山。野战重炮为日军作战时军以上单位配属炮兵，系由缅甸方面第15军派来增援坂口支队。

据第11集团军战斗详报，当日（9日）上午，日军以炮火掩护向我反攻，激战终日，至晚渐趋沉寂。第36师又向日军施行攻击，迄夜半仍在对峙中④。

至此，战局陷入僵持，但因远征军后续部队第88师、预备第2师已陆续运抵保山，而日军因怒江阻隔无法将更多兵力运过江东，日军攻击已陷入困顿。据日军第8中队长金谷龟松记述，第3大队渡江后，也仅仅在东岸高地支撑了三天，即决定放弃。"第8中队交接完阵地下山后的第二天（8日），泊中队（第11中队，中队长泊一二中尉）遭到了中国军队山炮的袭击，包括小队长在内死伤甚多，最后他们只能放弃了阵地。这是我们第一次，同时也是最后一次占领腊勐对岸的阵地。"⑤

第10中队指挥班长中原信夫军曹记述道："9日这天（中午之

---

① 为独立炮兵团，此时配属第71军，装备辽造十四年式150毫米口径榴弹炮16门。
② 林蔚:《腊戌至惠通桥战斗经过及功过评判报告书》，未刊档案。
③ 野重第3联队装备96式150毫米榴弹炮，野重第18联队装备92式100毫米加农炮。
④ 《第十一集团军惠通桥、腾冲、龙陵地区间战役战斗详报（1942年5月—6月）》，《滇缅抗战档案》（上），第330页。
⑤ 《侵占滇缅的"急先锋"——日军第56师团第146联队志》，第43页。

前）风平浪静。13时（日本时间，当地时间11时）前后，大队下令部队企图隐秘撤退，第10中队在第11中队掩护之下率先行动。"中原信夫认为，大队这一命令是以抢运第10中队长中村丰藏大尉的尸体为优先考虑：

> 我指挥班全体人员（12人）开始着手搬运遗体，从棱线下砍了两根圆木，然后把绑腿布左右交互系了起来，上面铺上雨披和毛毯，制作了简易担架。为了防止遗体损伤，上面也裹上了毛毯。把十字镐、圆锹以及绳子等物品收拾好了之后，等待永松小队长（代理中队长）的命令。考虑到山岳地带的恶劣条件，我们在中午沿着陡峭的山坡下山。
> 指挥班撤走之后，山口第2小队留在阵地上掩护有线通信分队及重机关枪小队撤退之后，再逐次撤出阵地。总之，我们指挥班要负责把遗体运出去。在斜坡上，眼下就是怒江峡谷，地形起伏多变，既要隐蔽企图还要对空警戒，不是一件容易的事情。如果能趁着天亮下山的话，接下来的路程就容易了。我们在陡坡上不断遇到沟壑。山谷里茂密的草木，也严重阻碍着我们的行动。终于，我们感到筋疲力尽，有人提议把中队长的尸体葬在此处。但是，此处乃中国军队占据的山，葬在此处的话将来怎么能成佛呢？如果留下此等遗憾的话，将来剖腹自尽也无法得到原谅。现在中国军队又没有追击，而且第11中队长（泊一二中尉）以及阵地上的本中队山口第2小队，也希望中队长的遗体能够平安到达渡河点……我们辗转拖拽着中村中队长的遗体，

一步一步向渡河点前进,艰难跋涉了6个小时……最后认真地把故人火葬了,并且收拾了遗骨。①

掩护第10中队撤退到达渡河点后,第11中队才奉命撤出阵地。第11中队富崎胜次记述道:

> 我们在夜幕的掩护之下撤离,沿着山坡拉着手连滚带爬地到达了渡河点。
> 夜里渡河的时候需要火把。我们按照顺序渡河,我前面那个人乘坐的舟筏由于引擎故障被卷到了漩涡里。但是7名成员在老天的保佑下,奇迹般地到达了右岸(西岸)的集结地。泊中队长以下全体队员都很高兴。
> 在这场战斗中,我们只战死了一人,负伤一人。可见构筑阵地有多么重要。
> 在此,只想为阵亡的稻下弥三郎伍长祈冥福。②

10日凌晨0时30分,位于敌我对峙前沿的第106团第1营才发现情况异常,报称:"孩婆山之敌经我连日之攻击,伤亡惨重,刻在举火焚尸,似有退却之模样。"师长李志鹏闻报,即令该团全面攻击,又令第108团第1营由孩婆山右方绕行侧面攻击,期压迫孩婆山之敌于江边而歼灭之。

---

① 《侵占滇缅的"急先锋"——日军第56师团第146联队志》,第60-61页。
② 《侵占滇缅的"急先锋"——日军第56师团第146联队志》,第69页。

日军逐次向怒江西岸撤退，第36师进占孩婆山及老渡口，并尾追逃窜之敌。

上午9时，第106团团长熊正诗报称："怒江西岸仍有敌人据守，我追击部队甫抵江边，即遭敌机枪火力射击，渡江未遂。同时，敌炮火亦向我孩婆山、大山头阵地猛烈射击。"师长李志鹏即令该团仍占领孩婆山至乌木榔沿江阵地固守，并于上下游侦察渡口，再做渡江之准备①。

据远征军战果统计，连日来进至怒江东岸的日军400余人，仅百余人逃回西岸，余均遭歼灭（应有所夸张）；第36师虏获日军轻、重机枪2挺，步枪80余支。

放弃怒江东岸阵地后，当日坂口少将令野炮第56联队第1大队主力（大队本部、第1中队及大队段列）转往龙陵，以第3中队及第2中队高村小队留守腊勐。该留守炮兵及在此前渡江攻击中损失较大的步兵第146联队松本第3大队，统由新开到的野战重炮兵第18联队长田村清一中佐指挥②。

来自空中的援军

（1942年5月5日—5月12日）

在地面部队交战期间，陈纳德"飞虎队"曾派出8架P-40战

---

① 《第十一集团军惠通桥、腾冲、龙陵地区间战役战斗详报（1942年5月—6月）》，《滇缅抗战档案》（上），第330页。

② 《炮烟——龙野炮第五十六联队战记》，第84页。

机飞临惠通桥空域，对猬集在江边及西岸公路上的日军车队猛烈轰炸，予敌以沉重打击。杜安·舒尔茨《陈纳德与飞虎队——独行其是的战争》记述道：

……中国人在日本部队即将抵达桥边时把桥炸毁，致使未及过桥的数千难民无路可逃。日本装甲车在公路上横冲直撞，越过一队队的难民群，把他们困在路上无法动弹。

正在空中侦察的鲍勃·尼尔（第1中队长）是第一个看见公路上所发生的这番景象的"飞虎队"队员，他永远也忘不了拥挤在巉岩劈出的公路上的那些人群。半崖间挤满了难民和日本的车辆及部队。从峡谷的谷顶到谷底，有35个盘来绕去的急转弯，汽车要往下跑20英里（约32公里）的路程才能到达江边的断桥，而这段路的垂直距离仅仅1英里（约1.6公里）。

第二天（5月6日），更多的日军部队相继抵达怒江边。日军的车辆一辆接一辆地停在公路上，等候他们的工兵部队前来架设浮桥。[1]

5月6日，陈纳德向宋美龄[2]致电报告，并请求对怒江惠通桥附近公路上的日军实施空袭，当即得到蒋介石批准。

此后，"飞虎队"以特克斯·希尔（Tex Hill，即David Lee

---

[1] 〔美〕杜安·舒尔茨：《陈纳德与飞虎队——独行其是的战争》，第292页。
[2] 自1936年起，宋美龄即担任航空委员会秘书长，抗战期间辅佐国民党空军建军发展甚有贡献，也拥有很大权力。

Hill)、托马斯·琼斯（Thomas Jones）、埃德华·雷克托（Edward Rector）和弗兰克·劳勒（Frank Lawler）4名队员驾驶P-40E型飞机实施轰炸、扫射。此机型原配有可携带6枚35磅杀伤炸弹的弹架，但改装了可携带苏联产570磅炸弹的机腹弹架。4名队员均为经验丰富的美国前海军俯冲轰炸机飞行员；另以阿维德·奥尔森（Arvid Olson）、R.T.史密斯（Robert T. Smith）、埃里克·希林（Erik Shilling）和托马斯·海伍德（Thomas Haywood）4名队员驾驶P-40B型飞机担任高空掩护。怒江西岸的日军车辆和部队只能在松山山腰的狭窄公路一线猬集，"就像粘蝇纸上的苍蝇似的被陷在野外，一边是悬崖，另一边是陡峭的石壁"，没有隐蔽回旋之所，所以空袭对日军造成巨大伤亡。据"飞虎队"作战记录，在5月7、8两日的空袭中，共轰毁敌机1架（7日），毁敌卡车50辆，毙敌200名（8日）[①]。

以往中方资料仅强调第36师的地面阻击战，对"飞虎队"的空中助战很少提及[②]，因为空中攻击难免造成对我难民的误伤，作为友军的美国人很难面对这一复杂的"战场伦理"问题，这也是陈纳德要特别请示蒋介石批准的原因。杜安·舒尔茨记述："他（陈纳德）清楚地知道，被日军困在公路上的中国人会因此遭难。他面临一个可怕的决定，是否应为拯救更多人的生命而牺牲一部

[①] 何应钦：《日军侵华八年抗战史》附录四之《美空军志愿大队战斗概见表》，第512页。
[②] 高村武人日记中对当日"飞虎队"空袭有明确记述："5月7日星期四（晴），傍晚十几架轰炸机飞来，在超低空的扫射和轰炸中，渡河点附近似乎遭到了相当大的打击。"见《炮烟——龙野炮第五十六联队战记》，第69页。

分人,这不是一个他能独自作出的决定。他不能对那么多中国人的生命承担责任。于是他给蒋夫人拍电报叙述了目前的情况,并要求委员长准予对公路沿线的攻击,同一天得到了委员长的答复:消灭敌人!"[1]

参加此次作战的飞行员特克斯·希尔在回忆录中写道:"往下飞就看得更清楚了,从江边到峡谷上部的盘山公路上,排满了日军第56师团的大队卡车和武装车辆,一直到更远的坝子。"希尔说,自己从来没有一次见过这么多的日本兵,以前他只是在矮小树丛中看到小队人马,或是在路上碰到小股车队。现在这里有无数坦克、卡车和成百上千的士兵,都在等待着工兵从卡车上卸下汽油桶在江边架设浮桥。希尔巡视空中是否有敌人飞机,很惊奇地发现没有,便继续下降高度。果然,日本工兵像蚂蚁一般簇拥在江边,有一些浮桥墩已经搭设好了。希尔以目光示意左右两边的僚机,他们都知道该干什么,没有半点迟疑,他们干净利落地排成了一行,开始攻击。

希尔以60度角向下加速俯冲,他知道一旦进入日本人的射程之内,他们会用所有小型武器还手。为了使自己不成为日军的活靶子,他需要以最快的速度做超低空飞行。同时,他将飞机调整到瞄准峡谷的顶部,确切地对准公路往下蜿蜒到江边的位置。在他下面响起了枪声,看上去似乎所有日本兵都停下手中的活计,愣愣地看着"飞虎队"的举动。找准了最精确的时刻,希尔投下了巨型炸弹。

---

[1]〔美〕杜安·舒尔茨:《陈纳德与飞虎队——独行其是的战争》,第292页。

"这只是刚刚开始,当灰尘落定时,山坡上的日本兵惊恐地发现'飞虎队'的攻击把他们的退路也给切断了。巨型炸弹把上面的公路变成了一个大型堆石场,没有几个小时的清除是过不去的。长长的公路一边是悬崖,一边是江水,没有什么地方可以隐蔽藏身。"

希尔和战友们转了一圈,又朝着日本人来了。希尔绕着朝江那一边的中国人飞过去,满身湿透的第66师(原文如此,应为第36师)的战士们高兴地往天上放枪,在江边又叫又跳。希尔的战友们也从各个方向准确地扔下了杀伤弹,这支代号为"龙兵团"的日军第56师团现在被打得人仰马翻。①

由此可见,"飞虎队"打击的目标主要是猬集在怒江西岸公路上的日军,这么打既能压制日军火炮对东岸的掩护火力,又极大地杀伤了兵员,缺乏防空兵器的日军对此束手无策。而在东岸孩婆山与第36师对峙的日军,都是利用夜暗渡江的。当天亮后,飞虎队员飞临惠通桥上空,即便我地面阻击部队无力,日军的渡江攻击恐怕也难以为继。更进一步设想,即便中国军队未能控制东岸孩婆山、大山头,而被迫退向纵深地带防御,因第11集团军主力已集结在保山附近,日军仅以少量步兵也难以有更大作为。一个重要的原因是,在惠通桥断毁的情况下,日军欲将重炮运送过江并爬上适宜发射的高山阵地,也是难事。

坂口支队的"六段飞式进击"被逆转于怒江,有相当的必然性。

但"飞虎队"队员仍不停手。他们一次又一次地沿着蜿蜒的公

---

① 〔美〕杜安·舒尔茨:《陈纳德与飞虎队——独行其是的战争》,第294页。

路来回冲击，朝着任何还在挣扎的敌人发射一排排点50口径（12.7毫米）机枪子弹。子弹打完后，他们又把在高空护航的阿维德·奥尔森小队的4架飞机调过来再次上演同样的好戏，直到子弹打光。当天，特克斯·希尔小队的4名队员飞到云南驿机场加油后，又返回峡谷攻击敌人，并沿着日本人的退路攻击，那里庞大的日军坂口支队残余正在蠕动。这一次，P-40E战机携带了部分燃烧弹，极具破坏效果，把排得长长的日军车辆变成了一片火海。据杜安·舒尔茨的描述，"成百上千的日本人在汽油的火舌、弹药的爆炸和燃烧着的装甲车及卡车的烈焰中丧生。浓烟升腾到数千英尺的天空，标志着这场大轰炸的位置"。

接下来的三天里，陈纳德派队员飞去察看，越过怒江和公路，直到芒市，看到日军就打。"在一个星期中，日军没有一个大队的兵力能在怒江峡谷100英里（约161公里）的范围内立足，蛇一般蜿蜒流淌的怒江看上去是日军车辆和装备的坟场。日军再也没有试图越过怒江。"根据"飞虎队"多少有些夸张的战斗报告，美军战史记述说："美国援华志愿航空队的飞行员炸毁了日军运送浮桥装备的车队，并且猛烈袭击了第56师团的卡车运输队，他们认为这很可能阻止了一次日军对中国的入侵。"[①]而杜安·舒尔茨更是热情洋溢地评价称："仅仅由于怒江阻击战的胜利，'飞虎队'就有充分理由存在。要不是这为数不多的疲惫不堪的美国飞行员和他们那位自行其是的指挥官（指陈纳德），日本人可能早已渡过怒江，

---

① 美国陆军CBI战区史第一卷《史迪威的中国使命》，第143页。

威胁到中国的生存。"①

在此期间,第146联队金氏第2大队已于5月7日返回龙陵,奉命进占腾冲。10日,以野战重炮兵联队及第146联队松本第3大队据守松山,以野战重炮兵第18联队长田村清一中佐担任腊勐守备队长。

5月12日,日本《朝日新闻》就第56师团怒江追击之战果,作了如下报道:

在中缅国境的畹町,缴获汽油1570桶、机油1000桶,米500袋、盐280贯(每贯为3.75公斤);在遮放缴获汽油310桶、机油1100桶。

在芒市缴获汽车轮胎900条、榴弹炮弹900箱、速射炮弹600箱。在龙陵缴获汽油550桶、柴油1000桶、轮胎25条、米700袋、水泥10000袋。

另有大量铜、铁、锌板、钨等金属品。②

国民政府高层曾做最坏打算

战后,关于日军进至怒江惠通桥后的战略企图问题,成为一个争议的焦点。美军战史中曾作如下记述:

日军乘胜追击,似乎在攻下昆明前不会停止进攻。几个

---

① 〔美〕杜安·舒尔茨:《陈纳德与飞虎队——独行其是的战争》,第294–295页。
② 中华民国史资料丛稿译稿《缅甸作战》(上),第137页。

月前，丘吉尔曾认为，日军占领缅甸后不会入侵印度，但他们会企图进攻云南省，这样日军就可以占领滇缅公路的终点，完成对中国的孤立①……丘吉尔的预见得到了进一步证实，日军试图渡过怒江实施渗透，并派遣巡逻队和会游泳的人渡过怒江，2月时日军在马达班（Martaban，莫塔马）也有同样的行动。

而日本方面，6年后，第18师团的主要指挥官、第56师团的一名参谋军官和第15军的一名参谋军官，均否认有任何入侵云南的计划。第15军于4月26日指示追击至怒江一线的命令，也支持了他们的证词②。但无论6年后日本军官的回忆是什么样的，中国政府和陈纳德将军都看到了缅甸的溃败（来自"飞虎队"的空中侦察），实施了全面警戒，并竭尽全力阻止日军入侵云南。③

---

① 出自丘吉尔3月25日致伊斯梅将军并转参谋长委员会之形势分析电："日本的正确行动是北上向重庆推进。他们到了重庆，特别是由于我们目前在锡兰的防务较为安全的时候，可能采取避不进入印度的决定。"〔英〕温斯顿·丘吉尔：《第二次世界大战回忆录》第四卷《命运的关键》上部第一分册，第252页。
② 此处提及的日军第15军参谋军官，应为军司令部作战主任参谋寺仓小四郎大佐。其人在1942年6月15日执笔撰写的《缅甸作战经过概要》中，曾就此有如下记述："进入怒江一线之后，（第56）师团曾建议继续攻到澜沧江，烧毁援华物资，破坏桥梁然后撤退。但是考虑到越过怒江再后退的话，就相当于向敌人表明攻击到此停止，这会弱化对华施压的效果。另外还考虑了越过怒江之后的补给工作面临的困难。对这些意见进行综合考虑之后，选择了越过怒江的意见，但让部队越过怒江之后暂时停止继续向东前进。"日军第15军参谋部《缅甸作战经过概要》，日本亚洲历史资料中心，C14060184000号。
③ 美国陆军CBI战区史第一卷《史迪威的中国使命》，第143页、第146页。

而若联系5月6日林蔚接连发给蒋介石的几则建议电，就可知此时最高决策层对形势极为惶惑，且做了最坏的打算：

其一

昨（5日）、今（6日）两日惠通桥所发现敌之兵力及其连日陆空军行动判断，似尚有深入企图。但缅甸军事未完，即以孤军攻滇，实出军事常理之外。它常有一种对政治间接之攻击，似乎近之？是以目前最要关键，仍为求滇西军事之稳定。故保山战场应力企确保，即其指挥官和兵力，均须重新慎重考虑。职意指挥官以宋（第11集团军总司令宋希濂）、关（第9集团军总司令关麟征）两总司令中择一担任，而兵力则须增加一个师，即先抽第71军一师而调关军一个师填补之，并加紧昆明外围工事，预备第2师则仍集结下关、祥云一带，如此则滇局可不致动摇也。时机迫切，乞迅裁夺施行。

其二

（1）惠通桥之敌既续有增加，必企图向昆明突进，最少亦将以大理为目标，俾便以后由滇西、滇南会攻昆明。（2）此敌为纯快速部队，非我步兵由正面阻止，更非逐次抵抗、逐次增援及临时破路、炸桥所能收效。（3）此敌若不消灭，恐短期间即将演成严重局面。唯在战术上，必须以炮火（尤其战车防御炮）及装甲部队阻止其正面，另以步兵部队由两侧及其背后夹而攻之，并在地形上陷敌于长大隘路，方能达成歼敌之目的，且须预将必要兵力布置于可能到达之要地，切忌与敌争取距离。（4）经研究，歼敌之地区以下关、漾濞之间为宜，即相传武侯擒孟获处。在此地区，可能调集预2师及第71军之两师，预先布置隘路之我端及两侧。第36师则于节节抵抗之后，留置敌后永平、保山一带，对敌尾击，追敌于隘路之彼端，四面围击，扑而歼灭之。（5）为求增加把握起见，必须发动滇西民众，由畹町起实行大规模破路切断，增加破坏程度，以阻敌之退路。（6）滇南关集团（关麟征第9集团军）应速抽两师开昆明，为总预备队，并构筑外围工事。以上所陈，与职鱼辰电请饬确保保山战略出入，盖鉴于敌之动作太速，而保山战场不能行合围聚歼之布置。可否按照上陈意见，请迅予裁夺施行为祷。①

按林蔚上述建议可知，他对在怒江惠通桥阻敌是不抱希望的，甚至认为退至澜沧江一线也不能阻敌，而建议再退至下关、漾濞间"相传武侯擒孟获处"歼敌。如此，向东至昆明间已无险可守，若战事不利则云南势将迅速全陷。据查，蒋介石对林蔚此建议未置可否，仅于三日后（9日）致电军事委员会昆明行营主任兼云南省主席龙云，就动员民众破坏怒江以东公路阻敌之事作出部署，

---

① 《第十一集团军滇西守势作战电文》之林蔚致蒋介石电（1942年5月6日），《滇缅抗战档案》（上），第320–321页。

并于5月13日开始实施①；但此举却被公众误认为中央决定放弃怒江防线。实际上，此后在怒江惠通桥成功阻敌，得益于第11集团军总司令宋希濂部用命，以及时任云贵监察使的腾冲籍民国元老李根源西上襄助。闻报滇西危急后，李根源即向蒋介石请缨入滇，并于5月24日发表《敬告滇西父老书》，云："保卫云南，须先保卫滇西，而保卫滇西须先扼住怒江，守住保山。"6月3日，李根源又致电蒋介石，云："源于辰卅（5月30日）抵保，已与蔚文先生及宋总司令迭次接谈，窃以保山为滇西门户，而怒江乃边陲险隘，舍此不守，必震撼全滇，影响全局。"②宋希濂与李根源此后合作甚洽，这也是宋希濂后来对林蔚及其亲信萧毅肃分获军事委员会颁勋嘉奖而不满的原因。

此外，军令部长徐永昌此时战略判断力甚佳。其日记记载："5月7日午间，蒋先生（蒋介石）询余怒江之线能否守住。此则视我

---

① 5月13日，军事委员会昆明行营国防工程处设"滇西破路工程处"，由工兵总指挥马崇六负责，对保山—惠通桥段实施紧急破坏。第11集团军总司令宋希濂委任张元乔为处长，令保山县征派民工数千名，自带口粮、工具，配合军队对惠通桥东路标734~759公里路段择要破坏40余处，对路标709~734公里路段彻底破坏。对上述50公里路段的涵洞207道、桥梁10座，全部破坏和炸毁。对路标701~709公里路段，也做了相应破坏。事后，昆明行营曾派参谋傅铭彝少将率工程技术人员到现场验收。因为日军并未推进至该路段，这些破坏实际上造成了巨大浪费，以至于1943年8月再行修复，1944年初为远征军反攻需要而改善、拓宽，两次用工计50万人。李希尧：《滇缅公路保山段的修筑》，云南文史资料选辑第52辑《血肉筑成抗战路》，第70页。另，滇缅公路运输管理局局长谭伯英也曾写道："我们命令破坏怒江东岸30公里的公路。这是一个令人心碎的任务，它要毁坏我们付出了几个月的心血的成果。可是在此种情况下，我们原先的贡献已经变得毫无意义了。"谭伯英：《血路》，第171页。
② 台湾地区军事主管部门2016年11月10日文档字第1050005267号函。

部队是否有以招致其深入而言。论地理已到险要；论部队非如新28、新29师未经战；论敌现阶段已是强弩之末，我以现两团明日可增至三团，只要努力绝对可守住（敌由徒涉必无重兵器过来）。"①因徐永昌的这一判断和建议较早，以其地位而言应该对蒋介石的决心与决策影响更大。

在战后的总结报告中，就腊戌至惠通桥间各次战斗，林蔚曾作如下点评：

> 若就此一路战斗对缅甸及滇西之全般关系而言，假使腊戌、兴威、贵概任何一地能以坚守，则我缅甸中路主力军之退路（八莫、密支那）不致被敌遮断，不但无后来之重大损失，且可于中缅国境附近构成另一局面（按：敌于5月2日攻下贵概后一面向畹町前进，一面分兵由路标105英里处向八莫、密支那挺进，3日占领八莫，8日占领密支那，此时我中路主力军尚在曼德勒、因多一带地区）。又上述腊戌、兴威、贵概各地，纵使不能坚守，但每一阵地如能多支数日，则第36师或可占领畹町北侧高地，而工兵第24营亦可到达该高地（按：第36师奉命由祥云向畹町输送之日为5月1日，即敌我正在兴威北侧高地战斗之日），如此我第36师纵未必能击退敌军，但我工兵营决可因第36师作较长时间之抵抗，而将高地内之隘路崩坍一段。尔后敌虽侵入国境，而一定期间之内彼此均为徒步运动，我遮放、芒市、龙陵一带数年来囤积之物资，

---

① 徐永昌：《徐永昌日记》第六册，第392页。

绝不至受到不可数计之损失可断言也。以上情形，迄今思之颇有遗憾，但亦不能厚责部队长官，因部队均系逐次到着、逐次应战，曾无构筑工事之余裕时间，尤其可原谅者则为，所有作战部队均无对敌快速部队之作战经验，固非全为指挥失当与作战不力者可比。

总之，此次缅甸战役敌组织一师团之快速部队，由同古、茂奇（Mawchi）、雷列姆直出腊戍，实出吾人意料之外。本团既未能于事前以敏锐之眼光窥破敌情，而雷列姆失守后又未能即时提出良好意见（例如不顾英方非难，毅然不守腊戍，避免逐次作战，而将所可使用之兵力由前后两个方向集中兴威，预行坚固占领兴威北方高地），事后于腊戍、惠通桥间之各战斗徒补苴罅漏，焦头烂额，虽勉强拒敌于惠通，然已负疚实深。①

---

① 林蔚:《腊戍至惠通桥战斗经过及功过评判报告书》，未刊档案。

第六章　腾冲悲歌

"铁城"陷落

（1942年5月6日—5月10日）

据腾冲史志资料记载，1942年5月10日14时，腾冲城东南倪家铺金家牌坊外传来两三声枪响，接着东南、西南城墙角上护路营[①]预设的哨兵也鸣枪报警，原来是经勐连入侵的日军先头部队穿过倪家铺迫近城郊。据一位目击者称，"鬼子到（满金邑）万华馆时还是有警戒的，一起一伏，慢慢前进"[②]；听到报警的枪声，以为有伏兵，即散开向公路两侧射击。看到我方没有回击，即向开枪的路边一孔破砖窑内搜索。而我方哨兵在报警后，即从城北罗绮坪方向撤走了。敌人没有发现伏兵，即起身大摇大摆向县城挺进。敌军入城后，攀上原为警察局驻地的南城楼，将太阳旗插在楼顶

[①] 该部隶属腾龙边区行政监督公署，正式番号为滇黔绥靖公署滇西护路特务大队（大队长朱兆，编制2500人），下辖3个营，其中第3营驻腾冲（营长李从善）。
[②] 尹文和：《少年遭国难——腾冲沦陷时期片断回忆》，腾冲县政协文史委编：《腾冲文史资料选集》第一辑抗日战争专辑，德宏民族出版社1988年版，第233页。

上，部队分别驻在西门外英国领事馆和城内各机关内[1]。

腾冲是滇西边陲的重镇，四周有群山拱卫，其城墙是明代正统年间戍边将士以石料所筑，因高大坚固而号称"铁城"。然而，此时腾冲几乎未经抵抗即告沦陷。

当日侵腾日军兵力有多少，曾是一个有争议的细节。据后来的抗日政府县长张问德记述，"当时来攻之敌仅292人，携有武器除步枪及轻机枪外，亦仅有重机枪两挺"[2]。然据日方史料，当日派来占领腾冲的是第146联队第2大队，兵力为千余人[3]。因此，这种广为流传的说法大概有一种"悲情叙事"的色彩在里面。

腾冲人有理由怨愤斥责让家园轻易沦陷的责任者，因为时任腾龙边区行政监督龙云长子龙绳武和腾冲县长邱天培未组织抵抗，抛弃民众径自翻越高黎贡山渡过怒江跑掉了。[4]当时，驻防腾冲的地方武装有滇黔绥靖公署步兵第6旅第2团第3营（营长李匡时）、腾龙边区行政监督公署指挥的护路第3营（营长李从善），以及云南保卫第25营腾冲中队（中队长张伟），总兵力也在千人以上。要

---

[1] 甘家禾：《腾冲沦陷前后》，《腾冲文史资料选集》第一辑抗日战争专辑，第85页。
[2] 张问德：《腾冲县政府民国三十二年年度工作报告书》，保山地区行政公署史志办公室编：《保山地区史志文辑》抗日战争专辑第三辑，第286页。
[3] 据日军146联队史记录，5月6日夜第2大队即奉命转进攻占腾冲。292人可能指先期到达腾冲的第2大队前锋。另，宋希濂5月14日曾电告军令部长徐永昌："腾冲于真日（11日）被步骑炮联合之敌约七百人占领"，应指次日第2大队主力开至。《徐永昌日记》第六册，第399页。
[4] 1939年，云南省政府裁撤原第一殖边督办公署，在腾冲设置腾龙边区行政监督公署，辖区大致为今腾冲市、龙陵县和德宏州范围。1942年因日军侵占腾龙边区，裁原设于腾龙区的行政监督署，另设第六行政公署，将保山划入第六行政公署，公署设于保山。但行政专员尚未莅任，行政监督龙绳武即于5月7日离腾。

是下决心抵抗，派一部到腾冲、龙陵交界的龙川江布防，炸毁腾龙桥，切断腾龙公路，并动员民众协防，只要能阻敌一周，远征军预备第2师也就赶到增援了。然而，以上各部非但未能尽到守土之责，甚至连预警的"烽烟"都未能燃起。

不独如此，龙绳武率部逃离腾冲前，预先将多年搜刮的几十匹马驮负的翡翠、珠宝、象牙、烟土等财物，派武力护送过怒江转往昆明。为了转运这些财物，龙绳武在几天前就派人在腾冲城区及各路口拉夫封马，只要是马驮、人挑的东西，都一律送到城内武皇殿（武庙）交卸，留下骡马，青壮年即发给军装强迫当兵。一时间人不敢拉骡马上街，青壮年不敢进城，腾冲商家各商号的花纱、布匹、土产、百货堆积如山，无法转移，最终弃如敝屣。而龙绳武运走的个人财物，仅鸦片一项就装了70多驮子。

5月6日，龙绳武托词因公将赴昆明，邀地方人士谈话，才微露局势紧张，并私下里向腾冲地方绅首徐友藩（玉商、前商会会长）表示："如敌军入境，只好投降当顺民。"7日，龙绳武自腾冲起程，由护路营派一个连护送，龙奎垣派其副官主任吴永绥带卫士十余人迎接，第2团团附李繁光率第1营会同接护，自腾冲至保山官道翻越高黎贡山，由惠人桥渡过怒江。[①]害怕日军追上来，龙绳武又下令拆毁了桥梁——此举后来种下了很大的祸根，至少让渡江进击腾冲的预2师晚到了三天。该炸的腾龙桥没炸，不该拆的惠人桥拆了，错误的选择总是导致"祸不单行"。

被腾冲人责骂的另一人是时任县长邱天培，即1935年在龙陵

[①] 1942年11月9日龙奎垣致龙云呈，《德宏史志资料》第14集，第170页。

县长任上督造惠通桥的有功官员，但此时他却运交华盖跌入人生低谷。5月7日，邱天培以迎送上司的官场旧习将龙绳武送至城东15公里外的芹菜塘，下午返城后于19时在南门外商会召集临时会议，宣布邻县龙陵已失陷，时局紧张，县政府拟与各机关一起撤退。到会地方士绅谓，县长有守土之责，应与县城共存亡；并建议召集护路营、县自卫队和各乡镇壮丁，由营长李从善统一指挥，派兵到龙川江一线布防，拆毁腾龙、龙旺两桥，据险阻击日军，再设递步哨以通情报。

虽然会议上勉强如此表决了，并派人分担执行各项任务，但邱天培本人却于8日凌晨3时携带眷属悄悄出城，由警察局长周维淮率政警队和自卫队护送，逃往腾北的曲石乡。护路营营长李从善见此，只好在城内留下一个排维持秩序，在城外倪家铺、老草坡及城墙东南、西南两角上设了四处预警哨，自己也带着主力出城，撤到了城北龍嵕山一带观察形势①。

此前，在龙陵张金山阻击战斗中，中缅运输总局警卫大队第2中队因战斗不利，奉师长刘伯龙命令向腾冲方面转进。5月5日晨，大队附彭学昭率领该中队余部，进抵龙陵西北约15公里之腾龙桥附近。日军方面，5月7日第146联队金氏第2大队奉命撤回怒江西岸，将腊勐守备移交松本第3大队后返回龙陵集结，而后沿龙陵至

---

① 护路营为4个连，装备苏式捷格加廖夫轻机枪4挺、步枪400余支。7日，该营连长陈锡年率第2连护送龙绳武赴保山，而后以排长车士林任绮罗机场守卫，第1连占领宝峰山，第3连占领西练，营长李从善随第4连在龍嵕山指挥。王建侯时为护路营督导员。李裕森、王建侯：《滇西护路第三营腾冲抗日纪实》，云南文史资料选辑第61辑《滇缅抗战亲历记》，第115页。

腾冲公路向腾冲开进。

据中缅运输总局警卫大队战斗详报称,"(腾龙桥)地形险要,为进出腾冲门户。为使腾冲不致过早陷于敌手,以掩护腊猛(即腊勐)阵地之翼侧安全,及使八莫、腾冲方面撤退人员安全通过起见,虽以形势悬殊,然仍与敌隔河对峙迄四昼夜,于5月8日继续与人枪约二百之敌剧战"①;新28师战斗详报亦记,"5月8日拂晓,敌步兵二百余名进袭龙头街。职(刘伯龙)率残部再战,终以众寡悬殊,弹药告绝,不得已再向腾冲转进,图得一根据地收容"②。

5月8日,刘伯龙率残部进入腾冲境内蒲川乡桥头坡,此时身边仅剩下二十来人。刘伯龙派人先行抵城与腾冲商会接洽,送给龙绳武一份公函,要求其支援军需粮秣,并组织人力交他率领以保卫腾冲。虽然此时龙绳武已离开腾冲整整一天了,但欣喜莫名的腾冲商会士绅们,将来函抄写若干份张贴于通衢要道口以安抚民心,并央求县政府第一科科长李嘉祜持函去追邱县长。

当日,腾冲益群中学停课,校长寸树声在和顺乡文昌宫,给学生们上"最后一课":

> 时局的情形你们都已经知道了,我们以为不能来到腾冲的敌人已经离我们三四十里了。我只恨我们没有自卫的力量,恨我不能保护你们,领导你们!学校从今天起只有停课。将

---

① 《军委会运输统制局中缅运输总局警务处警卫大队龙陵附近战斗详报》,《滇缅抗战档案》(上),第346页。
② 《第六十六军新编第二十八师缅甸战役战斗详报》,《滇缅抗战档案》(上),第290页。

来总有一天学校要开学上课……平时对你们所说的话，希望你们不要忘记，你们要在艰苦的环境里磨炼你们的精神，在斗争里发展你们的力量！……我相信每一个黄帝的子孙，是不会当顺民的，不甘心做奴隶的……①

寸树声时年46岁，曾于1918年赴日留学，在九州帝国大学法文学部学习。1931年九一八事变后，寸树声愤然回国，任北平大学法商学院教授。七七事变后，又逃离北平赴兰州，任西北联合大学商学系主任。1940年1月回乡，创办群益中学并任校长。谁料想，日军竟然又长驱数千里从中国的"后门"打进了家乡！

当晚，寸树声思虑再三，决定于次日出逃。老母亲因为儿子昔日离家二十一载，哭泣着不让他再次出走。寸树声含泪对母亲说："北平沦陷后，母亲不是曾经焦心怕我做了羞辱祖宗的人吗？我曾留日多年，留在家乡，狠毒的敌人会拿全家的生命来逼迫我的。出走已经是不争气了，难道母亲愿意看到我做比出走还不争气的事吗……"白发衰弱的老母，只好擦着眼泪同意了儿子的决定。②

5月9日晨，刘伯龙率随从进城，以远征军新编第28师名义贴出布告，要求腾冲地方把部队交给他带领，到龙川江布防抵抗。但因"息烽"部队驻梁河第3营不见踪影，护路营也已避入腾北山区，再无正规武装力量，一干人商议也毫无办法。刘伯龙见人心涣散，防守无望，就带着随从离城，经腾北过怒江去了永平。

---

① 寸树声：《沦陷前夕》，《腾冲文史资料选集》第一辑抗日战争专辑，第66页。
② 寸树声：《沦陷前夕》，《腾冲文史资料选集》第一辑抗日战争专辑，第66页。

而邱天培接到刘伯龙的公函后以为形势好转,当晚22时又从腾北曲石折回城内,向地方人士解释说:"因消息错误,故仓促离城。"此时,忽然传来日军已经到达距城20余公里的勐连镇的消息,邱天培丢下一句"我回县府与护路营、自卫队商量办法",又连夜北逃,把部分自卫队员安置在界头,嘱咐乡长吉济美供给粮食,而后带着资财眷属及随从人员,自北斋公房翻越高黎贡山,经栗柴坝渡口渡过了怒江。见此,坐困愁城的官绅们相对唏嘘,一筹莫展,各自散去。①

腾冲荷花乡前清举人、乡绅尹家令曾留下一份笔记,云:"日军进城之日(5月10日),适有由缅甸撤退之第五军,分二路计一千五百余人,军械整齐,言到腾冲城驻扎。不期由石头山上者,被和顺人至土锅铺指走小西乡;由石头坝上者,被萧庄一庸愚人领走缅箐(今中和乡)达腾城,由西门进,适值日军由南门进腾城,第五军遂退走马场(马常),出界头而去。不然此二路国军,当先进城准备作战,以一千五百之多,攻彼三百敌军之少,未有不成功者。不幸为人指走别路,亦天数也,可叹!"②

可以肯定地说,尹老先生所记为讹传,此时第5军补训处两个团及第200师尚远在缅甸境内,前者5月中旬才得进入腾冲,后者则延宕至6月中旬。不过,即便第5军部队声誉不错,恐怕也难以指望该部会留下来帮腾冲人保卫家园。军队是依军令行止的,他们

---

① 综合《滇西军民抗战概况》《腾冲沦陷前后》《腾冲县务会议通告腾城沦陷经过》等,《腾冲文史资料选集》第一辑抗日战争专辑,第48、85、255页。
② 尹家令:《腾冲沦陷纪略》,腾冲国殇墓园管理所编:《民族光辉——腾冲抗战史料钩沉》,云南人民出版社2011年版,第49页。

入缅后转战两月已残破不堪,当务之急是撤过怒江去。总之,这时的腾冲确实是被抛弃了,谁也指望不上。老百姓见此情形,只好扶老携幼、肩挑背驮地惊慌离家逃难。自5月8日夜起,腾冲出城的各条大道上人流慌乱拥挤,妇幼悲号,风声鹤唳,惨不忍睹。

留在城内的士绅们还在做最后的努力。5月10日上午11时许,徐友藩、谢式南(火电厂老板、商会会长)、张南溟(火柴厂老板)等50多人在商会开会,商讨如何安定人心,维持地方秩序,以及安置自缅甸陆续退到腾冲周边的远征军伤兵和华侨难民事宜。大家议定,粮食以县商会所存的几千驮大米为底子,再由饮食富户自愿捐献,决不让一个伤兵挨饿受冻。腾冲城西南的和顺乡在各处都设有茶水站、饭菜站和医药站。有些伤兵和难民被安置在城内外寺观庙宇内住下,饭食早已预备好。有些吃了饭后继续赶路;有些拖儿带女的老人妇女希望就地留住,士绅们只能告之敌军将至,含泪劝慰大家起身慢走。14时左右,倪家铺方向预警的枪声响起,这些好心的腾冲人也急忙赶回家带着老小向乡村疏散了[①]。

县长邱天培携家眷及随员到保山后,给云南省民政厅发了一封电报,委婉地点明腾龙边区行政监督龙绳武于5月7日先行离腾,及中央军十万之众入缅却不能阻挡日军的事实,为自己弃城逃跑开脱。他颇有自知之明地坦承:"职以一介儒生,实不能升任战区之县长,祈钧座速委长于军事者接充,以免一误再误。"[②]

中缅运输总局警卫大队也在战斗详报中指责云:"在腾冲城郊

[①] 甘家禾:《腾冲沦陷前后》,《腾冲文史资料选集》第一辑抗日战争专辑,第85页。
[②] 邱天培1942年5月21日致云南省民政厅长李培天电。据保山地区行政公署史志办公室编:《保山地区史志文辑》抗日战争专辑第一辑,第343页。

之武装，仍有护路兵一营及息烽部队一营，兵力不下七百人。经与该两营营长协议，守备联合抗战，讵以该两部无战斗决心，不待（日军）压境即行东撤，而腾冲遂于5月10日（下午）1时在无耻劣绅开门揖盗之情势下沦于敌手。"①而日本公刊战史的记录为："10日16时50分（日本时间，当地时间14时50分），腾冲落入日军手中。"②前者记述的腾城沦陷时间与后者相差近两小时，可见在逃跑方面，这几支武装也是五十步笑百步。

日军第146联队第2大队第8中队长金谷龟松，记述了该部从龙陵进占腾冲的过程：

> 我第2大队追击败退的中国军队，向腾冲前进。
>
> 从地图上看，腾冲和龙陵间有公路相连，而且与密支那之间通着铁路（战前曾筹修滇缅铁路，但尚未动工）。但是这只是纸面上的道路，实际上别说通车了，就连马都无法行走。上峰命令部队全速追击，不给中国军队以喘息之机。于是大队把军毯之外的装具全都留在了龙陵，官兵仅戴着一顶雨披开始了强行军……
>
> 在龙陵至腾冲的道路上，我感到极其疲惫。途中，听当地人说瑞丽江上架着一座吊桥（该段称龙川江，吊桥为腾龙桥）。由于担心这座吊桥被中国军队炸掉，我们沿着险恶的道路快速前进。幸好在这座长约150米的吊桥附近只是遭到了一些射

---

① 《军委会运输统制局中缅运输总局警务处警卫大队龙陵附近战斗详报》，《滇缅抗战档案》（上），第346页。
② 中华民国史资料丛稿译稿《缅甸作战》（上），第137页。

击。我们没有给中国军队爆破的机会。

可以望见腾冲城的时候,我们作为尖兵中队发起攻击,在离腾冲城墙2公里的地方(绮罗机场)遭到了中国军队的抵抗[1],双方展开了攻防战。我们逐次压迫,尖兵第2小队(小队长大山少尉)把日之丸旗插到了南门城楼上面。

腾冲是怒江西部的第一大城市,位于被高地包围着的一片平原的中央。这里的气候与我的故乡九州很相似。四四方方的城墙,每一面边长约1千米,高约5米;东、西、南、北面的中央,各有一座城门。城里面很古朴,杂乱地建了很多小房子。占领此地初期,城里看不到年轻人的踪影,只有一些缠足的老太婆蹒跚地走在城内的石子街上。

在日军突破缅甸,将中国军队追赶到怒江一线,并占领腊勐之后的第五天,我们又占领了腾冲。[2]

预2师挺进腾冲

(1942年5月10日—5月17日)

此时,预备第2师奉命前去保卫腾冲,接应从缅甸败退的远征

---

[1] 5月10日11时,日军尖兵中队攻至绮罗机场,护路营车士林排开枪射击,战斗约一小时。据李裕森、王建侯:《滇西护路第三营腾冲抗日纪实》,云南文史资料选辑第61辑《滇缅抗战亲历记》,第115页。
[2] 《侵占滇缅的"急先锋"——日军第56师团第146联队志》,第44—45页。

军残部入境。

5月10日，预2师到达保山板桥街附近，奉命以主力继续向惠人桥前进，准备渡江。11日正午，该师进抵冷水铺、蒲缥以南地区。第11集团军总司令宋希濂以电话命令师长顾葆裕："……该师（欠第4团）应即由惠人桥附近渡过怒江，向龙陵东、西地区[①]前进，破坏交通后牵制敌军，阻其增援。"

奉命后，该师即派第6团第3营（营长胡生恒）为先遣支队，令其向腾冲东侧之吴邑挺进；将主力分为三个梯队，依次在惠人桥附近老渡口实施渡江。

5月12日15时，预2师先遣支队到达惠人桥附近，以一部沿江配置警戒，其余则开始渡江。但因惠人桥已遭破坏，而怒江水深流急，缺乏渡河器材，要临时发动民众砍伐大竹编制竹筏，才可漕渡。而竹料要到30里以外的高山去砍伐，搬运费时，到黄昏仅扎成竹筏4只。而青竹浮力很小，每只仅可载四五人，且必须以熟悉水性的土民协助摆渡。至当日夜半，才渡过去一个排，进至马料铺（今莫卡村附近）、独树以西担任警戒[②]。

第6团第3营第9连排长王希孔回忆："为防止敌人过江，老惠人桥已经破坏了。第6团即用竹筏渡江，接连被水冲没了，三个班都无法渡过去。后选出几个游泳能手，将铁丝系在腰间，带往怒江西岸，把铁丝分别捆在东西两岸的大树上，后再增加多股铁丝，以空汽油桶联在铁丝上作为浮桥，终于一个个地渡过江。"

---

① 第11集团军令预2师向龙陵以西前进，另令第88师向龙陵以东前进。
② 《第十一集团军惠通桥、腾冲、龙陵地区间战役战斗详报（1942年5月—6月）》，《滇缅抗战档案》（上），第330–331页。

5月13日，预2师先遣支队继续渡江，进出独树以西地区，其一部进至红木树（今禾木树）附近掩护；第6团（团长辛伦）主力进至老渡口附近准备渡江。第5团（团长杨文榜）及师部与直属部队到达小街子附近地区。

当日，该师派赴腾冲侦察的便探返回报称："敌步、骑、炮兵约700人，于本月11日占领腾冲县城垣，芹菜塘、倪家铺时有敌骑探出没；又敌骑百余，昨日已到达马料铺西南约12公里之大寨（今山大寨）。"

因顾虑预2师主力渡江后后路空虚，当日宋希濂命令留驻保山的第4团（团长吴心庄）派兵一营到惠人桥，并以一部进出马料铺，替换在该处担任渡河警戒的部队。

5月14日晨，日军骑兵数十名窜抵红木树，与第6团已渡江的一个连接触。据排长王希孔回忆，"我们到红木树后，据当地老百姓说，日本鬼子有40多人，在此地住过一天连夜逃跑了。我见沿途中有跌死跌伤的骡马6匹及一些弹药箱"[①]。

连日来，因怒江上游大雨，江水上涨，水流湍急，预2师后续部队渡江异常困难。每每穷一夜之力，才能渡过一连，并已漂没淹亡排长1员、士兵7名。[②]

5月15日，预2师先遣支队经红木树、魏家寨攀爬高黎贡山，驱逐象脖子附近之敌后，经大松园翻越大风口分水岭，转由西北石门坎，进至小平河（今下坪河）附近警戒。随后，第6团主力全

---

① 王希孔：《我所亲历的橄榄寨战斗》，云南文史资料选辑第39辑《滇西抗战》，第156页。
② 徐永昌：《徐永昌日记》第六册，第399页。

部渡过怒江，进至象脖子附近；第5团及师部进抵山脚东侧地区。

当日17时，第11集团军总司令宋希濂于保山郎义村电令预2师："预备第2师（欠第4团）应于17日正午以前全部由惠人桥附近渡过怒江，向腾冲方面搜索前进，截断腾冲、龙陵间交通，相机占领腾冲；但对左侧应特别警戒。"①

5月16日，预2师师长顾葆裕向第11集团军报称："腾冲有步、炮联合之敌千余人。橄榄寨有敌三百余，正加强工事中，其一部在龙江桥西岸警戒。"

当日12时，预2师先遣支队自三岔洼下高黎贡山，经二台坪、大嵩坪、岩子脚、中寨，到达龙江桥东岸占领阵地，并以一部驱逐西岸敌警戒部队，进至大地坡（橄榄寨东南约700米）附近占领阵地，搜索敌情。日军第56师团战时旬报记述："5月16日，在橄榄寨攻击了装备有迫击炮、兵力约200名之敌。"②驻橄榄寨日军，为配属第56师团作战的独立工兵第4联队③，联队长为山口甲子男中佐。

橄榄寨位于腾冲城东南30多公里，为腾冲通往保山旧官道的东大门，从寨子向东下行2公里即至龙川江边。日军占据腾冲后，

---

① 《第十一集团军惠通桥、腾冲、龙陵地区间战役战斗详报（1942年5月—6月）》，《滇缅抗战档案》（上），第332页。
② 《第56师团战时旬报甲（1942年5月21日至5月31日）》，日本亚洲历史资料中心，C14060430700。
③ 日军独立工兵第4联队（甲编制）于1941年7月27日第二次编成，11月6日编入第15军序列参加了侵缅作战，此时配属第56师团。其编制为军官24人、下士官84人、兵786人，合计894人；装备货车4辆、马134匹。《缅甸方面部队略历》，日本亚洲历史资料中心，C12122446000。

以原本担负渡河作业的独立工兵第4联队推进至此,可能是为渡越龙川江、怒江预做准备,不料成为阻击远征军西进的第一线部队。

当日18时,预2师第6团主力到达后头田、大栗树之线占领阵地;第5团第1营于午后进抵红木树,第3营在新城附近,其余仍在怒江边待渡。

5月17日,阴雨。预2师先遣支队主力通过龙江桥,向橄榄寨前进。据王希孔回忆,部队过龙江桥时,师长顾葆裕和参谋长彭劢站在铁链桥边[①]。此时,第5团第3营(营长杨成章)奉命向邦迈街以南推进以牵袭敌人,其第1、第2营到达后头田、大栗树附近;第6团主力到达龙川江东岸;师部及直属各部队到达老寨附近[②]。

当日,日军第56师团闻报,一支兵力约100名的中国军队向橄榄寨攻击,但此后状况不明。师团即令腾冲警备队(以第146联队长今冈宗四郎大佐为警备队长)尽量派兵增援该方面。随后师团接到报告称:"中国军队于17日凌晨3时30分(日本时间,当地时间1时30分)夜袭了橄榄寨,其兵力增至五六百人,装备有迫击炮;且其一部迂回到了山口部队的背后。"[③]

[①] 王希孔:《我所亲历的橄榄寨战斗》,云南文史资料选辑第39辑《滇西抗战》,第156–158页。
[②] 《第十一集团军惠通桥、腾冲、龙陵地区间战役战斗详报(1942年5月—6月)》,《滇缅抗战档案》(上),第334页。
[③] 《第56师团战时旬报甲(1942年5月21日至5月31日)》,日本亚洲历史资料中心,C14060430700。

归化寺的"第一枪"

（1942年5月14日—5月18日）

如前所述，5月7日护路营营长李从善派连长陈锡年率第2连，护送龙绳武到保山[①]。5月10日下午，李从善率护路营主力退避巃嵸山。11日下午，与"息烽"部队第3营营长李匡时在马站街协商次日向敌反攻，并嘱避难在木水河村的商会会长谢式南筹办饷糈[②]。然而，当晚李从善即不告而别，率部经曲石、瓦甸（今永安村）转至界头。这时，由分队长纳其忠带领的县自卫队一部30余人[③]，也退到了瓦甸。而日军占据腾冲后，即派出小股部队向城郊四周推进，搜索追击逃亡部队。

5月14日，腾冲县自卫队欲西进至固东河之灰窑桥设防。尖兵到龙口后，探知一队日军正由腾冲经向阳桥北上。该队遂撤到瓦甸街北面的刘家坡头，并连夜飞报界头。旋即，护路营营长李从善派驻界头的第3连唐连长率部南下瓦甸支援。该连到达距离瓦甸

[①] 李裕森、王建侯：《滇西护路第三营腾冲抗日纪实》，云南文史资料选辑第61辑《滇缅抗战亲历记》，第115页。
[②] 据1942年8月徐宗稚、谢树楷、董殿勋联名致腾冲县长张问德、滇西边区第六区行政督察专员李国清、云贵监察使李根源呈文，腾冲县档案馆馆藏民国档案。
[③] 腾冲县政府第一科科长李嘉祜6月14日致省民政厅快邮代电："县长所带自卫队、政警队，过江后全部解散，枪弹如数失落。中队长（张伟）亦随县长过江，仅分队长纳其忠尚有军人气概，收集散兵三十余人，参加护路营……"《腾冲文史资料选集》第一辑抗日战争专辑，第341页。

三四公里的石墙村时,即与该队日军80余人遭遇①。

发现敌人后,自卫队即占领刘家坡头高地,护路营第3连占据归化寺(位于石墙村东面山坡上,当时寺已不存)及左侧高地为依托阵地。瓦甸区长孙成孝也率三练②民壮百余人,配合部队作战。敌军进入伏击圈后,中国军队一声枪响,即将牧野中尉打下马来。日军即四散各找掩体,向中国军队反击。

战斗中,日军设在一处土坎下的一挺歪把子机枪对中国军队威胁甚大。护路营一名排长李炳仁带两名士兵,利用地形迂回到土坎上,扑下去压在日军射手和副射手身上,用匕首捅死敌人。李炳仁又端起机枪调转枪口,向日军扫射,不幸被敌一颗子弹击中胸膛,倒在刚缴获的机枪上。两名士兵见状,抬起机枪边打边撤,却发现刘家坡头的自卫队已经撤走。见此情景,其他各部怕打下去日军增援部队来后吃亏,就抬着伤员向界头方向转移。

据载,此战共歼日军牧野中尉以下44人;中国军队亦阵亡护路营上尉连附张增良、中尉排长李炳仁,自卫队中尉分队长纳其忠等官兵,及瓦甸前区长孙成孝等45人③。据目击者、当地村民孙学武口述:若自卫队在李炳仁夺取日军机枪后,由敌后包抄支援

---

① 熊文定:《腾冲军民抗战片段》,《腾冲文史资料选集》第一辑抗日战争专辑,第87页。
② 龙川江河谷曲石、瓦甸、界头三个练地的合称。
③ 阵亡名单系综合《第20集团军腾冲阵亡官佐名录》(《腾冲文史资料选辑》第一辑抗日战争专辑,第319页)及熊建玺《腾冲县归化寺战役》(《保山地区史志文辑》抗日战争专辑之二,第283页)附录"战士冢"阵亡人员姓名碑文确定。

上来，消灭这股日军是有把握的。遗憾的是该队撤出，使其余日军得以脱逃①。推测可能因分队长纳其忠牺牲无人指挥，导致自卫队溃散。

更令人遗憾的是，护路营仅派出第3连参战，营主力却撤往高黎贡山。后来腾冲县长张问德不无谴责地指出："是役倘李从善不走，护路营与自卫队协同，则此股敌人可悉数就歼。"②事后，营长李从善分别致电龙云、龙绳武称："本拟继续与之周旋，以待来援，无如据各连长报称，腾冲士兵纷纷逃避一空，不可遏止；继因夫马缺乏，余剩枪械无法携带，兹潜移驻云龙补充整顿……"③

以上记述，系根据腾冲当地史志资料还原的战斗经过。对于此战，日军第56师团战时旬报中亦有记述，但在交战时间、双方损失等方面有所出入：

5月18日，金氏大队（第2大队）第8中队在瓦甸北方4公里处（即石墙村）与一支兵力约500人的中国军队交战。

为了歼灭这支中国军队，师团命令该大队于当日15时（日本时间，当地时间13时）离开腾冲追击。

---

① 孙学武（口述），马兆明、罗佩瑶（整理）：《归化寺阻击战》，《腾冲文史资料选集》第一辑抗日战争专辑，第87页。李从善5月25日致龙云、龙绳武电称："敌作困兽之斗，将保卫队防线突破而逃。"《德宏史志资料》第14集，第163页。
② 张问德：《腾冲县政府民国三十二年年度工作报告书》，保山地区行政公署史志办公室编：《保山地区史志文辑》抗日战争专辑第三辑，第286页。
③ 5月25日李从善致龙云、龙绳武电，《德宏史志资料》第14集，第163页。

19日19时30分（日本时间，当地时间17时30分），大队在瓦甸北方与第8中队会合。当时，中队当面的中国军队已经开始向北方撤退。于是，大队于22时30分（日本时间，当地时间20时30分）开始转入追击。

与第8中队交战的是腾冲守军第25营（保卫第25营腾冲中队，即县政府自卫队）及一些退下来的杂兵。腾冲守军遗弃尸体60具，日军战死3人。①

比对中日双方记述，日方记述的交战时间5月18日应为准确。分析日方记述，应是其第8中队轻率冒进遭到伏击后，第2大队主力才奉师团命令赶来救援，文中对第8中队的损失应该有所遮掩。此外，日军仅知交战对手为腾冲县自卫队，不知护路营第3连亦参加了战斗。

归化寺之战，为腾冲地方武装打响的抗日第一枪。在某种意义上，此战有洗雪5月10日地方官员和武装不战而逃之耻的色彩，因此从腾冲民间抗战这个角度，曾在当地史志中被大书特书。1945年7月7日，云贵监察使李根源曾亲临战地凭吊，为烈士树碑并亲书碑文"战士冢"三个大字，并赋诗评赞："长吏闻声走，八方惊分窜。民魂复还来，归化寺一战。"②

---

① 《第56师团战时旬报甲（1942年5月21日至5月31日）》，日本亚洲历史资料中心，C14060430700。
② 孙学武（口述），马兆明、罗佩瑶（整理）：《归化寺阻击战》，《腾冲文史资料选集》第一辑抗日战争专辑，第87页。

围攻橄榄寨

（1942年5月18日—5月19日）

5月18日，阴雨。

自拂晓起，预2师先遣支队即对橄榄寨之敌开始攻击。敌据守村寨及西侧高地，凭险顽抗，我攻击部队勇猛向敌接近，距敌仅百余米，遭敌火力侧击，伤亡甚重。敌之一部七八十人向我攻击部队左侧逆袭，被迫击炮（第6团迫击炮连，连长谭长柱）火力阻止。攻击至黄昏未能奏功，遂成对峙状态。王希孔回忆道：

> 第6团过了龙川江，即向橄榄寨攻击。由下向上进攻，地形对我们虽不利，我们的枪炮声却很激烈，敌人的枪炮声稀少。我们一直冲到离橄榄寨五六十米处，敌人的轻重机枪、小钢炮、手榴弹像雨点一样向我们扫射。敌人的工事坚固而隐蔽，都修在围墙内和房屋内的墙脚下，在外面很难发现敌人的机枪和炮阵地……多次发起冲锋也冲不进去，我们伤亡甚重。[1]

经一日激战，预2师基本探明日军实力，师长顾葆裕当晚向第11集团军报告敌情：橄榄寨之敌400余人，有轻、重机枪12挺，

---

[1] 王希孔：《我所亲历的橄榄寨战斗》，云南文史资料选辑第39辑《滇西抗战》，第156页。

迫击炮2门，小炮1门，并有英缅人一部。

当日，总司令宋希濂对预2师其他各部队行动作出部署，电令如下：

左侧支队第5团第3营应由云头经大水井、大竹坝、戥子铺、孔考向上勐连方面前进，截断腾冲、龙陵间交通；该师主力应速向腾冲搜索前进，避免正面攻击，勿为少数之敌羁留。

至当日晚，预2师各部到达位置为：第6团在龙江桥一带；第5团第1营（附工兵一连）到达后头田、大栗树之线；第2营于15时渡江完毕，向老寨前进中；第3营由新城向云头前进中；团部到达小平河附近；师部及直属各部队到达后头田、岩子脚一带。

5月19日，阴雨绵绵。先遣支队向橄榄寨之敌再行攻击，敌扼险顽抗，至午后申刻（15—17时）尚未攻下。第56师团战时旬报记述道："中国军队于18、19两日昼夜猛攻，但山口部队（独立工兵第4联队）在橄榄寨附近依托坚固阵地将其击退。战斗中日军损失为战死2人，战伤4人。"[①]

当日黄昏前，第6团主力到达，该团决定以第3营乘夜袭击橄榄寨西南高地。据王希孔回忆，当时第6团仅留一部兵力牵制当面日军，团指挥所和第3营全部人员，利用黑夜从橄榄寨左侧迂回至马场村、陈家寨，准备由上向下攻击。营长胡生恒在布置中，命令王希孔带本排的三个班向县城方向警戒，选择从县城来橄榄寨

[①] 《第56师团战时旬报甲（1942年5月21日至5月31日）》，日本亚洲历史资料中心，C14060430700。

的狭窄路口，伏击前来增援之敌。①

此时，腾冲日军果然派来一支增援队（由步兵一小队及机关枪一小队组成，隶属第148联队丸冈第2大队②），恰与第6团迂回部队遭遇。第11集团军战斗详报的记述是，"交战至次日（20日）凌晨2时许，攻占橄榄寨西约5里之黄草坝附近高地，毙敌20余名"③。但据日军第56师团战时旬报记述，该增援队与山口部队呼应配合，于20日晨5时（日本时间，当地时间3时）突入橄榄寨中④。

无疑，王希孔排应该是最先与增援之敌交战的。其回忆道：

> 当时我排有42人，轻机枪2挺，60炮1门，掷弹筒3个，冲锋枪3支，其余是步枪、手榴弹。我带着部队到后山选择好阵地，将机枪和小炮的位置选好后，即做简单的发射工事，并告诉全排人员，若发现敌人过路，没有我喊开枪的命令，谁随便开枪，就枪毙谁。
>
> 17点半，敌人由城来了40多人，另有穿便衣的10多人，骡马有60多匹。当敌人走到我埋伏阵地前50多米，我大叫一声"开枪"，全排集中火力把日本鬼子的人马全部打倒在地。因为担心敌人未死者还枪，未能及时派人去清查毙伤的人马

---

① 王希孔：《我所亲历的橄榄寨战斗》，云南文史资料选辑第39辑《滇西抗战》，第157页。
② 第148联队第2大队在腊戍作战以后，即随师团主力沿滇缅公路攻入滇西。
③ 《第十一集团军惠通桥、腾冲、龙陵地区间战役战斗详报（1942年5月—6月）》，《滇缅抗战档案》（上），第335页。
④ 《第56师团战时旬报甲（1942年5月21日至5月31日）》，日本亚洲历史资料中心，C14060430700。

数字，只是观察到少数几个敌人跑掉，多数是倒地不动了；骡马一半以上也是倒地不动，部分还跛着脚走动，有少数几匹像野马一样乱跑。

20分钟后，我派一个副班长带着三个士兵去现场清查。将要出动，就听见从橄榄寨打来的炮弹响，随后敌人的轻重机枪和小钢炮像暴风雨一样地向我排打来。当时情况十分紧急，怕难以逃出敌人的火力网，我叫全排分散各跑一方，跑不脱的就藏起来，明晨到上营以北江边集合。当时我也怕跑不脱了，就钻进一堆干柴边的夹沟里，用干柴盖满全身，把手榴弹盖子旋掉摆在手边，当时想着若敌人一脚踩在我身上，手榴弹爆炸，我就和敌人同归于尽。结果是敌人从我身边跑过去了。待敌人过后，我才起来向江边跑去。敌人追到天黑，不见我排踪影，只好退回橄榄寨。次日（20日）天亮前，我到江边等候集合，全排只有刘小毛等三个兵失踪，其余的都到齐了。[1]

栗柴坝大屠杀

（1942年5月19日—5月21日）

就在腾东橄榄寨激战之际，在泸水县（今泸水市）上江镇怒江栗柴坝渡口，发生了一件令人扼腕的惨案。

---

[1] 王希孔：《我所亲历的橄榄寨战斗》，云南文史资料选辑第39辑《滇西抗战》，第157页。

如前所述，5月18日在归化寺伏击日军之后，营长李从善即带护路营沿高黎贡山脚撤至太平阁。19日，该营经马面关、北斋公房向东翻越高黎贡山。护路营的后面，还跟着最后一批撤离的腾冲海关官员和家眷，以及众多从缅甸逃难入境的华侨。

日军方面，第146联队金氏第2大队主力于19日22时30分（日本时间，当地时间20时30分）开始追击，20日12时（日本时间，当地时间10时）到达界头。搜索护路营未果，又经桥头、马面关翻越高黎贡山继续追击，目标为怒江蛮赖（栗柴坝渡口下游2.5公里）渡河点，"途中，在桥头及高黎贡山中各消灭了10名中国士兵"①。

由于龙绳武5月7日出逃时下令拆毁了怒江下游的惠人桥和双虹桥，连日来从沦陷区东逃的民众只能溯江北上，一时间难民盈满栗柴坝渡口。此前几日，由于渡口人多船少，许多难民要留住江岸待渡。附近邦瓦寨保长李春鸿，得知难民中有的在缅甸经商，带了许多金银细软，遂起歹心，勾结本村大户倪朝相，到江岸诈骗华侨难民钱财。他们明里许诺为难民扎筏过渡，骗取了大笔造筏资金，暗中则故意拖延时日，拿出陈米腊肉向难民高价出售，发国难财。难民几经催促，他们也无动于衷。

当时远征军溃部有个杨营长，在栗柴坝附近的白家寨（栗寨坝渡口下游4.8公里）收容散兵，急难民之难，命令甲长贵三祖派该村桑春富、白开玉等四名船工，砍伐竹料扎制竹筏一只，帮助

---

① 《第56师团战时旬报甲（1942年5月21日至5月31日）》，日本亚洲历史资料中心，C14060430700。

难民摆渡了三天，渡过了一百多人。不想到了第三天，当从腾冲撤退的一股远征军部队（似为经密支那提前撤退的第5军司令部一部）渡过怒江后，就接到了封锁渡口的命令。据船工桑春富回忆，当晚有个军官向渡口的船工宣布，日军将于明天到达栗柴坝，从现在起就停船封渡，严防敌人过江！当天夜里，船工桑春富、桑发源、左自春就奉命把大船底部凿穿，沉入江底，还拆毁了部分竹筏。这时，由于汉奸延误，滞留在西岸的难民还有300多名[1]。

5月20日下午，护路营到达渡口正在与船工交涉时，日军尖兵远远地追来。护路营即抛下民众，溯江而上逃往泸水[2]。日军对护路营未予穷追，而将300多名难民包围。据载，日军先将难民中的男人全部捆绑，集中在一起迫令跪下，然后用机枪扫射残杀。数十名妇女为免遭日军凌辱，纷纷投江自杀，有的还抱着孩子。当日遇害者达290余人，只有极少数难民冒死沿江岸逃跑脱险。栗柴坝渡口沙滩上，一时尸积成堆，血流成河，江面浮尸累累，血水染红了半条江，其情状惨不忍睹[3]。据幸存者称，腾冲海关人员尤德舆、谭松均、何德辉、区锡荃、陈道绪、马承志等6人及海关关员黄之灿的男仆，均被日军枪杀或用刺刀捅死；区锡荃的妻子得知其夫遇害后，绝望地背负孩子跳江[4]。但日军第56师团战时旬报

---

[1] 李道生、马秉坤：《泸水军民联合抗日战事纪实》，云南文史资料选辑第39辑《滇西抗战》，第184页。
[2] 腾冲县党部书记长刘本坤呈报边情三项电称，护路营后由泸水渡江至云龙漕涧。保山地区行政公署史志办公室编：《保山地区史志文辑》抗日战争专辑第一辑，第346页。
[3] 马秉坤：《泸水抗日战事资料访录》，《怒江文史资料选辑》第2辑，第31页。
[4] 杨清渊：《一段海关人的历史》，《滇缅抗战纪实》，第252–253页。

却隐瞒了金氏第2大队屠杀民众的残酷暴行,仅记述"在蛮赖渡河点消灭了约30名守军"[①]。

当日,阴雨。第11集团军综合连日侦察情况,获悉敌情为:

腾冲之敌为今冈部队(第146联队,联队长今冈宗四郎大佐),城内及来凤山一带六七百人,山炮1门,小炮2门。另敌一部300余人于18日窜至腾冲东北之海口、曲石街、龙口附近,19日晨继续向瓦甸街北窜——该敌即为18日在归化寺遭我伏击,且已追至怒江栗柴坝渡口之金氏第2大队。

按既定部署,预2师仍以一小部继续监视并围困橄榄寨之敌,主力分两个纵队向腾冲、上勐连间地区搜索前进,破坏腾冲、龙陵间公路,相机攻占腾冲。13时许,第6团主力由橄榄寨北侧经坝湾、芹菜塘向飞凤山(当地称球眸山)搜索前进,16时许占领飞凤山及高山寺各要点;第5团一部占领上勐连与罗汉冲间之官坡(今关坡)隘路。

5月21日,阴雨。

上午10时,第5团主力进占大董(今洞山村)。19时,击退倪家铺敌之警戒部队,占领大董、上勐连间隘路,向腾冲、来凤山之敌袭击。

为排除进路障碍以利后续作战,预2师令第6团以一部扼守后屯、飞凤山西南及吴邑以东隘路;团主力进至橄榄寨西南附近地区,准备22日拂晓继续围攻橄榄寨之敌。

---

① 《第56师团战时旬报甲(1942年5月21日至5月31日)》,日本亚洲历史资料中心,C14060430700。

当晚亥时（21—23时），总司令宋希濂电令预2师："腾冲之敌如顽强抵抗，可暂在飞凤山、陡坡寺（今陡山寺）一带构筑工事，严密监视，允将橄榄寨残敌肃清；第5团主力应仍向上、下勐连前进，截断腾（冲）龙（陵）间交通，与第6团互为犄角。"①

蜚凤山伏击与下勐连打援

（1942年5月22日—5月27日）

5月22日，天阴。

据第11集团军战斗详报，一股日军自腾冲北门出城向蜚凤山②、后屯前进。预2师第5团第2连协同地方团队，在敌经过道路要点附近设伏。9时许，敌以行军纵队进至后屯附近，我伏兵以猛烈火力奇袭，毙敌百余名③。

此处所说的"地方团队"，是5月15日渡江增援腾冲的"息烽"第6旅第2团第1营。最初，龙云对日军侵滇危局估计不足，以为"畹町方面有远征军负责，敌不至深入"。但此后却迭获龙陵、腾

---

① 《第十一集团军惠通桥、腾冲、龙陵地区间战役战斗详报（1942年5月—6月）》，《滇缅抗战档案》（上），第336页。

② 在腾冲当地人概念中，蜚凤山与飞凤山原本均指尹家湾与后屯间高地（标高5138英尺，约1566米），因1935年版1：10万军用地图发生错误，将球眸山标注为飞凤山（标高5853英尺，约1784米），同时标出蜚凤山，包括5138高地、纱帽山、长坡山（标高5377英尺，约1639米），因此在军方记录中将错就错，后来进入各种史料。

③ 《第十一集团军惠通桥、腾冲、龙陵地区间战役战斗详报（1942年5月—6月）》，《滇缅抗战档案》（上），第338页。

冲失守消息，龙云震惊之余对滇西军政系统颇为不满，命令龙奎垣部积极作为，"以赎前愆"。于是，龙奎垣于5月10日令刚完成接护龙绳武出逃任务的第2团第1营渡江进至腾冲，配合预2师向日军侧击①。据第2团团附兼第1营营长李繁光事后给龙奎垣的报告，此次战斗中本营是主力，并对预2师部队有所指责：

> 晨7时，敌机两架盘旋，敌六十余，驮马三十余匹，乘飞机之掩护，运械弹接济橄榄寨之敌。经蜚凤山，被我第3连用机枪狙击，伤亡三十余，骡马十余匹，并格毙乘白马官长一员。时敌机狂炸我阵地，不断用机枪扫射。职部早有准备，乃分头进入阵地，即命第1连向右翼沿蜚凤山麓迂回攻击，意图消灭该敌，乘势入城。而城内之敌纷纷增援，争夺蜚凤山。我第1连正与敌激战间，原在我第3连左翼后山阵地之预备第2师第5团第2连吴连长见敌增援，竟弃守阵地，妄称弹药耗尽。职即借补千余发，仍令其固守，殊该连溃退，敌即占领后山，侧击我第3连，因而伤亡甚众。我正面占领纱帽山之机枪第1连附步兵一排，及右翼之第4连，亦受敌炮击，争战剧烈。争夺数度，职以火力集中攻击围我第3连之敌，竟将敌突破，毙敌甚多，第3连乃得出险。延至午后9时，枪声始息。次日，职部固守飞凤山（球眸山）与敌相持一日，敌在后屯阵地掩埋敌兵尸体数十具，此为预2师部派职部联络之作战科长赵位靖

---

① 5月2日龙云复龙奎垣电、5月8日龙云致龙奎垣电、5月9日龙云致龙奎垣电、5月10日龙奎垣致龙云电，《德宏史志资料》第14集，第169页。

（一说为参谋主任）所同眼见者。时预2师第5团已进至腾城东关外玉璧坡，仅距十余里，相守观望；而占领高山寺之第6团，又向后撤，职部处于孤立，无援可望。[1]

另，腾冲当地史料记述："息烽"部队第1营（营长李繁光）奉命开赴腾冲，在纱帽山驻扎；"别动一连"[2]（以下简称"杨连"）在连长杨正昌率领下，自罗舞塘至蜚凤山驻尹家湾。此后，日机8架飞临蜚凤山上空进行低空盘旋侦察，似在该方面有所动作。于是，连长杨正昌率该连迅速攀上蜚凤山，构筑工事准备迎敌。

次日，一队日军从腾冲北门开出，沿腾北大路行进。同时，敌机两架又飞临飞凤山、蜚凤山一带进行低空侦察。杨连在蜚凤山前沿阵地隐蔽好，放过日军尖兵，待其大部队进入后屯时突然打响伏击。第一排子弹就将日军指挥官击落马下。日军从懵懂中清醒过来后，立即散开队形对中国军队进行反扑，杨连在民壮配合下，打退日军多次进攻。17时，日军尖兵迂回向中国军队侧背攻击。此时中国军队为避免与敌胶着，遂向后山转移。一名山东籍张姓重伤员不能行走，要求留作掩护，在日军接近时，连续投出7枚手榴弹，炸死日军7人后壮烈牺牲。是役，击毙日军40余人；中国军队阵亡士兵18名，及民壮王继文、王家训、侯天禄、李长

---

[1] 1942年10月第六旅第二团第一营营长李繁光报告敌后腾北作战经过，《德宏史志资料》第14集，第169页。
[2] 该连归属不详，联系李繁光报告应为其第1营第1连。

湘等13人[①]。

此次战斗又称"蜚凤山阻击战",腾冲史志及军方战报均有记述。但是,关于交战时间双方记述差异很大:地方史料记为5月23日或25日;第11集团军战报记为5月25日,但其5月22日、23日腾冲方面战况却缺失。经与日军史料互参,笔者推定交战时间从5月22日延续至23日夜。日军第56师团战时旬报称:"在腾冲附近,中国军队于5月21日以来企图夺回腾冲城,屡次在日军阵地前侦察,并且妨害日军斥候搜索队。日军军官斥候在娘娘庙(后屯西南2公里)附近,击退了一支拥有轻机枪的几十人的中国军队。到5月23日半夜,中国军队放弃了攻击意图,于24时(日本时间,当地时间22时)左右开始退却。日军随即转入追击,但是由于兵力及携带弹药的限制,未取得大的战果。中国军队依然占领着四周的要点。"[②]

5月23日,连日阴雨终于停息,但依然阴霾密布。

橄榄寨西侧一带高地,山峰起伏,树木丛密,运动展望均极困难。日军利用隐蔽的地形、地貌构筑了坚固工事,密布侧防火网。自拂晓起,第6团主力继续向敌攻击,敌负隅顽抗。该团官兵勇往直前,力求接近,终为其侧防火网所阻,伤亡极重,攻击未果。

此时,第5团主力已进至腾冲城南13公里之清水乡猪新街(今

[①] 王齐贤、刘春明:《蜚凤山阻击战》,《腾冲文史资料选集》第一辑抗日战争专辑,第93页。

[②] 《第56师团战时旬报甲(1942年5月21日至5月31日)》,日本亚洲历史资料中心,C14060430700。

朱星街），对来凤山之敌施行牵袭。

5月24日，拂晓前天空放晴。

第6团续攻橄榄寨之敌，占领附近灰坡垭口、石头山、二台坡等要点。日军猛烈反攻，均被击退。

午刻，总司令宋希濂致电顾葆裕："橄榄寨之敌如难攻下，可以第6团一部严密监视，并构筑工事，以火力封锁或设法诱其出寨，再捕捉而歼灭之；第6团主力仍应占领飞凤山一带高地，监视腾冲之敌；第5团应激励其设法袭占来凤山，以期早日收复腾冲。"

5月25日，天阴。

自拂晓起，橄榄寨日军向我石头山、二台坡阵地反复攻击4次，均被击退。

另，第11集团军获悉：由腾冲北窜龙川江桥头街之敌三四百人，于昨日（24日）晚分三股经瓦甸街、曲石街、向阳桥先后向南回窜[①]——该股日军，即此前追击护路营、制造了栗柴坝大屠杀之金氏第2大队，系24日晨6时（日本时间，当地时间4时）自栗柴坝渡口反转[②]。

日军第56师团战时旬报称，当日（25日）增派第148联队丸冈第2大队（大队长丸冈茂雄少佐）前往橄榄寨，在腾冲北方约8公里处，与一支兵力二三百、占领着阵地的中国军队交战，双方陷入对峙局面。但从其战时旬报附图来看，丸冈大队实际前进路

[①]《第十一集团军惠通桥、腾冲、龙陵地区间战役战斗详报（1942年5月—6月）》，《滇缅抗战档案》（上），第338页。

[②]《第56师团战时旬报甲（1942年5月21日至5月31日）》，日本亚洲历史资料中心，C14060430700。

线为腾冲东南方向,即经大董指向坝湾、橄榄寨。①

何以有此矛盾记录?容笔者之后分析。

5月26日,天晴。

上午10时许,第5团一部占领黄泥克(今黄泥坎),向龙陵方向之敌警戒。

总司令宋希濂电令预2师,仍以第6团主力围攻橄榄寨之敌,冀望能在飞机、迫击炮协力下尽早占领。

22时(日本时间,当地时间20时),从腾北返回的日军金氏第2大队已到达腾冲城北15公里处(今北海湿地附近)。②

5月27日,天晴。

预2师以第6团全部围攻橄榄寨之敌,由该师副师长洪行担任战场指挥。总司令宋希濂致电该师指示战法:"如橄榄寨之敌企图突围逃窜,可放开一面,俟其出寨时设法狙击之。"上午10时许,蒋介石亦致电宋希濂就战术问题作出指示:"攻击部队应避免硬战,分成若干小组,钻隙进出公路,以伏击、截击诸方法打击敌人,并加紧破坏。"

午刻,第5团第3营在下勐连附近设伏,将从龙陵向腾冲运送弹药物资之敌运输队60余人、七八匹马大部聚歼③。

据腾冲当地史料记载,其时勐连镇长杨绍贵率民壮30余名,

---

① 《第56师团战时旬报甲(1942年5月21日至5月31日)》,日本亚洲历史资料中心,C14060430700。
② 《第56师团战时旬报甲(1942年5月21日至5月31日)》,日本亚洲历史资料中心,C14060430700。
③ 《第十一集团军惠通桥、腾冲、龙陵地区间战役战斗详报(1942年5月—6月)》,《滇缅抗战档案》(上),第339页。

主动向第3营营长杨成章请求配合部队作战。当日军进入勐连街南面东山与低桥坡之间的伏击圈后,杨绍贵等以老式毛瑟枪、土枪甚至弓弩先行开火诱敌。日军见状包抄而来,占据有利地形的第3营随即开火,日军猝不及防死伤大半[①]。在日军反击中,杨绍贵因老式毛瑟枪卡壳,被日军投掷的手榴弹炸死;此外民壮董金荣、姚自祥、朱开祥等20余人亦相继阵亡[②]。

关于此战,日军第56师团战时旬报的记述为:"向腾冲部队运送弹药、电池等物资的中町少尉以下28人组成的队伍离开龙陵之后,在下勐连遭遇装备有两门迫击炮、两挺重机枪、三挺轻机枪及三具掷弹筒的优势中国军队,官兵伤亡26人(其中战死16人;伤10人,含1名军官)。"[③]在此战中侥幸生还的日军第146联队第2大队第6中队士兵中村虎彦,也以《在腾冲下勐连的经历》为题留下了翔实记述,且记述其交战时间持续了数日:

(日军第6中队)要把弹药送到位于腾冲的本队。各队出院的二十几个战友组成了运输队,由中町少尉任队长。大家全副武装运送着弹药箱要走20公里。5月25日(第56师团战

---

① 许秋芳主编:《极边第一城的血色记忆——腾冲抗战见闻录》(上),中国文联出版社2003年版,第110页。
② 尹明德:《滇西军民抗战概况》,《腾冲文史资料选集》第一辑抗日战争专辑,第51页。杨清湛:《抗日乡长杨绍贵纪略》,保山市文史资料之滇西抗战专辑《溅血岁月》,第281页。战后蒋介石曾特电旌恤:"准在死难地方建立专祠纪念。"黄槐荣:《腾冲的全民抗战》,《腾冲文史资料选集》第一辑抗日战争专辑,第93页。
③ 《第56师团战时旬报甲(1942年5月21日至5月31日)》,日本亚洲历史资料中心,C14060430700。

时旬报记为5月23日19时）从龙陵出发，翻越山谷前进。途中见到了很多倒毙的马尸，这可能是本队在进攻时留下的。

越过山顶之后，我们终于到达了平路上。突然前方四五百米处有子弹飞了过来，有一个可能是第7中队的斥候兵倒在了地上，在中国军队的弹幕中一动也动不了。我们在树后面全都躲到了沟里。队长下令爬山，我们一口气爬到两米高地方的时候，中国军队的射击更加猛烈了。我上面的队长的双腿被打穿了，我们把他带到沟里包扎了一下。我和队长挖了战壕躲避子弹，但天亮的时候中国军队又向我们猛烈射击，山上的战友眼睁睁地看着我们两个趴在水田的沟里而没有办法。到了晚上之后，我想起来我们运送有手榴弹，于是我和小濑战友装上了引信准备明天使用。我已经三天没有吃东西了，喝了点战友身上的存水来充饥。

天亮之后，我看见中国士兵正在翻检山丘上战友的尸体。我和战友小濑良向他们射击，中国士兵大喊着回到山谷另一边报告去了。接着他们又开始猛烈射击，小濑良的手被打穿了。中国士兵在山丘向我们发射迫击炮弹，战友大木的头被炸到了，受了重伤。我们用绷带对他进行了紧急处置，然后又等待夜晚的到来。前方十米处有两个战友，我正要前去和他们联系的时候，山丘的中国士兵向我扔过来了一枚手榴弹，我的脸被炸伤了，包扎完之后天就亮了。

前方一顿骚动，抬头一看，原来中国士兵端着刺刀冲到了离我们四五米的地方。我开始大喊，让中国士兵以为我们有很多人，同时把准备好的那几枚手榴弹全扔了过去。中国士兵见势不妙就逃了回去，我们总算松了一口气。战友小濑良给我鼓劲说："不能掉以轻心。"

直到5月29日，日军飞机出现在了上空，中国士兵终于安静了下来。小山丘和树木被火烧得光秃秃的。我们已经五天都没吃东西了，心中喊着："天皇陛下万岁！""妈妈，我要走了，妻子就拜托你了！"包括队长在内的战友们伤情很严重。白天，中国军队从山谷那边射击，晚上又从山上扔手榴弹，让我们一刻都没能睡着。我到前方十米处一看，发现战友副岛趴在壕里死了。我和队长商量之后，决定退回后方。我背着队长，小濑良背着大木，其余两个人的腰、肩受了轻伤，所以让他们尽力背着粮食。我们沿着道路刚往下走了两米，队长就差点从我肩上掉了下来。要是在这里倒下的话，两个人算是死于非命。虽然我已经尽了最大的力量，但是毕竟五天没吃东西了，身上没有力气。我们有气无力地一步一步朝着龙陵方向前进，最后终于到达了公路。我把队长放了下来，在这里我喝了点水，感觉清水的味道竟如此好。

我用饭盒煮了饭，吃完后感觉很困，快要睡着的时候，队长提醒我不要睡觉。我们等待夜晚的到来。我背着队长继续前进，山顶附近被设置了障碍物。我感觉这可能是中国军队的防线，于是回到了山腰附近的横道等待天亮。半夜的时候，大木战友疼得大叫。我提醒他坚持住不叫，免得被中国军队发现了。我还听到了狼的叫声。

天亮之前，我一个人到障碍物那里查看，没有发现中国军队的踪影，于是我们决定继续翻山。我背着队长终于走到了一户人家。我让这家人背着队长和大木战友,走到平地上宽阔的公路的时候,看到了友军。我们被第1大队本部和卫生队搭救了。①

鉴于中町运输队几乎遭到全歼,日军第56师团于27日中午又紧急从龙陵增派一个步兵中队(第146联队片冈第9中队)、一个速射炮中队,带着25匹驮马,继续向腾冲运送弹药。②

橄榄寨最后的惨战

(1942年5月27日—5月30日)

据第11集团军战斗详报,27日,自腾冲城增援之敌200余人,附小炮2门,已绕经萤凤山、后屯、河头寨进至坝湾附近。但28日下午另据第6团便探报称,该敌东进路线实际为潜由大董取僻径绕经玉璧坡以南指向坝湾;而第5团以一部由飞凤山东进阻击该敌,未果。

而日军第56师团战时旬报记述:5月25日,第148联队丸冈第2大队主力奉命增援橄榄寨,曾在"腾冲北方约8公里处",与中国军一部交战后"陷入对峙局面";但其附图却显示丸冈第2大队系从腾冲出发东进,与中国军队大董守军(第5团)交战后陷入胶着。

---

① 《侵占滇缅的"急先锋"——日军第56师团第146联队志》,第119—120页。
② 《第56师团战时旬报甲(1942年5月21日至5月31日)》,日本亚洲历史资料中心,C14060430700。

而后，5月27日凌晨3时（日本时间，当地时间1时），从腾北返还的第146联队金氏第2大队奉命前往大董增援，中国军队大董守军被迫退往东北方向。此后，丸冈大队主力于27日夜继续向橄榄寨开进，金氏大队则转向和顺乡附近扫荡。①

鉴于敌我军方战报均提及日军曾尝试沿腾冲北方路线向坝湾迂回，却语焉不详一带而过，可推测前述之"息烽"部队第1营仍在蜚凤山、后屯、河头寨附近阻敌，使得该方面路线无法通行。果然，据第1营营长李繁光报告："27日敌复抽调守向阳桥部队三百余（应为从腾北南返之金氏第2大队），仍来增援橄榄寨，职部又予阻击于落舞塘高地，敌乃避道行迥。职即偕赵科长转进向预2师部联络，适逢预2师命饬职固守上营，策应橄榄寨。"

可见，在5月23日蜚凤山伏击战后，该营并未撤离该地区，仍在罗舞塘卡着由此通往坝湾、橄榄寨的道路，并于5月25日、27日分别对丸冈大队、金氏大队实施阻击。日军第56师团战时旬报附图中之所以略去，是因为受挫后"避道行迥"，改由东南大董路线进击。第11集团军战报中之所以对日军进路记述前后矛盾，则是因为不愿意正视"息烽"部队的作为（自始至终未提及该部番号）。据李繁光报告，该营参战后计阵亡第3连连长包占春、中尉排长李天义、少尉严正华，负伤少尉白子昌，全营伤亡士兵300余名②。虽然"息烽"部队整体上口碑不佳，但该营的这一努力和牺

---

① 《第56师团战时旬报甲（1942年5月21日至5月31日）》附图第七《腾越附近战斗要图》，日本亚洲历史资料中心，C14060430700。
② 1942年10月第6旅第2团第1营营长李繁光报告敌后腾北作战经过，《德宏史志资料》第14集，第169页。

牲，无论如何是不应被忽略的。

5月28日，腾冲增援之敌（丸冈大队）已由坝湾窜抵橄榄寨附近三角地一带高地，以小炮及机关枪火力向黄草坝第6团猛烈射击，企图与橄榄寨之敌（山口部队）会合；其一部向第6团二台坡阵地北翼移动。而橄榄寨之敌见此也逐渐活跃，向二台坡反复攻击，被第6团击退。

17时10分，中国空军出动苏式СБ-3型轰炸机3架[①]飞抵橄榄寨上空，向寨内投弹6枚，均命中起火。围攻部队乘飞机轰炸之际，奋勇突入寨内，与敌发生激烈巷战，至黄昏占有该寨东部，残敌仍负隅顽抗[②]。

关于我方战机轰炸导致村寨焚烧，据时任第11集团军司令部参谋吴堪回忆，第6团最初确曾试图火攻烧寨，但顾虑寨内都是少数民族同胞，为免伤无辜，被迫与日寇逐屋争夺展开巷战[③]。但尹明德的记述印证了军方记录："经6团一营之奋战，迫击炮轰击，空军燃烧弹之轰炸，全村屋宇半数烧毁。"[④] 可见以飞机投弹致村寨焚毁确有其事。

---

① "飞虎队"作战记录为：5月28日，第1、第2中队出动P-40飞机10架次，"会合中国空军机6架轰炸腾冲以南10英里（约16公里）敌区"。何应钦：《日军侵华八年抗战史》附录四之《美空军志愿大队战斗概见表》，第513页。
② 《第十一集团军惠通桥、腾冲、龙陵地区间战役战斗详报（1942年5月—6月）》，《滇缅抗战档案》（上），第339页。
③ 吴堪：《抗日战争滇西战场亲历记》，云南文史资料选辑第39辑《滇西抗战》，第75页。
④ 尹明德：《滇西军民抗战概况》，《腾冲文史资料选集》第一辑抗日战争专辑，第51页。尹明德为腾冲籍外交部专员，滇西沦陷初期曾受蒋介石委派前往腾冲南部土司地区进行"宣慰""扶绥"工作，后著有《宣慰日记》两册。

5月29日，又是阴雨霏霏。

自拂晓起，橄榄寨之敌（山口部队）及坝湾以东地区之敌（丸冈大队主力，并配属金氏大队第5、第8中队）共千余人，彼此呼应，同时向第6团阵地猛攻。此时，第6团经过连续战斗之伤亡，能战斗兵力已不及300人，但仍沉着应战，固守阵地。

9时许，坝湾之敌一部窜抵小马场附近，向第6团阵地侧背攻击。此时，该团已处于被敌三面夹击之境地，战况惨烈。此时，王希孔已带本排归队，其回忆道：

> 天未亮，敌人就向我第3营反扑，在小马场反复冲杀多次，敌我双方混战，短兵相接，发生刺刀战。上士班长王鼎臣被刺死后，我丢了一个手榴弹把敌人炸死，拿起王班长的冲锋枪举手要打，又一个敌人一刺刀过来，刺伤我的左臂上部。我手中的冲锋枪一放矮，哗地一梭子子弹出去，敌人倒地而死。当时在我右边的第9连上尉连长阵亡，第1排排长受重伤也下了火线。
>
> 我利用地形脱离了刺杀区，来到团指挥所。团长辛伦问我的伤重不重，我说不重，只是刺破一片皮。团长即问我能否坚持战斗，我说可以。团长即写一张字条："第9连少尉排长王希孔因轻伤不下战场，晋升中尉，负责第9连一切事务。辛伦1942年5月×日"。
>
> 我持这张字条返回最前线，找到营长胡生恒。营长见我第一句就骂："我要枪毙你！你们那边战斗十分激烈，我派人去找你们几个（指连长和我们三个排长），一个都找不到，你们

跑到哪里去了?"我回答:"连长已经阵亡,二排长也阵亡了,一排长重伤已下火线。"我即拿出团长写的字条给营长看,营长说:"好,你赶快回连指挥战斗,我马上派人给你。"我连滚带跑地又回到第9连,正遇二、三班与敌人拼刺刀,我大喊声"杀",参加战斗。

不到十分钟,我的左臂又被敌人打中一弹,不能再坚持战斗了,回到团指挥所。团长和少校卫生队长看了我的伤,包好药,卫生队长即写一张住院证明单:第6团第9连中尉排长王希孔左臂负伤,需住院治疗。我就持着住院证明下了战场……①

正午,第6团阵地之一部被日军突破,陷于混战。团长辛伦亲率10余人奋勇冲杀,终未能恢复阵地。副团长万启民中弹殉职;连长伤亡5员,排长伤亡16员,士兵损失过半。其中,担任先遣支队的第3营伤亡连、排长9人,士兵120多人②。此时,二台坡阵地亦陷入苦战,黄草坝方面情况不明。预2师乃以第5团两个连,分由马头山、吴邑、官坡方向向坝湾夹击,至黄昏时分仍与该敌酣战中。第6团突入橄榄寨之一部,于拂晓后续向敌攻击,因敌扼守工事,死力顽抗,终未能将其驱逐出寨。

当日(29日)午刻,宋希濂接到蒋介石电话命令:"敌增援源

---

① 王希孔:《我所亲历的橄榄寨战斗》,云南文史资料选辑第39辑《滇西抗战》,第158页。
② 王希孔:《我所亲历的橄榄寨战斗》,云南文史资料选辑第39辑《滇西抗战》,第158页。

源而来，我军应避免硬战，减少牺牲，以伏击腰截等方法钻隙扰袭，并尽量破坏公路，限制敌之行动。"

下午酉刻（17—19时），宋希濂电令顾葆裕："敌人自畹町方面大举增援……该师兵力有限，为减少牺牲计，不能与敌作激烈战斗，希本此要旨，妥为处理。注意主力宜向东北移动，但新城、三甲街（今五合乡，当时地图错标在龙川江东岸龙旺桥北）一带必须留置一部为要。"①

关于上述战斗，日军第56师团战时旬报的记述为：

> 金氏大队从瓦甸返回腾冲之后，命令其立刻前往支援丸冈大队。至27日，丸冈大队击败了当面的中国军队，他们向东北方溃走。接着丸冈大队向橄榄寨方面追击，于29日14时（日本时间，当地时间12时）突破了该地的守军阵地，与山口部队取得了联系。
>
> 本次战斗战果如下：
>
> 中国军队遗弃尸体200具；
>
> 缴获捷克式机枪5挺，步枪10支，掷弹筒2具，水冷式重机枪1挺；
>
> 日方战死4人（含军官1名），战伤22人（大部为迫击炮弹片致轻伤）。②

---

① 《第十一集团军惠通桥、腾冲、龙陵地区间战役战斗详报（1942年5月—6月）》，《滇缅抗战档案》（上），第340-341页。
② 《第56师团战时旬报甲（1942年5月21日至5月31日）》，日本亚洲历史资料中心，C14060430700。

5月30日，阴雨未歇。

预2师于拂晓前与日军脱离，退守龙川江东岸，以一部留置于腾冲东南地区牵制敌人。至31日，各攻击部队依电令指示逐次脱离敌人东撤。清晨，部队通过龙江桥后，即将龙江桥破坏。[①]

战后，第11集团军主要就预2师反攻腾冲战事进行总结，从教训方面提出"可做参考之意见"如下：

> 工兵渡河器材不备，利用竹筏漕渡则准备不充分，致渡江耽误时间，为此次攻击不能奏功之大主因。
>
> 橄榄寨之攻击不能奏功，固由攻击部队战斗力不韧强，然其主因厥在无山炮兵之配属，攻坚火力不足也。
>
> 此次战役中有掷弹筒而无掷榴弹，致迫近敌前而无杀敌之具。又此次各部在昆明领用昆造捷克式轻机枪，其膛径与新领子弹多有不合，每临发射忽生故障。又新领木柄手榴弹十之八九皆不爆发，新领82迫击炮弹底火钢质脆弱，每于炮弹击发出膛后，其底火留着于撞尖上，必须将炮倾倒取出底火重新瞄准始能发射。此种械弹故障发生，常使逸失杀敌良机，而更遭受敌之损害。
>
> 我军平时官兵教育时间短促，且疾病患者众多，不能按部就班实施教育，参战力脆弱，不能作韧强之战斗。[②]

[①]《第十一集团军惠通桥、腾冲、龙陵地区间战役战斗详报（1942年5月—6月）》，《滇缅抗战档案》（上），第341页。
[②]《第十一集团军惠通桥、腾冲、龙陵地区间战役战斗详报（1942年5月—6月）》，《滇缅抗战档案》（上），第343页。

第七章　从试探反攻到隔江对峙

反攻命令下达

（1942年5月15日—5月23日）

如前所述，5月7日，第11集团军总司令宋希濂到达保山，参谋团长林蔚即向其移交作战指挥权。不久，预2师、第88师及第36师最后一个团（第107团）陆续开到保山。此时，重庆统帅部对滇西敌情作了错误判断，认为沿滇缅公路追击的日军不过是临时编成的快速部队，最多不过两三千人，孤军深入必不能持久；而第11集团军所属各部已陆续开抵怒江，截至5月15日已有3个师兵力，对日军占绝对优势。因此，蒋介石下令宋希濂反攻腾冲、龙陵，企图利用日军立足未稳之际，把滇西失地夺回来，并接应缅甸境内的远征军部队回国。

第11集团军奉命后开始准备反攻，此时渡江问题成为难点。最初，宋希濂欲以第88师及预2师分别进出龙陵东、西地区，截断惠通桥、腊勐一带日军退路。但因惠人桥方面怒江水流湍急，缺乏渡河材料，预2师竭一周之力尚未渡过两团，而攻击企图早已暴露。此时，适逢由缅甸败退入境之军事委员会后勤部运输团团长马涤心率部由惠通桥下游攀枝花附近渡江来到保山，据其称该方面渡江较为容易，且渡江后进出龙陵、南天门一带较近，并毛遂自荐愿亲任向导。于是，宋希濂决心以主力由惠通桥下游渡江，企图出敌意表，将滇缅公路节节切断，先歼灭惠通桥、腊勐附近之敌①。

5月15日17时，宋希濂于保山郎义村指挥部向各部下达命令：

一、惠通桥西岸约有步、炮联合之敌五六百人，装甲车、战车各十余辆，正与我第36师隔江对峙中；龙陵方面有敌步、骑兵七八百人，汽车三四百辆，日来运输颇为繁忙；腾冲于5月11日被步、骑、炮联合之敌七百人占领，十三四日敌骑已出没于红木树（今禾木树）、大寨（马料铺西南约12公里山大寨）一带。

二、我军以收复滇西边疆，迎接我远征军回国之目的，即以主力迅速由惠通桥下游渡过怒江，先歼灭惠通桥西岸之敌，进出腾冲、龙陵之线。

三、预备第2师（欠第4团）应于17日正午以前全部由惠人桥附近渡过怒江，向腾冲方面搜索前进，截断腾冲、龙陵间交通，相机占领腾冲；但对左侧应特别警戒（预2师行动已如前述）。

---

① 《第十一集团军惠通桥、腾冲、龙陵地区间战役战斗详报（1942年5月—6月）》，《滇缅抗战档案》（上），第328页。

四、第36师（附炮8团第1营）应以一部对惠通桥当面之敌佯攻，极力将敌抑留于我正面；主力应于18日由漭王寨（今莽王村）以西渡过怒江，经坪子地①、白泥潭进出于连厂、马鹿塘附近地区，于19日半夜后开始向腊勐街、核桃箐一带之敌侧背袭击，并彻底破坏该处公路，与该师在惠通桥正面之一部协力，务捕捉敌于惠通桥、腊勐间地区而歼灭之；另派一部由惠通桥上游渡河，进出于坪子地②、松山一带，同时绕袭敌之左侧背。

五、第88师应于18日正午以前由攀枝花（滥坝寨以西③）附近渡过怒江，以主力经椅子山—杨梅田—红木树④附近，进出于寿福硐（今受福洞）、邵家寨及麦子地、咬郎（今绕廊）间地区，于19日半夜开始将镇安街、勐冒街、黄草坝⑤一带公路彻底破坏，并以一部占领黄草坝附近要点，竭力拒止龙陵方面东进增援之敌，俾我第36师方面之攻击容易；另以有力之一部，经坡头进出坝竹附近，于19日夜半同时占领南天门

---

① 书中"坪子地"地名较多，该处为今龙陵县腊勐镇大龙村坪子地自然村。
② 地名已不存，位置在今龙陵县镇安镇邦迈村阳广寨自然村。
③ 今施甸县万兴乡东安村浪坎寨自然村，何元乡王家庄村攀枝花自然村位于其西北2.3公里。
④ 书中的"红木树"地名较多，该处为今龙陵县碧寨乡麦子坪村红木树自然村。
⑤ 第11集团军当时使用国民政府参谋本部陆地测量总局1935年十万分之一地图，该地图地形测绘不准且地名标注错误较多。该命令中的"勐冒街"并不在主干公路（后来滇缅公路之基础路）上，此处实际应为黄草坝；而图上所标的"黄草坝"，实际对应于小坝地，而勐冒街位于自黄草坝向东南延伸至蚌渺的岔路（今219国道）上。因日军在战前盗取了这套中国地图，因此在作战指挥下达命令中亦有类似的错误。本书中对史料记录不作改动，对错误地名加括注予以纠正。

（放马桥南）附近要点，彻底破坏公路，拒止自芒市方面东进之敌，并对龙陵方面袭击，极力钳制该处敌之行动；对河尾（滥坝寨南四五公里）方面，并应由该师搜索连派遣部队担任警戒。

当日，据报滚弄（Kunlong）方面已发现敌踪（搜索第56联队），有渡江东进、威胁我方左翼之模样。总司令宋希濂即饬第36师师长李志鹏派刚到保山之该师第107团第1营开赴顺宁（今凤庆县），向镇康方面严密警戒并搜索敌情。

5月16日，第36师当晚情况无变化，其第108团至滥坝寨附近准备渡江。第88师师部及直属部队，当晚可到达施甸以南地区；第264团已抵怒江边完成渡河准备；第263团当晚可到达施甸以北地区；第262团可到达保山以南地区。

下午，宋希濂在保山指挥部接奉蒋介石删酉（15日17—19时）电令，要旨为："我军到龙陵时，如敌闭城固守，切勿攻坚，先将其东西各要隘占领，断绝其归路，再设法消灭；对腾冲亦应如是。"①

自下达反攻指示及此后的作战过程中，远在重庆的最高统帅蒋介石一直以电话、电报直接指导第11集团军。以前屡有耳闻，蒋介石对战事关注、过问"很细"，经常越过无数层级指导部队战术行动，从这一战事中可得佐证。但部队尚未行动，即先打了这

---

① 《第十一集团军惠通桥、腾冲、龙陵地区间战役战斗详报（1942年5月—6月）》，《滇缅抗战档案》（上），第332–334页。

种"勿攻坚"的预防针,此后的作战行动即早早定下了调子。

5月17日至21日,连续四天阴雨,怒江水势陡涨。第36师、第88师、预2师各部依令向各指定渡口开进,因木舟和竹筏匮乏,渡江极为艰难,未能如期到达预定位置,原定于5月19日的总攻时间只能被迫推迟。当日(19日),在龙陵以东山区躲藏半个多月的县长杨立声,因消息闭塞不知我援军到达且即将渡江反攻,无奈率县保卫中队残部自碧寨以南渡江至施甸火石地,未能为远道而来、人地生疏的第11集团军反攻部队充当向导[①]。

在此期间,怒江东岸大山头远征军重炮继续向松山轰击,位于下腊勐附近公路上的日军野战重炮阵地落弹极密。日军怀疑该阵地已被我军侦悉,于19日夜将150毫米榴弹炮向东南转移至董别大山背后,将100毫米加农炮转移至松山西侧公路附近[②]。

5月22日,天空终于放晴。

当日,从怒江下游各渡口渡江的第88师主力已分别在龙陵以东蚌渺及咬郎各附近集结完毕,完成攻击准备。宋希濂即决定将总攻发起时间定于5月23日夜半。实际上,若再拖延发起攻击,宋希濂就可能被"追责"——当日(22日)蒋介石忽然一改前态,又严电斥责该部行动不力:

> 我军预定18日渡江完毕,即可开始向敌进攻,何以迟至今日?对于前方战报,杳无消息。前自第36师3日到保山,5

---

① 《龙陵县长杨立声呈报龙陵沦陷经过》,保山地区行政公署史志办公室编:《保山地区史志文辑》抗日战争专辑第一辑,第391页。
② 《炮烟——龙野炮第五十六联队战记》,第85页。

日上午尚未赶到惠通桥布防，其行动濡滞，延误时机已至极点，我革命军向无此种怕死不前之情形。今第36师、第88师、预2师之三个师主力渡江进击区区千余敌人，无论任何困难亦可排除，而乃前进延滞至此，此种部队尚为国军乎？希即严令该三师长，限三日内扫荡怒江西岸残敌，确实占领龙（陵）腾（冲）二城。如再贻误，则自该总司令与各该师长等，必予严惩不贷。该总司令督练有责，更难辞其咎。①

中午，宋希濂又接到蒋介石电话命令："88师应先以有力部队占领南天门，彻底破坏该处公路，然后再图围攻龙陵之敌"——南天门为滇缅公路芒市至龙陵路段上的一处断崖天堑，占据该地可阻止芒市以西乃至缅甸境内的日军增援龙陵。这一点，其实在集团军5月15日下达的作战命令中已经有明确部署。但宋希濂还是饬转第88师师长胡家骥切实遵办，并指示发动象达附近民众协助实施破路②。

23日，蒋介石似乎余怒未消，又连发两电对宋希濂大加斥责："（上午电）辰养（5月22日）巳电悉。腾冲城内之敌仅二百人，为何不先入城掌握核心，再攻敌军？可知指导与应战皆无自动能力，何以抗战？不料该部精神萎靡至此也。""（下午电）辰养戌电悉。为何不于渡河之前准备周到，而发生此种濡滞现象，岂不视

---

① 王正华编注，《蒋中正"总统"档案：事略稿本》（49），第437页。
② 《第十一集团军惠通桥、腾冲、龙陵地区间战役战斗详报（1942年5月—6月）》，《滇缅抗战档案》（上），第337页。

战事如儿戏？可忧可痛已极。"①

在两则电报中，蒋介石批评宋部渡河准备不足确有道理；但指责该部不能绕过外围据点先行攻占腾冲城，就是对其前电中"如敌闭城固守，切勿攻坚"的指示出尔反尔了。5月15日至23日，蒋介石何以如此情绪乖张、态度反复？笔者分析认为，可能与其对第5军与第200师退入野人山后失去联系的焦虑有关。

实际上，5月23日以前，日军在滇西的兵力确实较为空虚。

在松山，日军主要以临时配属的炮兵部队为主担负防御，包括野战重炮兵联队（150毫米榴弹炮6门，100毫米榴弹炮3门），野炮第56联队第1大队第3中队及第2中队高村小队，及在渡江进攻中损失颇重的步兵第146联队松本第3大队。

在腾冲，刚刚占领该地的步兵第146联队主力（联队本部及金氏第2大队）及配属的山口独立工兵第4联队、第148联队丸冈第2大队，此时正在腾冲周边与预2师两团激战。

在龙陵，仅有坂口少将之第56步兵团司令部，野炮第56联队第1大队本部及第1中队，步兵、工兵各一个中队及野战医院，且步兵中队（第146联队片冈第9中队）已奉命前往镇安街附近执行"讨伐"作战②。

由于中国军队渡江迁延时日，其间日军已察觉种种"异动"。

---

① 王正华编注，《蒋中正"总统"档案：事略稿本》（49），第447页、第452页。
② 据第56师团战时旬报附图显示：5月21日12时30分，日军联络军官在镇安街遭中国军队小股部队伏击，且该地桥梁被破坏；5月22日18时，日军军官斥候再次与中国军队小股部队遭遇交火，19时40分增派工兵、步兵各一小队增援并修复桥梁；5月23日，守备桥梁的日军在镇安街南侧再遭中国军队袭击，今冈联队片冈第9中队遂被派赴增援。

日军第56师团战时旬报记述如下:

> 5月19日,日军军官斥候到达惠通桥东方(疑为南方)地区与中国军队接战,将其击退。其间,经过对俘虏的4名中国士兵审讯后得知,交战对手是第36师补充团一部(约200名),他们正在当地人的帮助下乘坐舟筏渡河逃向怒江对岸。接着,20日在龙陵南方10公里处发现新编第22师辖下一支约300人的部队。日军迅速展开包围予以急袭,歼灭了这支部队。22日,在镇安街附近,讨伐队击退了一支50人左右的中国军队。有迹象显示,中国军队的活动越来越多……①

联系中方记述,5月19日出现在惠通桥上游的约200人,应为第93师补充团溃部;5月20日在龙陵南方出现的新编第22师约300人,应为从缅甸分散退回的远征军残部;5月22日在镇安街附近出现的约50人,应为先行渡江的第88师第263团一部。基于这些不尽准确的情报,日军第56师团长渡边正夫中将预感中国军队有反攻企图,乃紧急抽调正在缅甸八莫附近实施"扫荡"作战的松井部队(步兵第113联队)增援滇西方面;令在密支那的第148联队南下接替松井部队守备八莫,并以先遣队浦野第1大队(大队长浦野寿一郎少佐)先行向南坎开进。②

---

① 《第56师团战时旬报甲(1942年5月21日至5月31日)》,日本亚洲历史资料中心,C14060430700。
② 中华民国史资料丛稿译稿《缅甸作战》(上),第148–149页。《第56师团战时旬报甲(1942年5月21日至5月31日)》,日本亚洲历史资料中心,C14060430700。

5月23日晨，第113联队长松井秀治大佐命令联队附员松元钦一大尉，率第1中队半个步兵小队，乘坐一辆小汽车和两辆卡车自八莫出发，先行前往龙陵向第56步兵团坂口少将报到。傍晚，联队主力（联队本部及第1、第2大队，配属野炮第1大队一个中队）也在南坎集结，准备次日晨出发①。

阴差阳错，远征军反攻错失了最佳时机。

三路进击：惠通桥、黄草坝、南天门

（1942年5月24日）

5月24日凌晨，第11集团军各部队以协同行动，分向指定目标攻击前进。

日军第56师团战时旬报记载："24日晨，中国军队突然发动攻势。腊勐、镇安街、勐冒街（黄草坝）、龙陵等地都陷入战斗。根据各方面的报告及情报判断，新出现在龙陵—腊勐之间的中国军队是新渡河而来的，具有相当的战斗力，会持续顽强抵抗。基于此判断，师团于24日24时（日本时间，当地时间22时）调派平井部队（搜索第56联队，在兴威）的战车一中队及轻装甲车一中队火速赶往龙陵，接受坂口支队长的指挥。"②

（1）惠通桥正面战斗

5月24日零时，自怒江上游干沟附近渡江的第107团第2营（营

---

① 〔日〕松井秀治:《缅甸从军——波乱回顾》，第68页。
② 《第56师团战时旬报甲（1942年5月21日至5月31日）》，日本亚洲历史资料中心，C14060430700。

长张文才），于拂晓前秘密推进至4920高地（即红土山）至小寨①之线，向南涉过勐梅河后，即向松山北部攻击。自怒江下游攀枝花渡江的第36师第108团亦开始行动，在沙子坡附近与敌接战，继而占领5600高地（竹子坡），以一部向核桃箐、芹菜塘②进袭。此时，第36师掌握的敌情为，日军共约1个大队，配有火炮4门③，节节顽抗，似图待援。④

日军第146联队第3大队第10中队指挥班长中原信夫记述道：

> 5月24日，中国军队为了夺回腊勐，大举向腊勐守备队第3大队（欠第9中队）以及野战重炮大队（实际为田村中佐指挥下的野战重炮第18联队一个中队、野战重炮第3联队一个大队）发动了猛攻。
>
> 中国军队首先强攻了第11中队所在的阵地（腊勐东方5600高地），并将其包围孤立了起来。日军第10中队首先派出第1小队第1分队长吉永松雄军曹、第2小队第2分队长辻茂伍长的两个分队前往增援，交由第11中队长泊一二中尉指挥；接着派遣第2小队第1分队长石川繁义军曹的分队，前去保护5600高地上第11中队的补给线，为大队行李班输送弹药粮食的行动提供保护。

---

① 今龙陵县镇安镇竹箐村小寨自然村。
② 书中"芹菜塘"地名较多，此处为龙陵县镇安镇镇东村芹菜塘自然村。
③ 实际不止，野炮第56联队第1大队有改造三八式野炮6门，野战重炮联队有150毫米榴弹炮6门、100毫米榴弹炮3门。
④ 《第十一集团军惠通桥、腾冲、龙陵地区间战役战斗详报（1942年5月—6月）》，《滇缅抗战档案》（上），第337页。

中国军队推进到了第12中队长岩永中尉的阵地及腊勐—龙陵间的滇缅公路，切断了腊勐与龙陵的联系，然后乘势攻击第3机关枪中队（中队长叶山丰作大尉）的阵地及野战重炮阵地。第3机关枪中队阻止住了中国军队的进攻。继任第10中队长横田中尉依照大队的命令，向第12中队阵地及腊勐—龙陵公路周围的中国军队发起攻击。中国军队凭借优势兵力展开的包围战，差一步就成功了。第10中队急忙让此前留置在惠通桥右岸高地（董别大山）上担任监视任务的平野第3小队撤回，回归中队长指挥之下。①

另据日军野炮第56联队第1中队观测手太田毅记述，向松山北部公路拐弯处附近进攻的中国军队第107团第2营的攻势极为猛烈，且击毙了日军首任腊勐守备队长、野战重炮第18联队长田村清一中佐：

> 5月24日一早，怒江对岸钵钵卷山后方的中国军队重炮一齐向日军阵地猛烈开火，中国军队步兵也攻到了"十加"（100毫米加农炮）中队的炊事场，双方展开了白刃战。同时，在腊勐高地（即松山5200高地）和腊勐村落之间突出部的西分哨附近，双方也展开了激烈的手榴弹战。顿时，腊勐到处都是一片激烈的枪炮声，野炮阵地遭到了更加猛烈的攻击。松本步兵第3大队全体兵力按其配置，在各阵地与中国军队展开

---

① 《侵占滇缅的"急先锋"——日军第56师团第146联队志》，第62页。

白刃战。

当时，野炮第3中队的今泉利四郎曹长，奉命带着缴获的2门迫击炮前往西分哨增援。9时30分（日本时间，当地时间7时30分）左右，当小队全员乘坐的卡车在距西分哨东侧还有300米左右的一个弯道处时，突然遭到头顶高地上中国军队机枪的猛烈扫射，汽车引擎被击中，子弹从驾驶兵小林兵长的肩上擦过，打在了今泉曹长腰间的水壶上，水一下子就冒了出来。谢天谢地，托水壶的福，他没有受伤。但车动不了，前方又被中国军队的机枪封锁，一时难以前进。

今泉曹长只好命令大家马上持枪下车，找火力死角隐蔽。

此时，西分哨方向双方短兵相接，手榴弹爆炸声不断，中国军队虽都已进入射线，但又不能妄自行动。从望远镜里看到，大批中国军队正向西分哨南侧高地逐次移动，看样子是要攻击守备队本部高地了。

今泉曹长此时感觉到守备队本部及腊勐村落周边已陷入危机，为了阻止中国军队继续向守备队本部及周围高地进攻，他一面命令江崎顺吾兵长和宫川理上等兵前往报告，一面用步枪向西分哨方向的中国军队开枪，极力阻止中国军队向守备队本部前进。

13时（日本时间，当地时间11时）左右，接到报告的野炮第3中队的山元正文中尉率领一个步枪小队赶了过来，同时田村守备队长也赶到第一线来亲自指挥战斗。当时，田村守备队长站在距离今泉曹长4米左右的道路上观察情况。

"危险!"今泉曹长心里刚闪过这个念头,机枪响了,一排子弹打在了田村守备队长身上,只见他歪歪斜斜走了不到十步就倒下了。联队副官马上跑过去,紧紧地把他抱在怀里,但联队长已经断了气。

"联队长阁下!联队长阁下!"副官呼喊着,那悲惨的声音至今仿佛还回响在今泉的耳边……

田村守备队长战死,山元步枪小队向中国军队侧面高地迂回,欲抢先占领高地,以掩护今泉迫击炮小队。今泉小队向西分哨前进,以两门迫击炮向中国军队发射。

16时30分(日本时间,当地时间14时30分)左右,中国军队的6架战斗机突然由水无川(勐梅河)方向低空飞来,在投弹轰炸的同时,又来回地向日军阵地扫射。此次空袭,日军死伤多人[①],今泉小队的机枪手山泷肇兵长左腿和手臂均被打中,江崎兵长两腿也负了重伤,经临时包扎后又参加了战斗。

傍晚时分,西面山谷里的中国军队大部队又悄悄集结起来。今泉小队长测定了方位距离后,连续向中国军队轰击,炮弹一发接一发地在人群中爆炸,中国军队一片混乱。遭到沉重打击的中国军队慌乱地向水无川方向溃退。中国军队夜袭

[①] 据日军第 56 师团记录:5 月 24 日 16 时(日本时间,当地时间 14 时),"飞虎队"出动 P-40 战斗机 4 架,投小型炸弹 6 枚,造成日军 17 人死伤。《第 56 师团战时旬报甲(1942 年 5 月 21 日至 5 月 31 日)》,日本亚洲历史资料中心,C14060430700。而据"飞虎队"作战记录:5 月 24 日未出动;5 月 25 日曾出动 5 架 P-40 轰炸惠通桥附近市镇,使敌物资损失є重大。何应钦:《日军侵华八年抗战史》附录四之《美空军志愿大队战斗概见表》,第 513 页。

的企图被挫败，我们此时才总算松了一口气。

当天夜里，日军对死伤人员进行了安置，并加固了阵地防御工事——田村联队长的尸体也在这天夜里进行了火化。①

（2）龙陵东北方战斗

自碧寨渡口渡江的中国军队第88师第263团（团长傅碧人），于24日零时以一部袭击黄草坝（小坝地），击溃敌百余后占领各要点；以团主力袭占勐冒街（黄草坝）。上午10时，敌仲岛部队（不确）百余人由龙陵向黄草坝（小坝地）增援，当即被中国军队击退，并焚毁敌汽车十余辆。又由惠通桥方向开来汽车十余辆，载敌兵百余，至勐冒街（黄草坝）附近被中国军队击溃，向北逃窜，中国军队夺获步枪数支。②

在日方史料中未见从腊勐南返的日军车队在黄草坝或小坝地遭伏击的记录；但由龙陵北进黄草坝而遭伏击的，为第113联队附员松元钦一大尉所率的半个小队（第1中队第1小队两个分队，有掷弹筒两具）。如前所述，松元大尉奉联队长松井命令于5月23日先行到达龙陵，了解步兵团长坂口少将的意图之后，与腊勐的部队取得了联系，而后于5月24日出发，前往执行交接及侦察镇安街附近地形等任务。一名在伏击中逃出的下士官山本伍长，当日

---

① 〔日〕太田毅：《腊勐——玉碎战场的证言》，第20-22页。该记述系根据野炮第56联队第3中队今泉利四郎、山泷肇、山下勇太郎、江崎顺吾四人口述《拉孟西分哨的奋战与田村守备队长战死》整理，见《炮烟——野炮第五十六联队战记》，第85-87页。
② 《第十一集团军惠通桥、腾冲、龙陵地区间战役战斗详报（1942年5月—6月）》，《滇缅抗战档案》（上），第337页。

傍晚向日军步兵团的副官报告：

> 松元大尉所部乘坐着一辆小汽车和两辆卡车，于24日10时（日本时间，当地时间8时）过后从龙陵出发，途中一边侦察地形一边前进。正午的时候，翻过龙陵东北方的山顶，进入到了平地，然后行进到了铺装路的尽头，发现前方150米处的小桥被破坏了。于是他们下车前往桥梁附近查看损坏情况，此时从前后及侧面遭到中国军队轻机枪的集中射击。松元钦一大尉、绪方淳中尉（第1机关枪中队附员，代理小队长）等战死，驾驶员负伤。停在后方的卡车也遭到了射击，造成了伤亡。一行人大吃一惊，立刻下车躲进路旁的排水沟抵抗，其中七八人爬到路西侧的小高地上抵抗。当时不清楚中国军队兵力，只知道他们从三个方向向日军射击。小队束手无策。我感觉应该立刻把此事报告给步兵团，于是把部队交给了前任分队长，然后从西方迂回到这里报告。现在不知道剩下的人是还在抵抗，还是已经全部战死了。①

相比较于中国军队战报中寥寥数语的记述，日军的口述史料较多。在伏击中生还的第1中队第1小队士兵二木留治，也留下了关于此战的直接记录：

> 5月24日早上，听到龙陵东方山顶上不时地响起枪声，我

---

① 〔日〕松井秀治：《缅甸从军——波乱回顾》，第69页。

们在乘车行进过程中对公路两侧的山上保持着警戒。这支前往腊勐的队伍是松元大尉指挥下的29人,其中包括卡车司机。

离开龙陵大约40分钟后,翻过了龙陵北方的山顶,接下来的路逐渐变为下坡,前方逐渐开阔起来。沿着下坡路行进到左前方看到田地的位置后,能看见右侧有一条小河在山脚下向左流去。公路越过这条小河的地方架着一座桥。前方的车停下了,我们乘坐的卡车也跟着停了下来。

我是第2分队的人,所以当时坐在最后一辆卡车上。我是第2分队的轻机枪弹药手。离开龙陵的时候,我背了两个子弹匣。我取下轻机枪的保护套,把车斗后门放平后,趴下来把机枪向后方架了起来。后来车突然停了下来,我感觉前方出事了,于是警觉了起来。与此同时,队伍遭到前方及右侧方的捷克式轻机枪猛射。后车上的人立刻下了车,我躲在了公路左侧的一条沟里隐蔽。我所在位置前方有一个汽油桶挡着,沟深约40厘米,所以相对安全。这时候,广田分队长在左侧高出公路一些的位置大喊,让轻机枪上山。

要想爬上左侧的山,必须爬一个高约1.5米的土坡。我拿着轻机枪爬不上去,所以先把轻机枪扔了上去,然后自己再爬上去。上面是一片宽约6米的田地,再往上看发现又是一片田地,于是我又将刚才的动作重复了一遍。我趴在田里看到田地旁边有一条小路。我所在的位置位于中国军队反方向的斜面。

我到达那里的时候,第1分队已经做好了射击准备。

我也急忙装填子弹准备射击,但是这时候发现枪口进了泥土，无法射击。所以我把机枪拆掉，把泥土清除之后组装好才开始射击。

这时候，第1分队的井桁上等兵已经打光了两匣子弹。他在我下方4米处向前方及右前方的村落附近射击。在这期间，步枪兵也逐渐爬到了山上。我们开始与中国军队对射。我们的士气也逐渐高涨起来。但是不知为何我的轻机枪无法连射，没办法只能再检查一遍。原来是刚才组装的时候忘了把枪身前下方的气阀装上去，这才造成无法连射。于是我立刻把气阀装了上去，这下总算可以连续射击了。

我感觉花了很长时间才占领小山并展开战斗阵形，但是事实上仅用了10分钟。

这时候，我们得知松元大尉及绪方小队长等几个人战死了。

据说，在这之后由第1分队长田中正造军曹负责指挥第1小队。我们虽然开始射击了，但是却搞不清楚对方的火力点在哪里，只能估摸着向对方可能隐蔽的位置射击。

我们到小山上相对安全之后，对附近的情况进行了侦察，了解对方火力点之后才展开有效的射击。之后，中国军队的枪声逐渐变弱了。

14时（日本时间，当地时间12时）左右，田中军曹与联络下士官山本伍长（现役4年兵）及第2分队长广田伍长商量过后说，必须向龙陵的步兵团司令部报告。联络下士官山本伍长带着第1分队的久保山兵长，立刻前往龙陵报告。这时候，敌人开始从右侧的山顶向我后方移动。

我们发现之后，立刻用两挺轻机枪射击，以阻止中国军队移动。

第一次前去报告的两个人,因为久保山兵长负伤返了回来。接着,山本伍长带着第2分队的冈崎秀雄一等兵再次出发。但是这时候,山口附近的右侧山顶有中国军队在移动,他们无法翻越坡顶回龙陵,于是又返了回来。

第三次,田中军曹命令山本伍长带着掷弹筒分队的中并茂雄一等兵,从公路左侧的山林里向龙陵行进。16时(日本时间,当地时间14时)许,我们确认了中国军队阵地的位置,并用掷弹筒向其射击,但是无法向前方射击,只向右前方山上发射了五六发。

15时(日本时间,当地时间13时)许,我们为了准备夜间的配备开始挖战壕。但是我们的铁锹和十字镐都在车上,无奈只能用刺刀把地面挖开,然后用钢盔把土弄出来。自3月26日登陆缅甸以来,第2分队第一次用轻机枪射击。感觉这应该是第1小队的第一次战斗。虽然我们也参加了缅甸吐昌(Htuchaung)、棠吉、和榜、昔卜的战斗,但是第1小队这样正面与中国军队交战还是首次。

16时(日本时间,当地时间14时),中国军队用迫击炮向我们射击。我是初年兵,所以当时在一个劲地挖战壕,没有注意。分队长大喊"迫击炮",把我拉入了战壕。当时战壕只挖了五六十厘米,所以我上半身在坑里,大腿以下全露在外面。中国军队的迫击炮弹片钻进了我右大腿的肉里,但没有贯穿。我当时根本没注意到自己受伤了。第1分队朝着北方构筑阵地挖战壕,第2分队朝着公路及南方构筑阵地。

记得这时候，在阵地上的有18人。由于第3分队的轻机枪射手当时不在，才由我担任射手。弹药手井上浦太一等兵是召集兵。波多江上等兵作为第3分队的轻机枪射手留在了龙陵。1941年8月，我是第1中队唯一的候补下士官。10月1日晋升一等兵的同时得到精勤奖，10月3日与联队的候补下士官们一起到第7中队集合接受初年教育，在这期间学习了轻机枪的操作方法。这项技能在这天的战斗中用上了。在这次战斗中，第2分队的伊藤上等兵在我之前趴过的那条沟里战死了。

这次战斗中，我方的松元大尉、绪方小队长、伊藤上等兵及其他3名，共6人战死了。我不知道其他3个人的名字，深感遗憾。

24日夜里，我们主要在阵地上警戒。幸好中国军队没有进攻我们的警戒阵地。他们把停在公路上的汽车上的东西带走了。

我们午饭和晚饭都没有吃，饿着肚子过了一夜。[①]

（3）龙陵东南方战斗

第88师第264团（团长戴海容）自攀枝花渡口渡江后，主力于5月24日拂晓攻占龙陵东南侧高地广林坡、华坡诸要点，得知敌为中村及坂山部队（坂口支队留守龙陵之步兵、工兵各一部），总计八九百人；另以一营（第3营）向南直插，于辰刻（7—9时）袭占

---

① 〔日〕二木留治：《缅甸·云南被埋没的战史——镇安街守备队》，日军第56师团第113联队第1大队第1中队战友会，平成二年（1990年）印行，第113—115页。

南天门，敌虽一再反攻，但要点仍为中方控制，中方加紧破坏滇缅公路。

午刻，宋希濂致电第88师师长胡家骥："该师目前第一任务，在积极破路，节节截断，愈彻底愈好，务使敌不能由芒市、龙陵等处增兵东援并接济粮弹，俾36师得于短期内将惠通桥西岸之敌完全解决。希激励各部，并发动民众努力图之。"①

此为对蒋介石此前提示的第二次重申。

松井部队增援龙陵

（1942年5月25日—5月26日）

5月24日晨，日军第113联队长松井秀治率联队主力从南坎出发，于午前到达畹町向师团司令部报到。师团参谋长藤原武大佐向松井秀治介绍战况时颇感担忧，说坂口步兵团长正急切盼望该部，请其尽快赶往龙陵。

于是，松井秀治即刻率部出发，于当日傍晚时分到达龙陵南部，向坂口少将报到并当面称颂其辛苦与战功。坂口非常高兴，向松井介绍说，"攻击龙陵的中国军队今晨出现在南方高地，经步兵与工兵全力奋战已将其击退，目前俯瞰龙陵的高地均在日军手中"。

晚饭后，那名在黄草坝附近遭伏击逃出的下士官山本伍长向步兵团副官报告情况时，松井秀治也在侧旁听，"感觉战局不容乐

---

① 《第十一集团军惠通桥、腾冲、龙陵地区间战役战斗详报（1942年5月—6月）》，《滇缅抗战档案》（上），第337–338页。

观"①。关于此后日军第113联队的行动,松井秀治记述道:

> 根据报告,兵力不明的中国军队切断了公路交通。现在必须紧急前往营救松元大尉一行人,并保护交通安全。于是我向步兵团长报告说,想让已经到达的第1大队立刻乘车到勐冒街(黄草坝)救援友军。得到步兵团长同意之后,我带着这名下士官回到了联队,向第1大队长(绀野忩少佐)说明情况,下达了任务命令。部队当时正在做饭,所以出发的时候已经是(24日)傍晚了。我让刚才报告的那两个兵(山本伍长和中井茂雄一等兵)给大队长带路。
>
> 第1大队出发的时候,我让第1机关枪小队川村裕中尉带着他自己的小队及另外两个步兵分队,经过友军占领下的南方(东方)高地,沿着山脚向黄草坝(小坝地)方向前进到第1大队主力的右翼。川村小队登上了龙陵南方(东方)的高地,但是当时已经是夜里了,没有道路,而且不清楚地形和战场情况。在这种情况下,让仅有两个分队护卫的重火器部队行军是非常危险的,于是我命令部队在友军所占领高地的左侧高地过夜,第二天早上继续前进。经过艰苦的行军,他们在傍晚的时候到达了滇缅公路,当晚和部队会合。
>
> 第2大队在第1大队出发之前也开到了龙陵。于是,我向入部大队长(入部兼康少佐)说明了情况,让他向步兵团副官听取当地的战况,然后派两个军官斥候组到龙陵南方(东方)

---

① 〔日〕松井秀治:《缅甸从军——波乱回顾》,第68页。

高地上联系友军。我命令该大队做好攻击准备。因为不了解地形,所以步兵团长决定明天早上再发动攻击,而且斥候组回来的时候已经是深夜了,并没有发现中国军队。所以我同意第二天早上再前进攻击。

25日早上,我下令向龙陵南方(东方)的最高点前进攻击。我们随第2大队一起行动,但是在附近没有发现中国军队,仅在高地的阵地上发现了一两具尸体和若干装备。此高地的东南侧是很深的凹地,山峰东方有一条小路通向另一座高地上的一座寺庙(尖山寺)。看起来那里似乎有中国军队活动。我命令大队长率领大队向寺庙前进,然后沿着高地向北前进至黄草坝(小坝地)东北方的高地,尔后与第1大队取得联系。我部署好之后,便告别第2大队回到了龙陵,沿着大路向第1大队方向前进。

如上所述,我向第2大队入部大队长指示,并说明了前进方向,入部大队长也明白了。但因日军刚刚进驻,尚未熟悉云南这壮阔的地形,所以该部最后未能到达指示的目标。目标虽然近在眼前,但是很难到达。翻越一个山谷一般都要花费半日时间。第2大队向着指示方向努力行进,但是到寺院再往北已没有道路了,而且山谷很深很难越过,他们好不容易才到达了龙陵北方山顶附近的公路,没能够到达黄草坝(小坝地)。他们在当天晚上追上了主力。

前一天天黑第1大队出发时候的兵力,包括大队本部、第1中队(缺护卫松元大尉的半个小队)、第2中队的一个小队(中队长负伤住院,由峰村英雄中尉代理中队长指挥着两个小队，并护卫军旗）、第3中队（其中两个分队被调走护卫川村小队）、第1机关枪中队（缺1个小队）、大队炮小队（小队长常武田英二中尉）。大队一边警戒一边前进，在龙陵北方的山顶附近下车，一边搜索两侧一边在下士官的引导下靠近目的地。他们既不见日军踪影，又未发现中国军队动静。由于桥梁被破坏而无法通行，大队长命令部队从白天中国军队所在的那个位置的南方越过小河，进入公路东侧的高地搜索，这期间发现公路东侧的三四间屋子里有中国军队。大队长于是命令第1中队实施夜袭。中国军队遭到突袭之后退走了，日军追着进入了黄草坝（小坝地）东方的高地过夜。25日天亮之后，（日军）击退附近的中国军队，主力前进到了勐冒街（黄草坝）南方高地附近。大队长派一部前往松元大尉战死的地方，寻找生还者以及战死者尸体。

我们和军旗中队一起沿着公路前进，在正午时分到达了事发地。我们向松元大尉及绪方中尉等五名战死者致哀后，听取了执行护卫任务的分队长（田中正造军曹）的报告。当时，中国军队从三个方向突然向队伍扫射，当场打死了好几名官兵。分队长带着剩下的人躲到路旁的小高地上奋力抵抗，但是在中国军队猛烈的火力之下无法脱身。中国军队来到车旁拿走了战死者的军刀和图囊。

这次和之前在缅甸曼里遭遇的战斗一样，是日军小股部队遭到伏击。在失去指挥官的情况下，接任指挥的人必须意志坚定，否则很容易使部下丧失战斗意志。平常有必要教育干部，在遇到紧急情况的时候要保持镇静，不能动摇。被破坏的那座桥很小，而且附近也有木材。所以我下令紧急修理，以便步兵和炮兵通过。随后我让汽车带着死者返回龙陵处理遗体，然后自己带着部队徒步前进。

我们登上了公路东侧的高地观察第1大队的情况。北方远处有人竖起了日之丸旗，但是没有战斗，看起来这应该是第1大队的人。另外，我看到公路附近的一个小高地上有友军。附近不见中国军队踪影。于是我们朝着日之丸旗的方向前进，刚行动便遭到了右前方稀疏树林里中国军队的射击。我命令军旗中队发起攻击，并让传令兵到公路上请求联队炮（1门）支援。联队炮及速射炮中队拖着炮沿着小石子铺成的坡道好不容易才赶了过来，但是此时第2中队已经将这支中国军队击退了。他们有点失望。我派人搜索周围，确定没有中国军队之后，命令部队继续前进。这时候，得知峰村中尉及一名准尉受伤了。二人都是手臂被子弹打穿了。准尉的神经被打断了，很不幸留下了后遗症。我派人把二人送到了医院。

我掌握了第1大队之后来到大路上，准备向勐冒街（黄草坝）方向前进。部队在傍晚时候集结完毕。这时候，我们看到东北方不远处的村落里冒起了烟。我们警惕着前进，看见竖起日之丸旗的那支友军，从东北方向我们走了过来。靠近一看，原来是两三天前步兵团长派出去执行讨伐任务的步兵第146联队的片冈中队。他们抬着两三具尸体。听他们说，中国军队逃到了东方，他们把村子烧掉了。片冈中队离开之后，我下令集合出发。但是这时候联队炮和速射炮（中队）还没有集合完毕。这里是坡道，而且没有马，所以只能用人力推。

再加上这时候还联系不到川村小队和入部第2大队,所以我决定暂时停下来。这时候,有工兵从龙陵开着汽车过来修理桥梁,他们说川村小队正沿着大路前进,入部第2大队已到他们南方的道路上了。我放心了,于是下令出发。从此地向北的公路两侧都是高地,如果遭到伏击就糟了,而且当时还是晚上,所以我想尽快通过这片危险区域。但是部队行进得很慢。虽然我们在途中一刻也没休息,但是进展依然很慢。终于,在晚上11点(日本时间,当地时间21时)的时候,道路两侧变成了一片平地,附近还出现了两三栋房屋。我当时不知道勐冒街在哪里。考虑到这里很好警戒,再加上部队当时都很疲劳,所以我下令在此宿营。

后来我才知道,这个叫作大坝的村子在道路西侧500米处。后来的镇安街守备队(第113联队第1大队)便驻扎于此。但是镇安街在此地西侧(北侧)2公里处。我们后来把这里也泛称为镇安街。后来才知道,勐冒街其实是在当天结束战斗之后进入大路的那个地方……因为当时手里的地图经常和实际不符,而且没有标注滇缅公路。①(此时日军手中应为滇缅公路修成之前的云南1935年版十万分之一的地图,因该图测量、标注欠准确,因此松井叙述中地名和方位时有错误。)

关于上述战斗,第11集团军战斗详报的记述为:"25日,第88师第263团攻占勐冒街(黄草坝)后,敌(松井部队)由龙陵增援

---

① 〔日〕松井秀治:《缅甸从军——波乱回顾》,第69–73页。

数百人反攻,激战至烈。该团受敌压迫,曾一度脱离公路,致敌有一部东窜增援。"

此外,惠通桥的正面战事益加激烈。中原信夫记述道:"25日,第10中队在主阵地上留下六七个伤病者防守,由第3大队副官永松甚次郎中尉辅佐横田进中队长一起出击。战斗打响了!中国军队在第3机关枪中队前构筑了阵地,同时在修筑桥头堡。中队推进到了这支中国军队的右侧,然后迂回到了其背后,同时击退了切断公路的中国军队。遂命令第2小队石川第1分队前去追击败走的中国军队,同时侦察情况。"① 第11集团军战斗详报的记述为:"第108团第3营于当晚(25日晚)占领竹子坡高地,其第1营进占大滚塘。"②

24时(日本时间,当地时间22时),日军第56师团在畹町下达命令,继续向龙陵增调兵力:

以松本第148联队先遣队浦野第1大队担负南坎警备任务,命与其交接的第113联队冲第3大队前进追赶主力;又令辎重队长以此前输送第148联队浦野第1大队的车辆大部,转运在兴威的第146联队久米第1大队(大队长久米本三少佐)开往龙陵③。

5月26日,惠通桥正面,第36师第107团向松山、三眼井之敌攻击;第108团向松山南端高地(阴登山)攻击,以收夹击之效。中原信夫记述道:"第10中队于5月26日部署夜袭。此时,接

---

① 《侵占滇缅的"急先锋"——日军第56师团第146联队志》,第62页。
② 《第十一集团军惠通桥、腾冲、龙陵地区间战役战斗详报(1942年5月—6月)》,《滇缅抗战档案》(上),第338页。
③ 《第56师团战时旬报甲(1942年5月21日至5月31日)》,日本亚洲历史资料中心,C14060430700。

到中队主阵地、炮兵观测所、中国检查站旧址以及炮兵阵地遭到中国军攻击的消息后，终止了夜袭的计划，又急忙向上述地方前进。中国军队迂回到了炮兵观测所西侧的山麓和惠通桥东侧部落（平野小队占据位置）之间的小路上。5600高地上的中国军队一部也试图迂回并以拂晓攻击席卷日军炮兵阵地，但是炮兵以'零距离'①射击击退了中国军队。第10中队主阵地上的伤兵也击退了中国军队。中队主力加固阵地，等待大队接下来的命令。"②第11集团军战斗详报的记述为："敌凭据松山主峰5200高地、腊勐街、核桃箐顽抗，双方伤亡均重。"

在此期间，松井秀治率第113联队正从镇安大坝赶来增援：

> 26日早上8点（日本时间，当地时间6时）我们准备出发，但是由于昨日第1大队乘坐的汽车大部分都还没有到达，我必须变更乘车计划。没办法之下，我只能让第1大队的第1、第3中队先行徒步前进，让联队炮、速射炮等乘车前进。第2大队方面，由第4、第5中队徒步行军，通信中队乘车。计划的变更造成了混乱，导致出发迟了两个小时。作为第1梯队的第1大队还没能全都上车。无奈，我让第2大队本部、通信中队、机关枪中队的一半上车，带着野炮大队长麾下（炮两三门）的汽车先出发。半个小时之后，第1梯队的联队本部、军旗中队、第1大队本部、联队炮及速射炮（中队）才出发了。

---

① 日军火炮"零距离"射击，是指炮弹采用瞬发引信，出膛约15米后即行爆炸，在前方形成散布弹幕，对近距离攻击的敌方步兵造成杀伤。
② 《侵占滇缅的"急先锋"——日军第56师团第146联队志》，第62-63页。

我们超过徒步行进的第4、第5中队三四十分钟后，听到前方有步枪及机关枪的声音。我们停车到路西侧的高地上观察，发现友军正散开向前方的高地发动攻击。再往北的高地，地势变得越来越高。我们现在所处的位置很危险，所以希望这次攻击越快越好。我认为至少要从道路东侧的高地发动攻势，必须要占领道路附近的高地。因此，我立刻把徒步行进的第1和第3中队叫了过来，所幸他们离得不远。我命令第1中队占领路东的高地，然后向东北方搜索警戒。路东侧高地的斜坡上有三四间房子。我们从自己所在的位置可以望到路东侧的高地以及其东方。

这时候，第2大队过来报告情况。第二梯队中，普通的中队仅有少量人员乘车前进，因此通信中队乘车作为尖兵中队行进在前面。部队走出了山谷之后，道路变为上坡，并开始向右转弯。这时候，突然遭到前方高地上中国军队的射击。当时先头部队位于高地的下方死角，所以中间的部队前方遭到了射击。部队立刻下车，幸好是弯道，官兵们才得以把汽车隐蔽了起来。通信中队下车沿着斜坡登上了一座外形像馒头的高地，向上面的十四五个中国士兵发动了攻击。幸好他们有后方机关枪的支援，所以顺利地击退了中国士兵。

部队穿过道路，在道路崖边与北方高地上的中国军队对峙。士兵们把机关枪运到了阵地上，炮兵把一门炮（此处指步兵炮）卸下拉进了阵地。联队炮和速射炮也被卸下了车。当时不清楚中国军队兵力，只知道他们占领着公路东侧高地上的阵地。有人提议说，根据地形特点，应该从他们左翼方面发动攻击。我告诉大队长说，已经把第1中队调往右侧高地了，然后让第2大队长指挥第2、第3中队及第2机关枪中队，接替正在进攻的通信中队，向中国军队右翼发动攻击。我命令炮兵、联队炮及速射炮支援此次攻击行动，并让第4中队作为预备队待命。当时大队炮正在徒步前进，尚未到达此地。

我做好上述安排之后，到了前方。这时候炮兵在坡道起点的拐弯处设立了阵地，正在向高地上墓地附近的中国军队射击。联队炮正在往阵地上前进。士兵们把速射炮拉到了高地上，隔着山谷向通信中队右前方向的房屋附近的中国军队机关枪射击。在这期间，第1大队接替通信中队来到了最前线，正依托地形掩护等待第2大队。炮兵和联队炮也改变阵地，时不时向前方的中国军队射击。他们从山顶时不时用步枪和轻机枪朝我方射击，除此并无其他举动，看来他们手里没有迫击炮。

14时（日本时间，当地时间12时）许，步兵团长坂口少将赶了过来。他听到这一方向枪炮声很激烈，所以前来视察情况。我感觉很不好意思。他在这里停留了一个半小时，了解了战斗情况之后，放心地回去了。

第1中队从岩山（小岩子）右侧前进，准备突击前方山上的中国军队。但是这时候炮兵正在向那里射击，所以他们没有行动。他们挥着日之丸旗向我们示意。我派传令下士官过去告诉他们说，现在第5中队正在向中国军队左后方前进，让他们在到达之前不要轻举妄动。我派第1大队搜索了公路西侧，没有发现异常。但是听到左侧的部落附近有枪声，于是我派第4中队的一个小队前去扫荡，但没有找到中国军队。16时（日本时间，当地时间14时），中国军队的枪声变弱了，但是并没有撤走。第1大队正在逐次前进。

这时候，一辆汽车沿着公路从北方开了过来，但是马上又停了下来。原来有人在那里的路上挖了沟，车无法通行。汽车上下来了四个友军士兵。我派人前去询问，得知他们是步兵第146联队的士兵。这几个人听到后方有枪炮声，受小队长之命过来了解情况。听他们说，越过这个山顶之后便是腊勐。步兵第146联队一部（第3大队）现正占领着那里。

第1大队已经开始前进攻击了，于是我跟着到高地上观察，发现中国军队已经退走了，留下的尸体有的被埋在了坑道里，有的被遗弃了。我们发现这个高地东方三千米处有两三百名中国士兵在撤退。我让联队炮到北端射击。但是他们发现距离太远打不着，所以没有开炮。

日军第1中队第1小队士兵二木留治，记述了其所在中队的战斗过程：

26日，第1中队与第3中队一起沿着滇缅公路北进。走了两个半小时之后，联队乘坐的汽车超过了我们。之后不久，我听到了前方的枪声。中队继续沿着公路前进，然后见到了联队长，并接到了命令。

根据命令，第1中队要立刻占领公路东侧的岩山（小岩子）高地，然后攻击中国军队左翼。

在田中军曹的指挥下，第1小队担任右侧第一线，向着岩山前进。幸好岩山上没有中国军队，第1小队从岩山继续向左沿着山顶移动，以扩大战果。

岩山前方400米处有一座墓地，中国士兵在墓地上架起了一挺机枪，向公路上的日军射击。还有少许步枪兵也在射击。感觉中国军队的兵力大概有20人。墓地所在的高地左侧，还有两个同样的高地，但是上面不见中国军队的踪影。他们可能是撤走了。

第3小队在左侧第一线开始攻击，在斜面上向墓地所在的高地移动。在移动之前，野炮在公路上开炮掩护，但是墓地上的中国军队依然向公路附近的日军射击。我第1小队从岩山向右方前进到了一个小高地，在这里用3挺轻机枪交替射击，距离中国军队大概250米。

第3小队挥动日之丸旗示意炮兵停止射击，然后前进到了墓地前50米处，进入突击态势。在第3小队发起突击的前一刻，第1小队的三挺轻机枪一口气把弹匣里的30发全打完了。枪声一停，第3小队长河端少尉便带着人突了进去，占领了墓地高地。

在这次突击中，第3小队长用军刀砍死了那个到最后还在用捷克式轻机枪射击的中国兵……

之后，我们也到墓地上察看，发现之前我们用轻机枪射出的子弹没有破坏墓地，仅在墓碑上留下了许多5至7毫米的弹痕。我们小队当时向这个墓地打了500多发子弹。

背后的山坡上有一栋中国人的房子，里面藏着一个受伤的中国兵。我们抓住他,带到山谷间射杀掉了。[①]

关于第113联队此后的行动,松井秀治记述道:

> 在这期间,部队把道路上的沟填平了,汽车终于可以通过了。于是,我命令部队集结,然后准备向腊勐前进。第5中队推进到了中国军队左后方的高地上,但遗憾的是他们这时候已经撤走了。在此次战斗中,通信中队有两三人死伤,其他部队有两三人负伤。
>
> 部队集结完毕之后,根据步兵团长的指示,我让第1大队返回镇安街警戒;让第2大队长指挥大队本部、第4中队、第5中队、第2机关枪中队、大队炮1门、1个联队炮小队乘车向腊勐前进。我带着副官和两名传令兵及第2大队长,一起前往腊勐与步兵第146联队联系;让联队本部跟着第1大队长返回镇安街。这时候,联队炮中队长赤座武大尉负伤住院了,第3大队副官松田清市中尉代行中队长职位,第9中队的小队长须藤岩中尉代行第3大队副官职位。
>
> 我把部队集结起来,向他们讲了讲进入腊勐的注意事项,然后命令他们上车出发,这时候夜幕已经降临。我让炮兵跟着腊勐来的汽车走在最前面,一边填沟一边行进。第1大队徒步回到了昨夜所在的位置。我们关着车灯,沿着曲曲折折的夜路,在雨云笼罩的高地上向北前进。

[①] 〔日〕二木留治:《缅甸·云南被埋没的战史——镇安街守备队》,第119-120页。

行进了一个小时之后，我们被哨兵拦了下来。我下车一看，原来是步兵第146联队的小队。我把小队长叫过来问了问，得知这里是腊勐的入口，是腊勐阵地的咽喉所在（指滚龙坡）。他们正在公路附近对南方（东方）警戒。这名准尉当时指挥着半个小队，其他人正在下方的腊勐（指大垭口）掩护炮兵或者做饭。他们的中队主力正位于东方高地上（即5600高地），和这里隔着一条深谷；大队主力在怒江西岸一个小高地上的阵地；腊勐附近只剩下了炮兵。我们此时距离炮兵大队长的位置还有两个小时的行程。于是，我决定乘车去见炮兵大队长。车沿着弯弯曲曲的道路向下开到了像是腊勐村落的两三间房屋的地方（大垭口）。我在这里把大队长叫过来了解情况。这个大队长在满洲守备期间曾和我在一个师团，他当时还是炮兵中队长。很遗憾我现在记不清楚他的姓名了（本多中佐）。

了解情况之后，我得知腊勐附近只有联队本部指挥的这支"十加"大队（野战重炮第18联队本部及一个中队，炮3门）及"十五榴"大队（野战重炮第3联队第2大队，炮6门）。"十五榴"大队在腊勐高地（指松山）的北侧（东侧）。步兵部队在其下方的怒江南岸（西岸）。我对他们说，我们是来与步兵第146联队交接腊勐守备任务的。我让部队下车在附近的房子里休息，并让汽车在第二天早上返回。"十加"大队长还介绍说，24日这个高地遭到了袭击，幸运的是他们依靠少量的步兵和炮兵将对方击退了。但是联队长田村中佐在那时候战死了（死后追晋大佐）。

虽然我们必须尽快前去与步兵第146联队的大队长商量交

接事宜，但是在夜间很难到达那里。幸好炮兵可以用电话联系到步兵大队长，所以我安排人先用电话和步兵大队长协商。我让他们派人做向导，然后指示入部第2大队长带着十名卫兵乘坐两辆汽车前去协商，并且指示入部大队长协商完之后，在第二天早上返回。现在想想，感觉当时没有必要让他们夜间出动——这天晚上，入部大队长遭遇了很大的灾难。我告别炮兵大队长后，来到一栋房子的二楼休息。

这天中午的战斗中，步兵团长和师团的林参谋（林太郎少佐）过来视察。林参谋接着和我一起来到腊勐察看阵地情况。我和副官与林参谋讨论了该怎样设置阵地。虽然现在尚未侦察地形，但是如果像现在的步兵那样在较低位置占领阵地的话，就无法充分发挥居高临下的优势，所以我决定把主阵地设置在高地上。按照地图上的标注，腊勐高地（松山）标高5200英尺（约1585米）。一个叫作"腊勐"的村落在高地东部山腰上，只有两三栋房子。我们三人一边讨论，一边等待入部少佐返回。其间我曾打电话询问，得知他已经出发返回之后我稍稍放心了些，感觉他应该在天亮之前回来……[①]

当日，宋希濂又致电第88师师长胡家骥："南天门要点至关重要，我军必须确实巩固，构筑阵地，做死守之计；无论敌如何攻击，均不得放弃，并须将该处公路继续彻底破坏，使芒市之敌无法再行东犯。如兵力不足，立即速调262团（团长欧阳午）一营前

[①] 〔日〕松井秀治：《缅甸从军——波乱回顾》，第73-78页。

往增援为要。"①

此为对蒋介石此前提示的第三次重申。

但是，在南天门担负打援任务的第264团（第3营），当日并未能阻止第113联队后续部队的增援开进——这支日军最初在瑞丽，包括步兵第6中队、第4中队的一个小队、一个机关枪小队、一个大队炮分队（92式步兵炮1门），由第6中队长高桥九州男中尉指挥。当第113联队主力离开南坎时，该部因为缺少汽车未能随队一起出发。松井秀治记述道：

> 5月26日，该部乘车离开南坎，来到龙陵南方的时候，听到了前方有枪声。中队长（高桥九州男中尉）警觉地让汽车停下，而后亲自到前方察看情况。中队长发现日方工兵乘车前进途中遭遇了中国军队，现在正在战斗。当时工兵处在低地，很危险。因此，中队长决定以全力向这里的中国军队发起攻击。他和工兵中队长取得了联系，并说明了意图，然后让全体官兵下车，轻装徒步穿过路旁的小河，沿着险峻的斜坡往上攀登，然后迂回到中国军队的侧方，突然发起猛烈的攻击。中队还向他们到达的位置的侧方高地派了一个小队。中国军队也为此改变了部署，向侧方派出了一支部队。但是我方小队率先登上了侧方的要点，于是中国军队放弃了抵抗向东北方向退走了。在这次战斗中，大队炮起了很大作用。中队追

---

① 《第十一集团军惠通桥、腾冲、龙陵地区间战役战斗详报（1942年5月—6月）》，《滇缅抗战档案》（上），第338-339页。

击了一会儿,确保公路安全之后便停止追击,来到公路上把汽车召集回来继续行军。傍晚的时候,他们到达了龙陵,向步兵团长报告之后,当晚在龙陵宿营……

在这场战斗中,第6中队小队长高向好一中尉胸部被子弹打穿,死了。工兵中队长十分感谢第6中队的支援。不久之后,战车中队(隶属搜索第56联队)也赶了过来,但这时公路已经安全了。①

26日15时(日本时间,当地时间13时),日军第56师团在畹町下达命令:

一、经过第一线各部队的奋战,进入龙陵及腾冲方面的中国军已经逐次撤退,但是尚有中国军逼近我阵地构筑工事的情况。

二、师团准备进入怒江以西地区,一举击败中国军。

三、龙陵警备队长须迅速扫清警备区域内的中国军,并临时指挥松本大队主力及久米大队。

四、腾冲警备队尽力确保现状,准备接下来的攻击。②

5月27日,日军第56师团司令部从畹町推进至龙陵。

鉴于兵力已大致集结完毕(约9个步兵中队),师团长渡边

---

① 〔日〕松井秀治:《缅甸从军——波乱回顾》,第81页。
② 《第56师团战时旬报甲(1942年5月21日至5月31日)》,日本亚洲历史资料中心,C14060430700。

正夫决定在腾冲、橄榄寨方面维持现状，以主力歼灭龙陵、腊勐方面中国军队。为此，日军拟先对腊勐方面第36师实施攻击，接着对龙陵、勐冒街（黄草坝）方面的第88师实施攻击，并急派一个步兵中队（第146联队片冈第9中队）增援腾冲方面。此外，第56师团司令部命令正向南坎集结的松本第148联队主力继续向芒市开进；命令野战重炮兵第3联队第2大队主力返回龙陵，接受龙陵警备队长（第56步兵团长坂口少将）的指挥。攻击发起时间预定为28日，由龙陵警备队长统一指挥作战，为此将师团情报主任参谋林太郎少佐派往该队司令部协助。另外，通过腊戍警备队长（辎重第56联队长池田耕一大佐）协调在当地的飞行队协同作战①。

鏖战松山

（1942年5月27日—5月28日）

5月27日，中日双方军队仍在惠通桥正面激战，自松山北部进攻的第107团第2营（营长张文才）攻势凌厉。日军松井秀治记述道：

> （27日晨）当我正准备起床的时候听到了枪声，我立刻跳了起来从窗户边向下看，听见有人说中国军来了。确实如此，我能看到北方高地上的树林间有中国兵朝我方射击，子弹打

---

① 《第56师团战时旬报甲（1942年5月21日至5月31日）》，日本亚洲历史资料中心，C14060430700。

到了墙壁上。

　　我立刻下楼把第4、第5中队长，机关枪中队长、步兵炮小队长叫了过来，命令第5中队长大田峰造中尉指挥第4、第5中队及一个机关枪小队从中国军队左翼发动攻击，让机关枪中队、联队炮协力攻击。然后我和林参谋登上这栋房屋后方一个有座纪念碑（即滇缅公路竣工纪念碑）的小高地观察战况。步兵中队开始从这座高地的背阴处向东方高地展开队形，攻击前进。联队炮中队发现了腊勐北方高地山腰处的道路（黄家水井至坋人场坪子山路）附近的中国军队机枪，联队炮的两门炮正向那里射击。在我联队炮及机关枪的射击之下，中国军队没有向腊勐村落（指大垭口）方向推进。但是第4、第5中队所在的腊勐村落东南方的松树林里响起了激烈的枪声。当时我们不知道他们的情况。联队副官带着一个传令兵和一个机关枪小队，追在第5中队的后面。荻尾副官见到第5中队长，指导他利用松树林的掩护接近中国军队，向其左翼发动攻击，夺取其所在的高地。战况逐渐变好之后，副官于9点钟（日本时间，当地时间7时）回来了。

　　我们在纪念碑高地上，视线被松树林及杂木林挡住了，看不清楚第5中队。这时候第4、第5中队方面的枪声依然很激烈。我感觉他们正在逐渐向北移动。地图上标的5200英尺高地是腊勐的最高点，除此之外还有许多高地。中国军队必然会在高地或者松树林间的空地抵抗，所以我方的攻击进展很慢。这时候我还很担心入部大队长。天都亮了，还没等到入部大队长回来，反而等来了中国军队。不知道大队长是不是在归途中遭遇了中国军队。[1]

松井秀治预感准确。第11集团军战斗详报记载:"第36师第107团之一营(第2营)于辰刻(7—9时)攻占松山北及5200高地。敌数百人增援反攻,经该营伏击,毙敌百余,敌大队长入部兼康少佐亦被我击毙,房获文件甚多。"[2]据宋希濂后来回忆,从缴获入部少佐的图囊中,发现载有敌布防情况的文件及地图,得知日军第56师团在滇西分设腊勐、腾冲、龙陵、芒市、平戛、畹町6个警备区,缅甸境内还有5处据点;据此判断其兵力为1.5万至2万人[3]。

其实,日军入部只是在与松本第3大队联络交接事宜后,在返程途中闯入第107团攻击区域,虽然惊险一场,狼狈不堪,但并未毙命:

（入部）大队长带队乘坐两辆汽车在天午亮时到达了这附近,当时发现前方有人活动,于是停车到前方察看,发现中国军队

---

[1] 〔日〕松井秀治:《缅甸从军——波乱回顾》,第79页。
[2] 《第十一集团军惠通桥、腾冲、龙陵地区间战役战斗详报(1942年5月—6月)》,《滇缅抗战档案》(上),第339页。
[3] 宋希濂:《远征军在滇西的整训和反攻》,《远征印缅抗战——原国民党将领抗日战争亲历记》,第55页。其后不久,日军第56师团在滇缅两地的配置为:芒市(师团司令部)、龙陵(步兵团司令部,后迁腾冲;第113联队第3大队及工兵第56联队)、腊勐(第113联队,欠第3大队)、腾冲(第148联队)、平戛(第146联队第1大队)、畹町(第146联队本部及第2大队)、南坎(第146联队第3大队)、滚弄和兴威(搜索第56联队)、腊戍(辎重第56联队)、贵概(野炮第56联队)。据《炮烟——龙野炮第五十六联队战记》,第157页。

（第107团）正穿过公路向高地上爬。大队长决定趁天色尚暗迅速闯过去，但是司机发车太快了，大队长没来得及上车。大队长又试着爬上了后面那辆车，但是由于车开得太快，也未能爬到车内。就在此时，前方的车遭到中国军队射击停了下来。后车也随即停了下来。大队长被后车甩到了地上，腰部遭到了重击无法站立。没办法，大队长只能爬到公路下方的树荫下躲避。他拿出手枪等待着。另外，大队代理副官柴藤中尉带着七八名士兵下车，爬到了公路上方的高地上，在一个洼地的树林里隐蔽了起来。他还试图把其他人聚集起来，但是由于中国士兵在附近不断攀爬，没能实现，也没能联系到大队长……[1]

12时（日本时间，当地时间10时）前，日军第113联队后续部队——第6中队长高桥中尉指挥的第6中队、第4中队的一个小队、一个机关枪小队、大队炮小队赶到松山。松井秀治遂命令，第6中队的一个小队，沿中国军队重机枪所在的山腰处的道路攻击；第6中队主力沿公路发动攻击。高桥中尉率部立刻开始攻击前进。松井秀治又令第4中队的一个小队，与沿山腰道路前进的小队一起攻击。

第11集团军战斗详报记载："未刻（13—15时），由勐冒街（黄草坝）方面增援之敌二三百，战车及装甲车各4辆，猛烈逆袭，反复肉搏，（第107团）以伤亡过大，不得已退守松山北端高地，就地构筑工事。"[2]松井秀治在其记述中未提及战车及装甲车加入攻

---

[1] 〔日〕松井秀治：《缅甸从军——波乱回顾》，第80页。
[2] 《第十一集团军惠通桥、腾冲、龙陵地区间战役战斗详报（1942年5月—6月）》，《滇缅抗战档案》（上），第339页。

击，但他提到此前战车中队已在龙陵追赶上了第6中队，此处应属故意忽略以突出其步兵之功。其记述道："17时（日本时间，当地时间15时）左右，各个方面的中国军队都被击退了，山上已经看不到中国军队。他们退到了高地北方怒江边的低地上。"①第107团第2营营长张文才后来回忆说："5月24日、27日两天，107团分批突击松山大垭口，遭敌逆袭，迫炮连孙臣绅阵亡，连、排长多人负伤，士兵阵亡200余人。"②

此后，松井秀治一行来到松山北端的公路拐弯处，先见到了第2大队代理副官柴藤贞中尉，他正和七八名士兵从洼地的树荫下向撤退中的中国军队射击。当第5中队越过公路在北边的山棱线附近寻找时，发现入部少佐正躲在公路下方的树荫里。经过清查，该部遭袭击时共死伤6人，并损坏汽车一辆。松井秀治即令第5中队的一个小队留置在此公路拐弯处，令第6中队的一个小队北进至水无川（勐梅河）对岸高地担任警戒，而后又率随从返回大垭口的纪念碑高地③。

龙陵方面，第264团据守南天门阵地受敌猛烈攻击，竟日艰苦支撑。连日来，日军由畹町方面源源增援，该部伤亡甚重。

当日（27日）10时许，宋希濂接奉蒋介石电话指示："攻击部队应避免硬战，分成若干小组，钻隙进出公路，依伏击、截击诸

---

① 〔日〕松井秀治：《缅甸从军——波乱回顾》，第79页。
② 《戎马关山话当年——陆军第五十四军史略》，第424页。
③ 〔日〕松井秀治：《缅甸从军——波乱回顾》，第79–80页。

方法打击敌人,并加紧破坏。"① 据信,蒋介石这一指示,系出自当日参谋团长林蔚关于滇西作战指导的建议电:

> 在敌寇未向印、澳进攻及对苏开战以前,我军必须预防其攻滇。刻滇西部队可战者仅三个师,几已全部使用于怒江以西地区之攻击,就态势言,我实处于有利地位。惟惠通桥迄龙陵间之敌仍分段顽抗,而南天门之西又有敌增援,腾冲之敌又未见动摇,我军如欲解决此敌,恐须付与相当代价。以我军士气之旺盛,固可达此目的,然如牺牲二分之一以上始能占领腾(冲)、龙(陵),则所余兵力势难继续作战。万一敌人再增援进攻击破我军,则保山以东迄楚雄为止,完全成为空虚地带,恐陷滇西于危局,影响全般作战。故对目前攻击,似应定一限度,即我军牺牲三分之一以下即能达成目的,或南天门以一团兵力能始终在我手中,则我应继续攻击,以免功亏一篑;反是则我应转攻为守,以保有实力巩固怒江、积极破路阻敌进攻为第一要义。②

5月28日,阴雨。

清晨,日军第113联队第1大队副官末松诚一中尉带着车队,从镇安街向腊勐日军运来了粮食弹药。当车队接近滚龙坡时,遭到中国军(第108团左翼部队)射击。末松命令护卫小队下车迎战,打通公路后进入腊勐。下午,日军战车、装甲车各十余辆,汽车

---

① 《第十一集团军惠通桥、腾冲、龙陵地区间战役战斗详报(1942年5月—6月)》,《滇缅抗战档案》(上),第339页。
② 王正华编注,《蒋中正"总统"档案:事略稿本》(49),第488—491页。

四十余辆，满载兵员，又由龙陵方向驶入腊勐。

薄暮后，日军第6中队奉联队长松井命令，向北方勐梅河附近的第107团出击，未遑。①

连日来，在滇缅公路沿线担任打援的第88师两团受敌优势兵力猛攻，伤亡甚大。第263团于27日夜被迫脱离公路，当日复进至勐冒街（黄草坝）东北大坪子②、龙山卡之线；第264团第3营仍在南天门与敌激战中，该团主力续向龙陵附近之敌进击。③

为指导第56师团作战，日军第15军司令部派作战主任参谋寺仓小四郎大佐来到龙陵，于当日15时（日本时间，当地时间13时）向师团介绍了缅甸当前战况，同时听取各部队的需求意见。第56师团表示怒江正面兵力不足。第15军遂决定向该方面继续增加兵力④。同时，连续两天来，日军从缅甸派出飞机十数架，在惠通桥上空盘旋侦察，对江东大山头中国军队重炮阵地附近进行轰炸。

当日，松井秀治偕师团情报主任参谋林太郎来到日军第146联队松本第3大队本部，与松本治洽商接防松山事宜。此时，炮兵部队及"十五榴""十加"火炮分别配置在松山东麓及大垭口，射击目标指向怒江东岸村落、满八腊（今满叭拉）渡河点和中国军阵地；而东岸中国军炮兵阵地位于大山头，射击目标指向松山主峰、黄土坡东侧公路及腊勐车站附近。松本大队本部位于下腊勐东侧

---

① 〔日〕松井秀治：《缅甸从军——波乱回顾》，第83页。
② 书中"大坪子"地名较多，此处为龙陵县新乡黄草坝村大坪子自然村。
③ 《第十一集团军惠通桥、腾冲、龙陵地区间战役战斗详报（1942年5月—6月）》，《滇缅抗战档案》（上），第340页。
④ 《第56师团战时旬报甲（1942年5月21日至5月31日）》，日本亚洲历史资料中心，C14060430700。

高地，其兵力配置在后来的左监视哨阵地（尖山）、右监视哨阵地（董别大山）、腊勐车站南侧帽子山（大坪山）、5600高地及滚龙坡，这些阵地多数位于怒江西岸低地，在对岸中方炮火射程之内。

此前松井秀治已考虑，第113联队接防之后，以松山主峰5200高地为核心，将主要阵地选定在高地上。他希望炮兵也按照这一意图重新选择阵地，并要求松本第3大队在该方案获得步兵团长批复之前，继续在原地担任守备。

日军师团情报主任参谋林太郎认为，应该将5600高地作为主阵地，并向滚龙坡增派兵力。因滚龙坡正卡在滇缅公路上，且比5200高地还要高，松井秀治同意向滚龙坡增强配备；但对是否要占领大垭口东南、距离较远的5600高地，仍心存疑惑。

下午，当松井秀治一行准备前往侦察松山5200高地时，接到了第56师团下达的作战命令。该命令要求，坂口少将统一指挥本部及配属部队，迅速扫清警备区域内的中国军队。为此，日军仍以第146联队松本第3大队担任惠通桥正面守备，而松井部队将离开腊勐，转向滇缅公路东南至怒江沿线实施扫荡。[①]

蒋介石："应避免硬战"

（1942年5月29日）

29日，阴雨。

---

① 〔日〕松井秀治:《缅甸从军——波乱回顾》，第83-84页。

据第 11 集团军战斗详报，当日，"第 108 团左翼长岭岗、中岭岗一带，增援之敌攻击颇烈，战事重点在 5600 高地方面"。此时，日军第 146 联队第 3 大队长松本治决心采取主动进攻策略，试图依靠本部力量挽回战局。第 10 中队指挥班长中原信夫记述道：

> 5 月 29 日，松本中佐指挥大队主力（欠第 9 中队），包括大队本部、第 10 中队（欠第 1 小队）、第 12 中队、第 3 机关枪中队、大队炮小队，向包围 5600 高地的中国军队左翼展开拂晓攻势；令第 11 中队对阵前的中国军队发起攻击。大队主力在夜幕的掩护下，秘密潜入到了 5600 高地中国军队前方五六百米处台地的南侧。
>
> 攻击部署为：第 10 中队山口第 2 小队前往与第 11 中队左翼取得联系；中队主力平野第 3 小队、指挥班与第 12 中队左翼取得联系；大队炮小队及机枪中队向前方中央攻击前进。[①]

当日，中方第 88 师第 263 团仍分组在黄草坝、小黑河[②]、小岩子附近向敌袭击，毙敌甚多，毁敌汽车数辆，并破坏公路数段。而奉命重点转向该方面"扫荡"的日军松井部队，拟定攻击部署为：步兵第 3 大队（两个中队）经勐冒街（黄草坝）、麦子地、红木树之线，步兵第 1 大队（一个半中队）经镇安街、芹菜塘、小水路、山头寨、椅子山之线，步兵第 2 大队（三个中队）经长岭岗、

---

① 《侵占滇缅的"急先锋"——日军第 56 师团第 146 联队志》，第 63 页。
② 今龙陵县镇安镇八〇八村黑水河自然村。

连厂、大石头之线向怒江推进①。松井秀治记述道：

> 根据（步兵团长坂口少将）命令，我们必须立刻开始行动。但目前联队的兵力分散在三处，没时间把所有部队全都集结起来，从地形来看也没有这个必要。我和林参谋商量之后，命令所属三个大队在各自的位置开始行动，分三路纵队把中国军队向怒江一线压迫。
>
> 我命令在腊勐（指大垭口）的第2大队长从腊勐稍南的地方向东前进，经5600高地附近向大石头方向追击；让联队炮中队长指挥的一个联队炮小队留在腊勐，尽可能协助第2大队。大石头是5600高地南方谷地东侧怒江沿岸的一个小村落，距离腊勐有四五个小时的路程。第2大队立刻展开行动，沿着26日发生过战斗的5750高地（小岩子东北侧制高点）北侧的道路前进。
>
> 第2大队于28日傍晚离开腊勐，在5750高地北侧的小村子（大猪圈）里过了夜。第二天（29日）早上，沿着这个高地的棱线向南走。他们在途中驱逐了少量中国军队，然后在29日傍晚到达了在5600高地附近向北分岔的山棱。环顾四周，发现5600高地是这附近的最高点，中国军队在高地附近构筑了阵地。第2大队准备发动攻击。但是，如果直接从中国军队阵前的斜面发起攻击的话会很吃亏，于是他们决定当夜隐蔽

---

① 《第56师团战时旬报甲（1942年5月21日至5月31日）》，日本亚洲历史资料中心，C14060430700。

准备，待30日黎明以主力从正面发起攻击，以一部从中国军队左翼发起攻击。为了到达预定位置，他们在半夜开始行动，行进到中国军队阵前的一块长着青草的台地上。这片台地上有少量中国军队向日军射击，大队立刻发起突击，夺下了台地。但是，考虑到攻击计划可能已经被中国军队知晓，于是仅在这片台地上留下了机关枪队主力及大队炮，外加一些负责掩护的士兵；而以大队主力从山腰迂回，避开正面。①

此外，在南天门打援的中方第264团，将附近的石台柏木桥破坏。敌援兵仍源源而至，猛烈攻击第264团，企图修复该桥，该团苦战予以阻止。

当日中午，蒋介石再度给宋希濂打来电话，指示："敌源源增援，我军应避免硬战，减少牺牲，以伏击邀截等方法钻隙扰袭，并尽量破坏公路，限制敌之行动。"显然，此前林蔚的建议电经批交军令部合议后，达成共识，统帅部已判断反攻无望。

宋希濂乃转令第36师暂停攻击，并电令第88师以营为单位，再分若干小组以少数工兵进出公路，积极施行破坏。如遇少数之敌，则一举围歼之；遇优势敌人，则应伏于公路两侧予以奇袭，不必作"真面目"之战斗。②

19时（日本时间，当地时间17时），根据日军第15军的增兵批复，第56师团命令在掸邦的第18师团藤村支队〔以步兵第56联

---

① 〔日〕松井秀治：《缅甸从军——波乱回顾》，第85页。
② 《第十一集团军惠通桥、腾冲、龙陵地区间战役战斗详报（1942年5月—6月）》，《滇缅抗战档案》（上），第340-341页。

队（欠第2大队）、步兵第55联队第2大队（大队长伊藤耕次郎少佐）和山炮兵一个大队编成］赶赴龙陵；同时命令野战重炮兵第21大队一个中队接受兴威警备队长（搜索第56联队长平井卯辅大佐）的指挥，向滚弄方面中国军队（第36师第107团第1营）强力施压。

至24时（日本时间，当地时间22时），日军第56师团对当面中国军队情况的判断为：

一、预备第2师及第36师从腊勐北方20公里处附近渡河来到了腊勐北侧地区。

二、第88师从腊勐南方10公里处及20公里处附近渡河，各有一团到了腊勐南侧地区及勐冒街（黄草坝）南侧地区。

三、腾冲方面是滇军第6师（指滇系步兵第6旅，实际仅有一个营）。预备第2师的情况不明；橄榄寨方面的中国军或许是该师，但是目前未得到证实。

另外，日军第56师团又向飞行队提出协同作战请求：

一、松井部队于本日（29日）上午攻击中国军队。其一部于正午时分击败了一支兵力约100人的部队，现正在勐冒街（黄草坝）东方10公里处麦子地附近；松井部队主力在腊勐东南4公里之沙子坡及连厂附近。

二、判断这一带的中国军退路，位于惠通桥南方约10公里处的筏桥及南方20公里的栗树坪（今梨树坪）。

希望飞行队能够截断中国军退路，尤其是栗树坪附近。

同时，日军第56师团又向第15军作如下报告：

一、24日以来，龙陵及勐冒街（黄草坝）南侧的中国军队（约两个团）在日军攻击下已经失去了战斗力，各自在南方5至10公里处的山地躲避（明30日松井部队准备对其扫荡）。日军正在扫荡腊勐南侧的中国军队，判断这些中国军队不久便会溃散。此地北侧的中国军队在28日之前发动了顽强的反击，日军占领要点处于守势。

二、本日（29日）得到确认的战果为：

中国军队遗弃尸体约440具，缴获迫击炮3门，重机枪1挺，轻机枪6挺及其他。

三、日军战死21人（含4名军官），负伤83人。[①]

日军开始全线反击

（1942年5月30日—5月31日）

5月30日，雨。

第11集团军战斗详报记载："惠通桥西岸之敌六七百人，向竹子坡第36师第108团阵地猛烈攻击，我各地守兵沉着应战，伤亡颇重。"[②]

日军方面记述，系第146联队松本第3大队与第113联队入部

[①]《第56师团战时旬报甲（1942年5月21日至5月31日）》，日本亚洲历史资料中心，C14060430700。

[②]《第十一集团军惠通桥、腾冲、龙陵地区间战役战斗详报（1942年5月—6月）》，《滇缅抗战档案》（上），第341页。

第2大队先后在该方面发起攻击,但两部彼此否定对方。松本大队第10中队中原信夫的记述为:

> ……眼前的台地是个四五百米的断崖,但是中国军队侧防火力却集中向这里射击。平野第3小队队员各自前进,从这个断崖下到了洼地后在一片墓地隐蔽。在这里掌握了所属之后,仔细观察了5600高地上中国军队的动态,确认了其右翼侧防火力,观察了地形以及隐蔽物。平野小队长向各分队指示了前进地点与攻击目标,而后指挥部队突击,趁着中国军队阵地动摇的时机果断突入,占领了5600高地的一角。接着,第12中队桥口小队也占领了此地。
>
> 顽强的中国军队终于退走了。当我们继续追击的时候,在5600高地东方,第113联队支援部队的枪炮声开始轰隆作响。虽然山口熊治第2小队长的部下中辻茂分队长等数人负伤,前任分队长石川繁义军曹重伤,战力减退了很多,但是经过苦战之后还是达成了任务。
>
> 如此,不用依靠第113联队前来支援,我部便已经扫清了阵地守军,达成了腊勐守备队的任务。[①]

而按松井秀治的记述,此次战斗真正的主力是本部第2大队:

> 30日黎明,我第2大队主力先突入了中国军队的阵地。

---

① 《侵占滇缅的"急先锋"——日军第56师团第146联队志》,第63-64页。

他们被打了个措手不及，山顶一片狼狈，但是一部分中国军在后方的高地上顽强抵抗。这支部队处于绕到了左侧的中队的威胁下，在大队炮及机关枪的射击之下，他们坚持不住向南方退走了。大队继续追击，从山上追到了大石头上方的高地。

大队在攻击5600高地的时候，看到了左侧的日军部队。这是5600高地东方的原口山①上的步兵第146联队的中队。该中队在29日这天遭到中国军队攻击。傍晚中国军队停止了攻击，转而向5600高地移动。该中队尾随这支部队前进。如果他们在30日黎明能够配合我大队的攻击的话，肯定会取得更大的战果，真是遗憾。

大队于30日夜在大石头北侧高地过夜，并搜索了大石头附近，没有发现中国军队的踪影，所以于次日又回到了腊勐。②

连日来，从芒市开来之日军不断向南天门第264团第3营攻击，当日战斗仍在激烈进行中。据日方记述，该部队为从缅北掸邦赶来增援的第18师团藤村支队，于下午突破我方阻击到达龙陵。截至此刻，投入滇西的日军主战兵力已达11个步兵大队、野战重炮2个大队、4个野（山）炮大队及飞行队一部，仅步兵力量就是两年后远征军滇西大反攻时的近2倍。

18时20分（日本时间，当地时间16时20分），日军第56师团

---

① 后来日军第113联队第2中队（中队长原口九十九）阵地配置在此处，故名。
② 〔日〕松井秀治：《缅甸从军——波乱回顾》，第85-86页。

在龙陵下达命令：

一、龙陵及勐冒街（黄草坝）附近的中国军队已经丧失了战斗力，正在南方山地内躲避。腊勐南侧的中国军队在松井部队攻击之下被逐次向怒江方面压迫，但腊勐北侧的中国军队尚与日军对峙。

二、师团拟先将滇缅公路方面的中国军队歼灭于怒江以西地区。

三、藤村支队迅速进出镇安街北侧地区，将腊勐北侧地区的中国军队向怒江方面压迫并歼灭。

尤其要派有力一部控制河尾—花寨—云头道方面至满八腊附近的中方渡河点。

四、龙陵警备队命令其炮兵支援藤村支队的战斗。

五、龙陵警备队与藤村支队的战斗地界为：镇安街、小寨、邦掌（镇安街东北约8公里）、坪子地（邦掌东北约4公里）、三台山①（惠通桥北方7公里）各地北端连线。

六、龙陵警备队长负责管理滇缅公路上的车辆。②

5月31日，雨。

此前，位于镇安街的日军第113联队第1大队（欠第2中队一个小队）奉命，经镇安街、芹菜塘、小水路、山头寨、椅子山路

---

① 所列地名均在1935年十万分之一地图施甸幅和辛街幅内。
② 《第56师团战时旬报甲（1942年5月21日至5月31日）》，日本亚洲历史资料中心，C14060430700。

线，将中国军队向怒江方面压迫。松井秀治记述道：

> 第1大队于29日早上出发，从大坝北方向东行进。途中一边侦察一边前进，击退了少量中国军队斥候，到达小水路西北方高地山脚。经侦察后得知，此高地上有兵力不明的中国军队，于是（第1大队）准备发动夜袭。大队在半夜到达攻击发起点，等待黎明时分发起攻击。但是因山势起伏多变，他们在黑暗之中还没到达预定位置天就亮了。幸好当时雾很大，四周看不清楚。没办法，他们只能利用地形隐蔽下来。雾气散去之后，他们发现已经到达了中国军队侧背附近。由于雾气已散去，当下行动的话必定会被中国军队发现，所以只能在原地等待并进一步侦察，准备在31日黎明再行发起攻击。
>
> 30日半夜，大队做了突击部署，于31日黎明突然向中国军队侧面发动袭击。他们被打得很狼狈。但是中国军队由于退路方向遭到了攻击，抵抗很顽强。双方在高地上展开了激战，我方终于击退中国军队占领了高地。大队向其实施了追击，但由于地形很险峻进展不大，于是在入夜之后停止了追击，未能按照命令到达椅子山。①

此外，较晚到达龙陵的第113联队第3大队（大队长冲久吉中佐）与第148联队第1大队（大队长浦野寿一郎少佐）协力，于

---

① 〔日〕松井秀治：《缅甸从军——波乱回顾》，第86页。

28日在厥厂（今雪山村秋场）附近击退中国军一部。而后，两队奉命于29日离开勐冒街（黄草坝），前进至红木树将中国军向怒江沿岸压迫。但由于地形复杂、道路不熟，至31日亦未能到达红木树①。

当日，远征军各部队依此前电令指示，逐次脱离日军。第36师第108团以一部在秧衎（今养庆）、沙子坡、竹子坡、小岩子之线，掩护主力向怒江东岸转移。此时，芒市、龙陵之日军仍源源增加，从南北两端向第88师南天门阵地猛攻。

午后申刻（15—17时），宋希濂就后续作战行动要领指示胡家骥："划定怒江西岸北自滇缅公路，南迄平戛、象达、芒市、潞西（指潞西设治局驻地勐戛）一带中间地区，为该师今后作战活动区域。应分派小部队配属工兵，随时钻隙进出公路施行破坏，且奇袭敌人，不断予以打击……"②

远征军退守怒江防线

（1942年6月1日—6月14日）

6月1日，雨仍未歇。

上午，第11集团军接奉参谋团长林蔚抄转蒋介石辰世（5月31日）电令：

---

① 〔日〕松井秀治：《缅甸从军——波乱回顾》，第88页。
② 《第十一集团军惠通桥、腾冲、龙陵地区间战役战斗详报（1942年5月—6月）》，据《滇缅抗战档案》（上），第341页。

关于滇西部署，希遵照以下指示：

一、预2师及刘伯龙部（新28师已溃散，正收拢中）在怒江西岸游击，并破坏龙陵、腾冲、惠通桥间公路。

二、36师主力守备惠通桥及攀枝花两渡口。

三、88师一部守备惠人桥，主力控制于保山。

四、以上各部队除任游击外，均须各就指定地区积极构筑工事，尤须注意以火力封锁渡口。①

第11集团军奉令后，即作出具体部署：

以预2师第5团留置怒江西岸，在滇缅公路线以北及龙陵、腾冲道以东地区担任游击任务。师直属部队及第6团残部即由惠通桥附近渡江，移往施甸附近。第4团（欠第1营）俟将双虹桥、惠人桥守备任务交第71军第88师接替后，即移驻施甸附近整训。

第36师除留一营在惠通桥西岸公路以北地区进行游击作战外，将主力配置于惠通桥东岸，并担任攀枝花、碧寨等处渡口守备。

第88师除留一团于怒江西岸、滇缅公路以南地区进行游击作战外，其余即由碧寨附近渡江，移驻蒲缥附近整理，但应派一团担任双虹桥等处之守备任务。

对打黑渡方面，由预2师派一部前往担任守备任务。

此后，各部队依照新部署调整态势，以一部留置怒江西岸进行游击作战并实行破坏，主力沿怒江东岸构筑工事，坚强固守，

---

① 《第十一集团军惠通桥、腾冲、龙陵地区间战役战斗详报（1942年5月—6月）》，《滇缅抗战档案》（上），第341页。

与敌形成对峙。

6月14日，第71军第87师开抵保山。第11集团军即令该师第261团推进至施甸附近，担任攀枝花至打黑渡间渡口守备，而以预2师全部留置腾冲东北地区开展游击。①

5月15日至6月1日，在惠通桥—松山—龙陵这一核心区域发生的反攻战事，后来在战史中被称作"反攻试探战"。从一定意义上说，此战是两年后远征军大反攻收复松山的一次小型而不成功的"预演"。

就日军侵占滇西初期一个多月之战事，日本公刊战史的评述为：

> 进入缅甸的重庆远征军第一路军主力，在与日军第15军进行的进攻缅甸作战中蒙受很大损失后，向怒江以西云南省败退。
>
> 但是，蒋介石深恐日军乘势继续向怒江以东云南省进击，于缅甸作战末期（5月末）命令以第71军主力（第88、第36及预备第2师）向日军第56师团方面反击，猛攻平戞（不确，应为腾冲）、龙陵地区。
>
> 当时，第56师团主力正在伊洛瓦底江上游进行扫荡战，遂立即命其主力向龙陵方面转移，6月上旬将中国军队击退于怒江东岸。

---

① 《第十一集团军惠通桥、腾冲、龙陵地区间战役战斗详报（1942年5月—6月）》，《滇缅抗战档案》（上），第341-342页。

中国军队暂时打消了以大部队反攻怒江以西的念头,锐意增强阻止日军向怒江以东进攻的态势。与此同时,命小兵力逐步潜入第56师团管区内,反复进行小规模局部的游击战。[1]

---

[1] 中华民国史料丛稿译稿《缅甸作战》(上),第163页。

跋 "通往东京之路"

本书以修筑滇缅公路、改建惠通桥落笔，终止于炸毁惠通桥、滇缅公路被切断，仿佛如黄仁宇在其《万历十五年》前言中所说，是"一个大失败的总记录"。这虽然令人颇感无奈，但却是那段历史无可回避的开篇。笔者此前所写的"滇西抗战三部曲"——《1944：松山战役笔记》《1944：腾冲之围》《1944：龙陵会战》，是叙述中国远征军为重新打通滇缅公路，反攻滇西松山、腾冲与龙陵的战事，但它们仍然只构成了这幅历史图景的一半；再加上中国驻印军反攻缅北的作战，才构成一幅完整的历史画卷。

毫无疑问，这是一场围绕一条路而展开的战争，这条路关乎当时中国抗战的前途命运，因此被称为"抗战生命线"。而要细究起来，这条"生命线"实际上经历了三条路的嬗变，即滇缅公路—"驼峰航线"—中印公路。由印度汀江（Dinjan）飞往昆明的"驼峰航线"，是在滇缅公路被日军切断后被迫开辟的艰险空中通道，以此为中国进行应急式"输血"。关于"驼峰航线"宜另做专论，在此不复赘述；而中印公路，则是在滇缅公路运行一年后即动议筹建，最终后来居上，成为滇缅公路的"升级版"，引导中国抗战走向"通往东京"的最后胜利。

在此，有必要以战事与筑路互动为线索，叙述国际援助物资运输线从滇缅公路演变至中印公路之梗概，以便使读者走出"一个大失败的总记录"的心理阴影，了解此后的胜利经历了怎样的艰辛。

中印公路先后经历三次筹修

如本书开篇所述，1940年7月至10月，滇缅公路迭经禁运、轰炸之磨难后，日本急欲切断我国唯一国际外援通道之企图昭然若揭。为此，国民政府交通部于当年秋提出，应在滇缅公路之外另辟一条通向印度洋的"备份"道路，并交由公路总管理处研究。是年冬，总管理处提出了组织中印公路实地勘测的建议。

中印公路的筹建，先后经历了三次。

第一次，是由交通部公路总管理处组织中印公路勘测队（以袁梦鸿、陈思诚为正副队长，共24人），1941年5月21日从西康省西昌出发，经过191天长途跋涉，于11月27日到达计划中的道路终点印度萨地亚（Sadiya）。最后，选定印度雷多作为终点站。当时所规划的路线，是由西康西昌经云南中甸（今香格里拉）、岩瓦进入当时"中缅未定界"的崖阳（Oyang）、葡萄（Putao）通至雷多[①]，全长1486公里。该路线穿过横断山脉的纵谷地带，高程起伏很大。海拔最高处为中厂隘口，达4010米，海拔最低处为雷多，仅300米；海拔3000米以上的隘口有9处之多，冬季雪封时间较长；路线全程将跨越大河19条，造桥工程量浩大。其中500余公里为原始森林区，行走20余日不见人烟。这条路线不仅施工的困难极大，

---

① 此为南线，另有一条北线，路线为：中甸—奔子栏—阿墩子—里洞—掘罗瓦—察隅—萨地亚，后取消。

而且沿线人口稀少，粮食不足，施工时人力、物力、器材、粮食等的运输供应问题，均难以解决。因此，该路线不久即告搁浅。

第二次筹修中印公路，是太平洋战争爆发后，蒋介石于1942年2月访问英属印度之际，力促英印方面将正在修筑的英帕尔战备公路延伸至钦敦江，同时再修筑一条从雷多经葡萄至密支那的公路。2月12日，中英双方在印度新德里举行了首次会议，出席人员为中国代表商震（军事委员会办公厅主任）、英国代表卡尔（Archibald Clark-Kerr，英国驻华大使）爵士、驻印英军参谋长莫里斯（E.L.Morris）中将等共11人。会议一致同意，新的中印公路路线为雷多—昭甘关（Chaukan Pass）—葡萄—密支那—腾冲—龙陵，而后衔接滇缅公路通往昆明。印度承担修筑雷多至葡萄段，葡萄至龙陵段由中国负责。交通部当即将筑路任务交予滇缅铁路督办公署兼办。3月初，在密支那举行的一次会议上，中国和缅甸代表又认为，缅甸境内的最佳路线，应改为自雷多越过潘哨（Pangsau）隘口而至孟拱。英缅总督史密斯（Reginald Dorman-Smith）爵士要求印度合作。英印军总司令韦维尔（Archibald Percival Wavell）上将同意立即展开工作，从雷多修筑一条6英尺宽的吉普车道路至新平洋（Shingbwiyang），以便最终修筑一条全天候公路，实现每日运力2000吨。英方遂立即与英属印度茶业协会（Indian Tea Association）协商，安排另行招募7500名劳工修筑公路。至3月中旬集结了约15000名印缅劳工开始施工；同时，中方也组织测量队前往龙陵、腾冲、中缅国界37号碑桩进行测量，并计划于4月中旬全线开工。但因此时缅甸战场失利，4月29日东路腊戍失守，5月初龙陵、腾冲地区被日军侵占；而中路、西路中英联军战败退入印度，筑路劳工被紧急征调修筑撤退路线上的难民营。虽然5月9日曾预计首段32英里（约51.5公里）长的吉普车道路可于月底通车，但终于在11日被迫放弃，中印公路遂全线停工[①]。

第三次筹修中印公路，是与滇缅对日反攻作战融为一体的。公路交通线是战争的重要通道，军事反攻实际上首先是一场对公路交通线的争夺战。筑路工程随军事反攻的进展而推进，公路的推进又便利了军事行动的运输补给，二者相互依赖，相互促进。1942年10月，同盟国中国战区参谋长、中缅印战区美军总司令史迪威将军决定，由美国工程兵首先修筑雷多公路，即由雷多通至密支那。12月，美国工程兵先头部队到达雷多，开始用大型机械施工，中国驻印军则以工兵第10、第12两个团共2500人参与，在印度境内另雇印度民工12000人。1943年10月，筑路工程由美国工程兵皮克少将（Lewis Pike）主持。1944年1月起，中国驻印军新1军开始对缅北日军进行反攻，进入胡康河谷。筑路工程在战线后同时跟进，向密支那积极推进[②]。

率先贯通的中印公路"北线"

1942年6月，滇西方面中国远征军凭借怒江天险与日军隔江对峙，同时进行反攻准备。1943年7月30日，军事委员会发布远征军交通整备计划，滇西方面首先对昆明—保山间公路进行整修。

[①] 《英国对日战史》第二卷《印度最危险的时刻》，第54页。
[②] 谢自佳：《中印国际公路交通线》，云南文史资料选辑第52辑《血肉筑成抗战路》，第32–33页。

计划中又规定：惠通桥、龙陵、畹町延伸至腊戍之公路桥梁，由滇缅公路工务局组织抢修总队（局长龚继成兼任总队长），随攻势之进展逐段修复；该总队之组织及器材之准备，限10月20日以前在保山准备完毕待命。8月，滇缅公路工务局为实现该计划而开始进行筹备工作。11月，抢修总队成立，在保山办理复路具体事宜，下设3个抢修队：惠（通桥）畹（町）抢修队，负责抢修滇缅公路路标760公里至960公里路段；畹（町）腊（戍）抢修队，负责抢修畹町至腊戍间187公里路段；畹（町）八（莫）抢修队，负责抢修缅甸境内木姐至八莫间150公里路段。各抢修队随着中国军队反攻进展，逐次修复被日军破坏的路桥，保持前后方军事行动和物资供应畅通无阻[1]。

1944年5月11日，为配合中国驻印军队和盟军（美军5307支队）奇袭密支那，滇西中国远征军一部自惠人桥、双虹桥、勐古渡一线强渡怒江，开始反攻。至月底，反攻演变为两路全线出击：右翼第20集团军（总司令霍揆彰）翻越高黎贡山向腾冲进军；左翼第11集团军（总司令宋希濂）围攻松山及滇缅公路沿线，形成对日军两面夹击态势。为配合军事反攻，7月10日，保山成立保（山）密（支那）公路第一工程处（处长沈来仪，副处长李温平、周乐颖、李家驹），负责修建中印公路国内段。首先组成第一勘测队，队长由副处长李家驹兼任，美军顾问2人，中方工程技术人员5人，及其他员工共26人。7月27日，勘测队由保山出发，自双虹桥过怒江，

---

[1] 马向东：《滇缅公路龙畹段历史概述》，云南文史资料选辑第52辑《血肉筑成抗战路》，第82页。

经南斋公房古道翻越高黎贡山。此时，远征军第20集团军围攻腾冲城激战正酣。在山顶，可眺望攻守战中硝烟弥漫的腾冲城。下高黎贡山至坡脚为江苴镇，到处可见此前激战后留下的残垣断壁。8月10日，第一勘测队绕过腾冲城到达敌后之古永（今猴桥镇）。8月6日，以程绍麟为队长的第二勘测队由保山出发，19日亦到达古永。远征军第20集团军以5个师的兵力，苦战127天，终于于9月14日收复沦陷2年又105天的腾冲城。日军残部一股逃窜于欢喜坡一带，欲向缅甸境内逃跑。第一、第二勘测队均曾与日军溃逃散兵遭遇，第三勘测队驻地帐篷曾被敌溃兵毁坏，后由军方派兵保护迁至和顺古镇暂时避敌。保密公路测量工作之艰辛，由此可窥一斑。

在此期间，缅北盟军以中国驻印军新1军为主力，于8月4日收复密支那，雷多公路亦基本修通。中方随即成立保密公路第二工程处，负责修筑密支那至中缅国界37号碑桩路段。9月4日，首批成员25人由昆明乘飞机到达密支那；9月30日又来了73人。经过测量，上述路段于12月18日动工，预定于1945年1月15日铺好通卡车的毛路。为此，第二工程处从滇西征调部分民工（腾冲3811名、梁河958名、莲山100名），再加印缅雇工共约6000人，一起投入施工[①]。而在滇西方面，1944年11月3日，远征军第11集团军收复龙陵。在此期间，保密公路第一工程处的7个勘测队多已完成测量，勘测队遂更名为工程总段，进入筹备施工阶段。但因腾冲、龙陵地区刚刚收复，地方秩序还未完全恢复，征募民工

---

① 吕德润：《中印公路巡礼》，载《滇缅抗战纪实》，第345页。

筑路存在不少困难，工价、粮食等许多具体问题有待解决。经多方商定，11月中旬民工进入工地，至1945年1月中旬为施工高潮。原规划的保（山）腾（冲）路段，因需要穿越高黎贡山及跨越怒江，开山架桥施工难度大，工期难以保证，乃决定扩修腾（冲）龙（陵）公路①，在龙陵衔接滇缅公路通往保山，于是仅用两个月时间就修通了保（山）密（支那）公路。

1945年1月20日，首批试车的3辆美军通用GMC十轮卡车从密支那出发，于当日15时30分到达中缅国界37号碑桩。滇缅公路工务局局长龚继成，美国工程兵指挥官希德洛克（Robert F. Seedlock）上校，第一工程处处长沈来仪、副处长李温平乘吉普车已在此等候。公路上搭起了一个牌坊，横幅上用中英文写着"通往东京之路（Road to Tokyo）"，以彰显此路的重要意义和目的。车队稍息片刻并摄影留念后，驶往腾冲的工程处驻地。工程处以盛宴招待，以庆贺通车。3辆GMC卡车，每辆配备有3名驾驶兵，日夜不停地行车，于22日23时抵达昆明。

此为中印公路第一次通车，后来该路段被称为中印公路"北线"，是由雷多公路、保密公路连接而成，其具体路线为：印度雷多—缅甸密支那—中缅国界37号碑桩—中国腾冲—龙陵—保山—下关—楚雄—昆明，全长1568公里。它是由滇西保山、龙陵、腾冲、梁河、莲山②等地2万余名民工和印度、缅甸籍工人，中国工

---

① 1942年日军侵占滇西后，于6月起强征民夫约两万人，划分75段修筑腾（冲）龙（陵）简易公路，10月初竣工通车；而保（山）腾（冲）公路直到滇西解放后才得重启，1950年底开工，1952年1月修成通车。
② 当时行政区划为梁河设治局、莲山设治局，今分属梁河县、盈江县。

程技术人员及750名美国工程兵，使用200余台美国筑路机械所修筑，又利用"驼峰航线"上飞机空投大米400吨及其他物资以解决数万人吃用问题，这些均为中国交通史上前所未有之事，也是中、美、英、印、缅等国人民，为了战胜共同的敌人——日本侵略者，而共同努力奋斗的结果。

据美国驻华记者格兰姆·贝克（Graham Peck）所著《战时中国》，当时急于让保密公路率先贯通，其中还有中国政府的"面子"问题。因为保密公路是以中方为主导修筑的，如果能先行修通，宣传出去后会使人相信"粉碎日军封锁是完全依靠中国自己的力量"。因此，保密公路在施工过程中难免有些"萝卜快了不洗泥"，路况和此后的维护均不甚完善。但在通车之后，中央通讯社在发布"夸耀成就"的通讯中特别强调指出："新公路大部分是由几十万苦力建成的。"[1]

滇缅大会师与中印公路"南线"通车

中印公路除"北线"外，还有一条"南线"。其路线是，由雷多经密支那、八莫、南坎、木姐，在国门畹町衔接滇缅公路，最终到达昆明，全长1731.7公里。中印公路"南线"，是中国远征军第11集团军与中国驻印军协力反攻，逐段攻克日军在滇西、缅北的各个据点，完全收复失地后才恢复通车的。

---

[1] 〔美〕格兰姆·贝克：《战时中国：一个美国人眼中的中国，1940—1946》，朱启明、赵叔翼译，姜昊骞译校，天地出版社2020年版，第315页。

如前所述，1944年5月11日，滇西方面中国远征军（司令长官卫立煌）渡过怒江，左翼第11集团军以一部围攻惠通桥桥头堡松山之敌；以主力向镇安、龙陵、平戛等地推进。6月初，远征军首先占领了腊勐街和阴登山，为修复惠通桥创造了有利条件。此后，滇缅公路工务局桥渡工程处副主任工程师黄京群率队到达惠通桥。自6月18日起，黄京群组织惠通桥桥工队及民工，在桥位上游抢修临时人行便桥一座，至6月20日竣工；7月4日，又修建了驮马通行桥一座；8月1日，开始修复两年来一直断毁的钢索吊桥，至8月18日完工。当日，日军侦知惠通桥修复，立即出动飞机前来轰炸破坏。中国远征军驻守桥头的高炮第43团第5营以炮火拒敌，敌机轰炸无效无奈离去。

惠通桥的及时抢修通行，对围攻日军松山阵地发挥了关键作用。此前，第71军新28师及第8军经过两个月激战，逐个攻克了日军在松山的地堡群，而对主阵地子高地的地堡，决定采用"坑道爆破法"。8月3日起，6个工兵连连续施工17个昼夜，挖掘出120米长的明壕与30米长的坑道，通至日军地堡下方。在此期间，从怒江东岸经惠通桥运来3吨TNT炸药，又经一昼夜作业将炸药填埋于坑道深处药室中。8月20日上午9时15分，伴随一声闷雷似的巨响，日军堡垒被炸翻，又经两昼夜肉搏争夺，中国远征军终于挫败逆袭之敌占牢子高地，而后沿黄土坡向下逐次扫荡，至9月7日在马鹿塘阵地全歼残敌。此时，大量弹药经怒江惠通桥运往前线，使得龙陵日军倍感压力。9月10日，日军龙陵守备队长小室钟太郎中佐奉第56师团命令，抽调步兵、工兵共25人组成爆破敢死队，由工兵队有川胜义中尉率领，以熟悉腊勐地形且会讲当地话的伊达清军曹为向导,沿着山路秘密潜行至怒江上游红土山(4920高地)附近。该队徒涉通过勐梅河接近惠通桥时,发现所携炸药雷管因雨受潮无法点火,又垂头丧气地于10月3日返回龙陵。[①]

此后,中国远征军于1944年9月14日攻克腾冲;11月3日攻克龙陵;11月20日攻克芒市;12月11日攻克遮放;1945年1月27日攻克畹町。在此期间,各抢修队随部队前进,11月3日后抢修龙陵以西路段;11月24日修通芒市果朗河桥;12月3日后修复三台山路段;12月8日延伸至路标935公里处;1945年1月4日进展至路标950公里处;1月20日越过黑山门;1月22日进抵畹町。因畹町界河石拱桥遭日军破坏,抢修队在下游300米处抢修木便桥一座,以维持军运畅通。[②]至此,怒江以西失地全部光复,日本侵略者被驱逐于我西南国门之外。

1944年8月4日,中国驻印军新1军攻克密支那后,经过一段休整期,又继续向南进攻,于12月5日攻克八莫,1945年1月15日攻克南坎。1月27日,从印度出发一路征战而来的中国驻印军,与从怒江边一直打出国门的中国远征军,同时到达缅甸芒友,并协力肃清附近的残敌。1月28日上午,两军在芒友西北17公里的木姐举行了会师典礼;下午,在畹町举行了"中印公路通车典礼"。当日,蒋介石与美国驻华大使赫尔利(Patrick Jay Hurley)在重庆发表广播演说。蒋介石称:"为了纪念史迪威将军的卓越贡

---

① 据第56师团长松山祐三颁给有川挺进队赏词,《兵旅之赋——北部九州乡土部队70年的足迹》第二卷昭和篇,第351页。
② 马向东:《滇缅公路龙畹段历史概述》,云南文史资料选辑第52辑《血肉筑成抗战路》,第82-83页。

献和中美部队在他指挥下在缅甸战役及修筑此路所扮演的显著角色",而将中印公路命名为"史迪威公路"(Stilwell Road)①。

沿中印公路南线通行的第一批车队,为120辆美军GMC卡车,由120名中国驾驶兵、120名美国驾驶兵轮换驾驶,另外配备8辆医疗救护车、吉普车,满载军用物资及食品,并搭载各国记者65人同行。1945年1月12日晨,车队浩浩荡荡由雷多出发,穿越胡康、孟拱河谷后,于14日抵达密支那。因此时南坎、木姐、畹町仍在日军手中,车队不得不暂停一星期,等候前方战事进展。而后,车队到八莫住了一天,到南坎住了三天。1月27日,驻印军与远征军在芒友会师,次日车队即驶抵畹町,举行了通车典礼。后车队继续东行,经过中国远征军收复的滇缅公路遮放、芒市、龙陵路段,跨过怒江惠通桥,于2月3日13时抵达昆明西山车家壁。4日上午,在昆明西站再次举行通车典礼,同时庆祝滇缅战场对日反攻的胜利②。

至此,中国大西南国际公路交通线重新打通,突破了日本对华军事封锁。国际援华物资又源源不断运入中国,增强了中国的抗战力量,最后的胜利已如"立于高山之巅远看东方已见光芒四射喷薄欲出的一轮朝日"!

---

① 据称,此时被解职返回美国的史迪威不同意以其名字为公路命名,后来遂多称"中印公路"。史迪威于1月29日发表广播演说称,中国所受的包围已被打破,"中国军人已向世界证明,如彼等能获得适当之装备、训练及领导,必不亚于世界任何部队"。吕德润:《中印公路巡礼》,《滇缅抗战纪实》,第347页。
② 谢自佳:《中印国际公路交通线》,云南文史资料选辑第52辑《血肉筑成抗战路》,第36–37页。

附录一　滇缅路撤退作战中国军队指挥系统表

（1942年4月29日至6月1日）

中国战区总司令暨国民政府军事委员会委员长蒋介石	美国援华支援航空队（即"飞虎队"，AVG）队长克莱尔·陈纳德	第1中队（"亚当和夏娃"）-鲍勃·尼尔（第2任）		备注：最初每中队配备P-40战斗机18架，外加10架后备飞机；但在缅甸作战中损失约2/3	
		第2中队（"熊猫"）-戴维·希尔（第2任）			
		第3中队（"地狱里的天使"）-阿维德·奥尔森			
	中国战区参谋长史迪威 远征军第1路司令长官罗卓英 长官部参谋长杨业孔 军委会驻滇缅参谋团团长林蔚（军令部次长兼） 高参林柏森（工兵） 高参邵百昌（炮兵） 高参马崇六（工程） 高参华振麟（通信） 高参斯立（辎重） 高参萧毅肃（兼处长）	第11集团军总司令宋希濂 副总司令张轸 副参谋长陶晋初（预2师副师长兼）	第71军 军长钟彬 副军长陈明仁 参谋长刘又军	第36师 师长李志鹏 副师长朱振华 参谋长齐国楷	第106团-团长熊正诗
					第107团-团长麦劲东
					第108团-团长谷宾
				第88师 师长胡家骥 副师长熊新民 参谋长冯用民	第262团-团长欧阳午
					第263团-团长傅碧人
					第264团-团长戴海容
				预备第2师 师长顾葆裕 副师长彭劢 参谋长熊起厚	第4团-团长吴心庄
					第5团-团长杨文榜
					第6团-团长辛伦
				炮兵第8团第1营-营长丛林	
				腾龙边区行政监署护路营-营长李崇善	
				滇系步兵第6旅-旅长龙奎垣	第3营-营长李匡时
					第1营-营长李繁光
				云南保卫第25营腾冲中队一部-纳其忠	
			第66军 军长张轸（兼） 参谋长张勋亭	新编第28师 师长刘伯龙 副师长胡国泽 参谋长傅亚夫	第82团-团长梁少雄
					第84团-团长薛建仁
					新编第38师第114团第1营-营长彭立克
					中缅运输总局警卫大队
				新编第29师 师长马维骥 副师长方超 参谋长李立柏	第85团-团长李寅星
					第86团-团长何树屏
					第87团-团长陈海泉

续表

		第5军装甲兵团 – 团长胡献群	
		第6军第93师补充团 – 团长廖亲必	
		战车防御炮教导总队直属第1营（两连）– 营长綦书坪	
		独立工兵第24营 – 营长张祖武	
		宪兵第20团（主力）– 团长魏志超	
	第200师 师长戴安澜 副师长高吉人 参谋长周之再	第598团 – 团长郑庭笈	
		第599团 – 团长柳树人	
		第600团 – 团长刘少峰	
		新兵训练处处长黄翔	补充第1团 – 团长王肇中
			补充第2团 – 团长訾昆如
			新编第22师第65团第1营 –（？）
			新编第22师第66团第1营 – 副营长余汝干
	军政部第2补训总处处长郑坡	补充第3团 –（？）	

备注：1. 上述部队为滇西方面主要部队，大部分系沿滇缅公路退回滇西，另有新编第22师第66团第3营（营长萧柱国）单独行动入境；2. 第200师及其临时指挥的第5军新兵训练处所辖部队系分由陇川、盈江入境，经腾冲、泸水东归，基本未与日军发生接触。

附录二 侵占滇西作战日军指挥系统表

(1942年4月29日至6月1日)

南方军总司令官寺内寿一大将 总参谋长塚田攻中将 总参谋副长青木重诚中将	第15军司令官饭田祥二郎中将 参谋长谏山春树少将 副参谋长那须义雄大佐	第56师团师团长渡边正夫中将 参谋长藤原武大佐	直辖	第56师团坂口支队坂口静夫少将	第113联队松井秀治大佐	第1大队－绀野忞少佐
					第2大队－入部兼康少佐
					第3大队－冲久吉中佐
				第148联队松本喜六大佐	第1大队－浦野寿一郎少佐
					第2大队－丸冈茂雄少佐
					第3大队－上田孝中佐
				第146联队今冈宗四郎大佐	第1大队－久米本三少佐
					第2大队－金氏坚一少佐
					第3大队－松本治中佐
			搜索第56联队－平井卯辅大佐		
			炮兵第56联队－东美宗次大佐		
			工兵第56联队－江岛常雄大佐		
			辎重第56联队－池田耕一大佐		
			师团通信队		
			师团卫生队		
			第1、第2、第4野战医院		
			师团防疫给水部		
		配属	藤村支队（第18师团配属）藤村益藏大佐	第56联队第1大队－冈田庆治少佐	
				第56联队第3大队－松冈义一少佐	
				第55联队第2大队－伊藤耕次郎少佐	
				山炮兵第18联队一个大队	
			独立速射炮第1大队一个中队		
			独立速射炮第6中队		
			战车第14联队－上田信夫大佐		
			野战重炮兵第18联队田村清一中佐	野战重炮兵第18联队本部及一个中队（十加）	
				野战重炮兵第3联队第2大队（十五榴）	
			独立野战重炮兵第21大队（十五榴）－田中秀男中佐		
			野战高射炮兵第51大队（缺1个中队）		

续表

第5飞行师团师团长小畑英良中将		独立工兵第4联队－山口甲子男中佐
		渡河材料第10中队主力
		独立无线电第56小队
		独立汽车第60大队（缺2个中队）
		独立汽车第61大队
	军飞行队	第83独立飞行队主力－二田原宪治郎大佐
		第4飞行团－河原利明少将（第8战队，直接支援）
		第7飞行团－山本健儿少将（第12、第98战队，轰炸）

主要参考文献

档案及档案汇编类

[1] 林蔚:《缅甸战役作战经过及失败原因与各部优劣评判报告书》,中国人民解放军军事科学院图书馆未刊档案。

[2] 林蔚:《腊戌至惠通桥战斗经过及功过评判报告书》,中国人民解放军军事科学院图书馆未刊档案。

[3] 王正华编注:《蒋中正"总统"档案:事略稿本》(49)(1942年4月至6月上),台湾地区"国史馆"印行,2011年9月。

[4] 1942年6月3日李根源致蒋介石函电,台湾地区军事主管部门2016年11月10日文档字第1050005267号。

[5] 中国第二历史档案馆编:《滇缅抗战档案》(上),中国文史出版社2019年3月第一版。本书引用档案包括:

《黄镇球呈军令部滇缅路防空视察报告书》;

《第六十六军缅境及滇西战役战斗详报》;

《第六军新编第二十八师缅甸战役战斗详报》;

《战车防御炮教导总队直属第一营缅甸战役战斗详报》;

《军委会运输统制局中缅运输总局警务处警卫大队龙陵附近战斗详报》;

《第十一集团军惠通桥、腾冲、龙陵地区间战役战斗详报(1942

年5月—6月》；

《第十一集团军滇西守势作战电文》之林蔚致蒋介石电（1942年5月4日）；

《第十一集团军滇西守势作战电文》之林蔚致蒋介石电（1942年5月6日）。

[6]《日军侵华罪行实录·云南部分》，云南人民出版社2005年7月第一版。本书引用档案包括：

1940年10月30日龙陵县致省民政厅代电，云南省档案馆44-4-435-156；

1941年2月13日保山县政府致省民政厅呈，云南省档案馆，11-7-170-95；

1941年3月1日云龙县致省民政厅呈，云南省档案馆，11-7-170-105；

1941年4月22日保山县政府致省民政厅呈，云南省档案馆，11-7-172-41；

1942年8月28日保山县政府致省民政厅呈，云南省档案馆，44-3-423-75-189；

1942年8月28日保山县政府致省民政厅呈，云南省档案馆，11-7-174-171；

[7]《保山县五四、五五城区房屋被敌机轰炸毁损清册》，云南省档案馆，44-3-423-75-189。

[8]《保山县五城镇五四、五五被敌机轰炸伤亡清册》，云南省档案馆，44-3-423-75-189。

[9] 1943年1月16日保山县政府致省民政厅呈，德宏州档案馆，

1-1-235-12。

［10］《第56师团曼德勒作战经过概要》，日本亚洲历史资料中心，C14060234600，程国兴译。

［11］《第15军缅甸作战经过概要（1942年6月15日）》，日本亚洲历史资料中心，C14060184000，程国兴译。

［12］《第56师团战时旬报（1942年5月21日至5月31日）》，日本亚洲历史资料中心，C14060430700，程国兴译。

［13］《缅甸方面部队略历》，日本亚洲历史资料中心，C12122446000，程国兴译。

［14］保山地区行政公署史志办公室编：《保山地区史志文辑》抗日战争专辑第一辑至第四辑，德宏民族出版社，1989—1990年出版。

［15］保山地委宣传部、史志委、地区工委合编：《滇西抗日战争史料续辑》，1995年。

［16］腾冲国殇墓园管理所编：《民族光辉——腾冲抗战史料钩沉》，云南人民出版社，2011年5月第一版。

［17］龙陵县政府秘书林竹品撰《重修惠通桥碑记》，1935年1月21日。

［18］《新华日报》，1940年10月19日。

中、日、美、英战史类

［19］胡璞玉主编，《抗日战史》第二十六章《滇缅路之作战》，台湾地区军事主管部门史政编译局，1968年10月初版。

［20］〔美〕查尔斯·F. 罗曼努斯，莱利·桑德兰：第二次世界大战中的美国陆军–中缅印战区史第一卷《史迪威的中国使命》，蒋经飞译，华盛顿哥伦比亚特区，美国陆军军史中心，1987年版。英文版权

信息：UNITED STATES ARMY IN WORLD WAR II, China-Burma-India Theater *STILWELL'S MISSION TO CHINA*, By Charles F.Romanus & Riley Sunderland, CENTER OF MILITARY HISTORY UNITED STATES ARMY, WASHINGTON D.C., 1987.

［21］〔英〕S.伍德伯恩·卡比，C.T.艾缔思，J.F.梅克勒约翰，M.R.罗伯茨，G.T.沃兹，N.L.德索尔：《英国对日战史》第二卷《印度最危险的时刻》，蒋经飞译，英国皇家公文书局，伦敦：1958年。英文版权信息：*THE WAR AGAINST JAPAN VOLUME II*, *India's Most Dangerous Hour*, By S. WOODBURN KIRBY With C.T. ADDIS, J.F. MEIKLEJHN, M.R.ROBERTS, G.T.WARDS, N.L. DESOER, HER MAJESTY'S STATIONERY OFFICE, London, 1958.

［22］日本防卫厅防卫研修所战史室编著：中华民国史资料丛稿译稿《缅甸作战》（上），天津市政协编译委员会译，中华书局，1987年4月第一版。

［23］日军对华作战纪要丛书44《缅甸攻略作战》，台湾地区军事主管部门史政编译局，1997年6月出版。

［24］对日战犯审判文献丛刊编委会：《二战日军战史资料汇编》第10册NO.57缅甸作战记录第一阶段（1941年11月—1942年12月），国家图书馆出版社，2016年8月第一版。

口述史料类

［25］《远征印缅抗战——原国民党将领抗日战争亲历记》，中国文史出版社，2010年版。

［26］《抗战时期滇印缅作战（一）——参战官兵访问纪录》（上下册），

台湾地区军事主管部门史政编译局，1999年6月30日印。

［27］赵雍之编著：《戎马关山话当年——陆军第五十四军史略》，台北胡翼烜发行，1997年10月初版。

［28］日军第146联队战友会编印：《侵占滇缅的"急先锋"——日军第56师团第146联队志》，中国人民政治协商会议龙陵县委员会内部印行，程国兴译。

［29］日军第113联队战友会编印：《啊！滇缅公路——日军第56师团第113联队滇缅从军记》，中国人民政治协商会议龙陵县委员会内部印行，伍金贵译。

［30］〔日〕二木留治：《缅甸·云南被埋没的战史——镇安街守备队》，日军第56师团第113联队第1大队第1中队战友会，平成二年（1990年）印行。

［31］《炮烟——龙野炮第五十六联队战记》，日军第56师团野炮第56联队史编辑委员会，昭和五十八年（1983年）印行。

［32］云南政协文史委编：云南文史资料选辑第19辑，云南人民出版社，1983年4月第一版。

［33］云南政协文史委编：云南文史资料选辑第38辑，云南人民出版社，1989年12月第一版。

［34］云南政协文史委编：云南文史资料选辑第39辑《滇西抗战》，云南人民出版社，1990年12月第一版。

［35］云南政协文史委编：云南文史资料选辑第50辑《抗战中的云南》，云南人民出版社，1997年7月第一版。

［36］云南政协文史委编：云南文史资料选辑第52辑《血肉筑成抗战路》，云南人民出版社，1998年7月第一版。

［37］云南政协文史委编：云南文史资料选辑第61辑《滇缅抗战亲历记》，云南人民出版社，2005年7月第一版。

［38］保山政协科教文体委编：保山市文史资料之滇西抗战专辑《溅血岁月》，云南民族出版社，2004年2月第一版。

［39］德宏州史志编委会办公室编：《德宏史志资料》第14集，德宏民族出版社，1991年7月第一版。

［40］北京市政协文史委、云南德宏州政协文史委编：《滇缅抗战纪实》，中国文史出版社，2008年1月第一版。

［41］腾冲县政协文史委编：《腾冲文史资料选集》第一辑抗日战争专辑，德宏民族出版社，1988年6月第一版。

［42］龙陵县政协文史委编：龙陵抗战丛书《龙陵烽烟》，2005年11月第一版。

［43］中共施甸县委宣传部编：《滇西抗战第一枪——纪念滇西抗战胜利60周年文史集》，云南民族出版社，2005年3月第一版。

［44］怒江州政协文史委编：《怒江文史资料选辑》第2辑，1984年。

亲历者撰述类

［45］〔英〕温斯顿·丘吉尔：《第二次世界大战回忆录》第四卷《命运的关键》上部第一分册，吴万沈等译，南方出版社2003年版。

［46］〔美〕史迪威：《史迪威日记》，黄加林等译，世界知识出版社，1992年2月第一版。

［47］何应钦：《日军侵华八年抗战史》，黎明文化事业公司，1982年9月出版。

［48］徐永昌：《徐永昌日记》第六册（1941年1月至1942年12月），

台湾"中央研究院"近代史研究所，1991年12月初版。

［49］顾维钧：《顾维钧回忆录》第四分册，中华书局，1986年版。

［50］邱中岳：《抗战时期滇印缅作战（二）——一个老兵的亲身经历与毕生研究》，台湾地区军事主管部门史政编译局，1999年6月出版。

［51］胡献群：《西征纪事》，《抗战时期滇印缅作战（一）——参战官兵访问纪录》（下），台湾地区军事主管部门史政编译局，1999年版。

［52］谭伯英：《血路》，云南人民出版社，2002年10月第一版。

［53］张镇：《宪兵忠烈纪要》，1946年12月出版。

［54］〔日〕松井秀治：《缅甸从军——波乱回顾》，日军第113联队战友会"兴龙会"，昭和三十二年（1957年）10月印行，程国兴译。

研究者撰述类

［55］〔日〕《朝日新闻》东京审判记者团：《东京审判》，吉佳译，河北人民出版社，1988年版。

［56］〔美〕杜安·舒尔茨：《陈纳德与飞虎队——独行其是的战争》，于力译，元枭校，云南人民出版社，1989年1月第一版。

［57］〔美〕格兰姆·贝克：《战时中国：一个美国人眼中的中国，1940—1946》，朱启明、赵叔翼译，姜昊骞译校，天地出版社，2020年5月第一版。

［58］刘伟民：《刘放吾将军与缅甸仁安羌大捷》，上海书店出版社，1995年6月第一版。

［59］日本北九州乡土部队史料保存会编：《兵旅之赋——北部九州乡土部队70年的足迹》第二卷《昭和篇》，昭和五十三年（1978年）7月印行。

［60］〔日〕杉山勇：《福冈联队史》，秋田书店，昭和四十九年（1974

年）初版。

［61］〔日〕太田毅：《拉孟——玉碎战场的证言》，昭和出版社，1984年初版。

［62］〔日〕粕谷俊夫：《陆军航空战记——山本重轰炸机队》，二见书房，昭和四十五年（1970年）初版。

［63］〔日〕山田正行：《自我认同感与战争——关于战争期间滇西地区的心理历史研究》，刘燕子、胡慧敏译，昆仑出版社，2004年7月第一版。

［64］〔日〕前田哲男：《从重庆通往伦敦、东京、广岛的道路——二战时期的战略大轰炸》，王希亮译，中华书局，2007年8月第一版。

［65］〔日〕竹内康人：《日本陆军的亚细亚空袭》，社会评论社，2016年12月8日初版。

［66］时广东、冀伯祥：《中国远征军史》，重庆出版社，1994年7月第一版。

［67］中国人民政治协商会议云南省龙陵县委员会编：《滇西对日抗战》，2008年9月第一版。

［68］陈祖樑：《血雾迷茫——滇缅抗日及日军罪行揭秘》，云南美术出版社，2004年11月第一版。

［69］章东磐：《父亲的战场：中国远征军滇西抗战田野调查笔记》，山西人民出版社，2009年7月第一版。

［70］许秋芳主编，《极边第一城的血色记忆——腾冲抗战见闻录》（上），中国文联出版社，2003年4月第一版。

［71］黄埔同学会《黄埔》杂志，2008年第6期。

从古音古到文字，分贝人类的声响

天壹文化